全国高职高专财会专业规划教材

会 计 学 基 础

主　编　常小勇
副主编　赵相林　张秀兰　王秀芬

人民邮电出版社
北　京

图书在版编目（CIP）数据

会计学基础 / 常小勇主编 . — 北京：人民邮电出

版社，2010.8

（全国高职高专财会专业规划教材）

ISBN 978-7-115-23195-6

Ⅰ . ①会… Ⅱ . ①常… Ⅲ . ①会计学—高等学校：技

术学校—教材 Ⅳ . ① F230

中国版本图书馆 CIP 数据核字（2010）第 102204 号

内 容 提 要

本书从高职高专教育人才培养模式的基本特点和高职高专财会专业人才培养目标出发，吸收当前会计基本理论和基本方法，根据《企业会计准则》的精神和要求，系统、科学地阐述了会计学基础的基本理论、基本内容和基本方法。全书共分 12 章，分别为总论、会计要素和会计等式、账户和复式记账、借贷记账法的应用、权责发生制和账项调整、账户分类、会计凭证、会计账簿、财产清查、会计核算形式、会计报表、会计工作组织与会计电算化。本书最后还附有财政部《会计基础工作规范》。

作为高职高专财会专业的基础教材，本书适合会计专业以及经济管理专业的师生使用。

全国高职高专财会专业规划教材

会计学基础

◆ 主　　编　常小勇

　　副 主 编　赵相林　张秀兰　王秀芬

　　责任编辑　李宝琳

◆ 人民邮电出版社出版发行　　　　北京市崇文区夕照寺街 14 号

　　邮编 100061　　电子函件 315@ptpress.com.cn

　　网址 http://www.ptpress.com.cn

　　北京艺辉印刷有限公司印刷

◆ 开本：787×1092　1/16

　　印张：19.5　　　　　　　　　　2010 年 8 月第 1 版

　　字数：300 千字　　　　　　　　2010 年 8 月北京第 1 次印刷

ISBN 978-7-115-23195-6

定价：35.00 元

读者服务热线：（010）67129879　印装质量热线：（010）67129223

反盗版热线：（010）67171154

丛书编委会名单

主　任：于洪平

副主任：王　觉　臧红文

编委会成员名单：（按姓氏笔画排列）

常小勇　胡　成　胡永政　李金兰　王桂菊

汪　静　魏立寰　张贵平　张永欣　张晓毅

总　序

随着我国经济的迅速发展，各行业对财会人员的需求日益增加，同时对财会从业人员的素质以及技能水平的要求也越来越高。如何培养出更多的能适应当前工作需要的财会人员，无疑是当前高等职业教育所面临的挑战。

我国高职高专教育经过三年的示范性改革，取得了丰硕的成果，在此过程中，授课教师和相关人员不断总结教学与实践经验，逐渐形成了对当前高职高专职业人才培养模式的共识，即以培养高素质的应用型、技能型人才为主要任务。同样，作为重要的教学载体，高职高专教材也面临着相应的改革。

正是在这样的背景下，人民邮电出版社组织众多教学一线的教师与专家，围绕"以能力为本位，以应用为主旨"的指导思想，及时地打造出了这套体现教学改革理念的"全国高职高专财会专业规划教材"。其鲜明的特色和科学、合理的体例结构，得到了众多专家的一致肯定和一线教学老师的认可。

首先，本套教材打破了传统高职高专教材沿用学科课程的模式。

以往的传统教材沿用学科课程的模式，强调某一门学科体系的系统性和完整性，在教材的编排上主要按理论知识的逻辑结构来编排，即应用"从基础理论知识到理论知识的应用，再进一步拓展"的三段式课程排列顺序。这种课程模式更适合知识导向型学生而非工作技能型学生，从而也明显不能适应目前我国高等职业教育对技能型人才培养的需求和趋势。

新形势下的高等职业教育应以培养高素质的应用型、技能型人才为己任，以为社会和企业输送职业技能型人才为目的。高等职业教育培养出来的人才应该能够熟练运用在校所学的职业技能，具备解决实际工作中的各种问题的能力。因此，高等职业教育必须打破学科课程的束缚，兼顾学生就业的针对性与学生发展的适应性，建立起符合应用型、技能型人才培养需要的行动导向课程模式，并将这一模式很好地运用到日常教学设计以及教材编写中。本套教材的编写充分体现了这一新的高职教育理念——根据行动导向课程模式要求组织教材内容，按工作过程次序搭建教材框架，最大程度地满足高职教育培养高素质应用型、技能型人才的需要（见图示）。

其次，本套教材的结构与体例模式经过精心设计，与高职高专教学培养应用型、技能型人才目标充分对接。

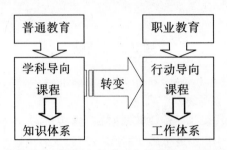

从学科导向课程向行动导向课程转变示意图

在具体的教材编写过程中，每位参与编写的老师和专家均按照"以具体化工作任务的需要确定能力培养目标、选取章节内容、设定课程实训任务"的思路，搭建以"是什么、为什么、做什么、怎么做"的教材体例框架，明确"让学生'做什么'（学生要做的具体工作）和教学生'怎么做'（学生完成该项工作任务所要学会的方法、策略与技巧）"这一中心思想，选择"是什么"、"为什么"等为教学核心内容，真正在教学过程中实现了"以教师为引导、以学生为主体（即以学生动手做为主，教师讲为辅），循序渐进地提高学生的职业应用技能"的教学培养目标。

为了增加本套教材的可用性、可读性，巩固教学内容，保证教学质量，本套教材按能力点出现的先后顺序排列内容，在语言上力求精炼、简洁，尽量避免高深化、学术化的表达方式，让学生看了能懂、学了会做。每章最后都附有丰富的课后习题与实训任务，学生可以通过实训进一步掌握目标技能。

另外，本套教材结合高职教育的特点，在编写过程中充分考虑到不断完善学生的知识体系和技能体系这一教学目标，同时开发和编写了三个子系列——"财会专业基础课系列"、"财会专业基本技能系列"和"财会专业岗位技能实训系列"，为教学一线的教师提供了"从基础知识到专业技能，再到顶岗实习"的立体化教学完全解决方案。

本套教材的编委会成员均为全国各地高职高专院校财会专业教学一线的老师，他们兼有丰富的实践经验和教学经验，知识体系全面，了解实际教学中最需要什么样的教材，本套教材由他们来编写十分恰当。

希望本套教材的出版可以为高职高专财会专业教学工作增添几分特色，为促进财会人员的培养尽一分绵薄之力。

东北财经大学职业学院院长 于洪平

2010 年 5 月

编写说明

本书是会计专业入门教材，编写组成员均为多年从事会计教学工作又有企业会计实际工作经验的教师。在编写过程中，我们根据《企业会计准则》的最新内容，在系统阐述会计基本理论和基本方法的基础上，力求使本书内容精炼、深入浅出，既体现会计基本理论、基本方法的逻辑顺序，又符合教学规律的要求。本着"以理论够用为基线，注重能力训练"的原则，本书从实际出发，力求使教学内容更加贴近实际，缩短基本理论、基本方法同实践的距离。本书在各章后面均附有思考题和练习题，同时配有《会计学基础实训教程》，以期通过实训使学生更扎实地掌握会计核算的基本方法，加大会计应用型人才培养的力度。

本教材共分 12 章。其中，常小勇老师全面负责本书的框架结构，并具体编写了第一章、第二章和第十章；张秀兰老师编写了第三章、第五章和第十一章；赵相林老师编写了第四章、第六章和第十二章；王秀芬老师编写了第七章、第八章和第九章。全书最后由常小勇老师统撰定稿。

本教材适合高职高专会计专业及经济管理专业的师生使用，也可以作为相关经济管理人员的自学教材。由于时间仓促，书中难免存在不足之处，望广大同仁不吝赐教，在此深表谢意。

目　录

第一章　总　论 ·· 1

　第一节　会计的含义 ·································· 1

　第二节　会计的内容 ·································· 4

　第三节　会计核算的基本前提和记账基础 ············ 5

　第四节　会计核算信息质量要求和会计计量 ·········· 7

　第五节　会计核算程序和方法 ······················ 9

第二章　会计要素和会计等式 ························· 17

　第一节　会计要素 ································· 17

　第二节　会计等式 ································· 21

第三章　账户和复式记账 ····························· 32

　第一节　会计科目和账户 ··························· 32

　第二节　复式记账 ································· 38

　第三节　借贷记账法 ······························ 40

第四章　借贷记账法的应用 ··························· 60

　第一节　资金筹集业务 ····························· 60

　第二节　生产准备业务 ····························· 65

　第三节　产品制造业务 ····························· 77

　第四节　产品销售业务 ····························· 89

　第五节　财务成果业务 ····························· 98

第五章　权责发生制和账项调整 ····················· 119

　第一节　会计期间和记账基础 ······················ 119

　第二节　权责发生制和收付实现制 ·················· 121

　第三节　期末账项调整 ···························· 122

第六章　账户的分类 ································· 135

　第一节　账户按经济内容分类 ······················ 135

　第二节　账户按用途和结构分类 ···················· 137

第七章 会计凭证 ·· 150
  第一节 会计凭证概述 ·· 150
  第二节 会计凭证的填制和审核 ································ 153
  第三节 会计凭证的传递与保管 ································ 163

第八章 会计账簿 ·· 169
  第一节 会计账簿概述 ·· 169
  第二节 账簿的设置和登记方法 ································ 172
  第三节 账簿的登记规则 ······································ 185
  第四节 错账的更正规则 ······································ 187
  第五节 对账和结账 ·· 191
  第六节 会计账簿的保管 ······································ 194

第九章 财产清查 ·· 201
  第一节 财产清查的意义 ······································ 201
  第二节 财产清查的种类和方法 ································ 206
  第三节 财产清查结果的账务处理 ······························ 212

第十章 会计核算形式 ·· 224
  第一节 会计核算形式的意义及种类 ···························· 224
  第二节 记账凭证会计核算形式 ································ 225
  第三节 汇总记账凭证会计核算形式 ···························· 239
  第四节 科目汇总表会计核算形式 ······························ 242
  第五节 日记总账会计核算形式 ································ 249

第十一章 会计报表 ·· 258
  第一节 会计报表概述 ·· 258
  第二节 资产负债表 ·· 260
  第三节 利润表 ·· 263

第十二章 会计工作组织与会计电算化 ···························· 274
  第一节 会计工作组织 ·· 274
  第二节 会计法规制度 ·· 276
  第三节 会计档案简介 ·· 277
  第四节 会计电算化 ·· 280

附录 财政部《会计基础工作规范》 ·························· 285

参考文献 ·· 299

第一章 总 论

> **学习目标与要求**
>
> 　　通过对本章的学习，了解会计的产生和发展过程，理解会计的基本概念，明确会计对象、会计职能、会计特点和会计本质，掌握会计核算基本前提和会计信息质量要求及会计计量内容，明确会计核算的程序和方法及各种方法间的相互联系。

第一节　会计的含义

一、会计的产生和发展

　　会计起源于生产实践。在生产活动中，人们为了合理地安排劳动时间，以尽可能少的劳动耗费生产尽可能多的物质财富来满足社会生产和人民生活的需要，力求做到所得大于所费，提高经济效果，就必须对生产中的人力、物力和财力的耗费及成果进行计量、记录和汇总，以便为管理生产提供所需要的资料和数据。

　　在原始社会末期，社会生产力不断发展，出现了剩余产品，社会再生产活动逐渐变得复杂。在文字产生之前，人们计算生产成果，便是用"结绳记事"、"刻木记数"等方式来进行的。人类这种最初的计量、记录行为，是出于人类的本能。这种行为虽然很难称之为会计，但会计却已在这里萌芽了，所以有人称之为原始会计。但是在当时，由于物质资料非常贫乏，生产规模也很小，所以，会计只是从属于生产活动的一项附带工作。随着社会生产的不断发展，社会再生产过程日趋复杂，社会产品逐渐增多，生产规模不断扩大，会计逐渐地从生产职能中分离出来，具有了独立的职能。

　　西周时期，我国奴隶制社会经济进入鼎盛时期，与之相适应的会计比以前也有了较大的进展。这时，出现了"会计"一词，其含义也比较明确，例如，"司会掌帮之六典、入法、入则……而听其会计"（《周礼·天官冢宰·司会》）。清代焦循在《孟子正义》中针对西周会计含义指出"零星称之为计，综合称之为会"。会计机构在西周时已经出现了，总管王朝财权的官员称"大宰"，掌握王朝计政的官员称"司会"。"司会"主天下之大计，计官之长。《周礼·天官》篇中指出："……会计，以参互考日成，以月要考月成，以岁会考岁成。""日成"、"月要"和"岁会"均属报告文书，已初步具备现代会计报表的雏型。"日成"为十日成事之文书，它相当于旬报；"月要"为一月成事之文书，相当于月报；"岁会"则是一年成事之文书，相当于年报。由此可见，在奴隶社会，会计方法已有相当的成就。

唐宋两代是我国封建社会经济较兴旺的时期，也是中国会计全面发展的时期。当时在记账规则方面开始有了比较一致的做法，会计账簿和会计报表的设置也日益完备，由流水账（日记账）和誊清账（总清账）组成的账簿体系已初步形成。其中，"四柱清册"即"旧管"、"新收"、"开除"、"实在"，其含义分别相当于现代会计中的"期初结存"、"本期收入"、"本期支出"、"期末结存"。四柱之间的平衡关系是：旧管+新收－开除=实在，其基本原理亦为现代会计所承袭，成为"期初结存+本期收入－本期支出=期末结存"会计公式的理论渊源。"四柱清册"的发明和应用，是会计工作者对会计学术的一项重大贡献。

明末清初，出现了中国最早的复式记账法——龙门账，即把全部账目划分为"进"、"缴"、"存"、"该"四大类，设"总清账"分别进行记录。所谓"进"、"缴"、"存"、"该"，其含义分别相当于现代会计的"全部收入"、"全部支出"、"全部资产"、"全部负债"。它们之间的平衡关系可用会计方程式表示为："进－缴=存－该"。每到年终结账时，以"进"、"缴"两类账目的记录编制"进缴表"，计算差额，求得盈亏；以"存"、"该"两类账目的记录编制"存该表"，计算差额，求得盈亏；两方面计算得出的盈亏数额应该相等，在一定程度上使之起到系统、全面和综合的反映作用。由于进缴和存该两结册的余额相互比照以验证账务处理是否正确的做法同古代修筑堤坝，兴建桥梁所使用的以两端为起点向中间施工，最后在中间交接的"合龙"方法相仿，故该账法的设计者便使用了"合龙门"的概念来表示两种结册余额相互对比的过程，所谓的"龙门账"也由此得名。

在国外，早在15世纪，作为会计基础的记账方法和技术就已达到相当成熟的程度，1494年意大利人卢卡·巴却里所著的《算术、几何及比例概要》一书在威尼斯出版问世。他在书中根据当时在威尼斯、热那亚等地商业中流行的记账方法，相当完整地阐述了借贷记账复式簿记。虽然据考证，世界上第一本关于复式簿的书于1458年就完成了，比卢卡·巴却里的早36年，但现在中外会计学者都认为卢卡·巴却里的书才是会计学发展中的里程碑。

建国初期，我国实行高度集中的计划经济，借鉴前苏联的会计模式，进行了从1950—1952年按所有制、分行业、部门制定会计制度的第一次会计制度变革。

改革开放后，随着社会主义市场经济的不断深入，市场环境发生了深刻变化。为了不断适应经济建设发展的需要，1992—1993年我国借鉴国际会计惯例制定了分行业和不同经营方式的会计制度，特别是《企业会计准则》的制定、修订和实施，使我国的会计突破了原有模式，并初步实现了同国际会计惯例接轨。2000—2001年制定的《企业会计制度》以及先后发布和实施的金融保险企业和小企业会计制度使会计信息在全国范围内实现了可比性。

2006年2月15日财政部全面推出由基本准则和38项具体准则组成的《企业会计准则》体系，并自2007年1月1日起施行。《企业会计准则》体系的全面建立和全面实施，成为我国会计发展史上的又一座里程碑，具有重要的现实意义。

2008年11月5日国务院第34次常务会议修订通过《中华人民共和国增值税暂行条例》，并自2009年1月1日起施行。至此，在我国所有行业推行增值税从生产型向消费型的转型改革。改革的主要内容有：允许企业一次全额抵扣新购入设备所含增值税，同时取消进口设备免征增值税和外商投资企业采购国产设备增值税退税政策，并将小规模纳税人的增值税征收率统一调低至3%，将矿产品增值税税率从13%恢复到17%。此次增值税转型改革，国家以减少财政收入的姿态，直接让利于企业，不仅减轻了企业新增设备投资的负担，提高了企业盈利水平，而且消除了原生产型增值税制中存在的重复征税问题，有利于资源的合理开发。

会计理论同其他理论一样，不断地从实践中产生、完善和发展，又不断地接受实践的检验。会计理论源于会计工作实践，又指导会计工作实践。完全可以相信，随着我国经济体制改革的不断深入，会计改革也将与时俱进地向前发展，为我国的经济繁荣和经济发展保驾护航。

二、会计的概念

会计是经济管理的重要组成部分，它是以货币为主要计量单位，对会计主体（企业、事业、行政等单位）的资金运动进行综合的、连续的、系统的反映（核算）和监督，为会计主体的经营管理和外部相关者提供信息的一种管理活动。

上述会计含义的表述体现了会计的特点、会计的对象、会计的职能和会计的本质。

（一）会计的特点

1.以货币为主要计量单位

在会计核算过程中，虽然需要运用多种计量尺度，如实物尺度（千克、吨、件等）、劳动尺度（工时、台时），但实物尺度和劳动尺度都不便汇总进行综合反映。例如，一千克和一件无法相加，一个工时和一个台时也不便汇总，只有货币尺度可以将不同的计量尺度加以汇总，综合计量经济活动，所以以货币为主要计量单位对会计主体的经济活动进行综合反映是会计最显著的特点。

2.对资金运动进行综合、连续、系统的核算

所谓综合就是对财产物资的收、发和结存情况，以货币为统一计量单位综合地进行反映；所谓连续就是按照时间顺序不间断地加以记录和核算；而系统就是用科学的会计核算方法对企业的经济业务进行确认、计量、记录和汇总，分门别类地、全面地提供会计信息。

（二）会计的对象

会计对象是指会计核算和监督的内容，即指会计主体（企业、事业、行政等单位）的资金和资金运动。这个问题将在本章第二节专门阐述。

（三）会计的职能

会计职能，是指会计本身所具有的功能，包括反映（核算）职能和监督职能。

1.反映职能

会计的反映职能，就好比一面镜子，要如实地反映企业、单位的经济活动情况，要做

到真实准确、不隐瞒、不谎报。会计的反映职能具体体现为借助于会计凭证、账簿、成本核算和会计报表等资料，综合、连续、系统地反映企业、事业、行政单位的经济活动情况，为经济管理提供信息和数据。会计对经济活动的反映，不是机械的反映，而是一种能动的反映，必须按照经济管理的要求，以货币为主要计量单位，记录、计算生产经营过程中的各种耗费以及利润的实现情况。利用反映出来的有关资料，通过总结分析，揭露经济管理中的问题，提出合理化建议，采取措施改善经营管理，提高经济效益。

2. 监督职能

会计监督职能是指进行把关，即指会计人员通过会计工作，在反映经济活动的同时，对经济活动本身进行检查监督。监督的核心是干预经济活动，对每项经济活动进行事前、事中和事后监督，以评价经济活动是否真实、正确、合理与合法，是否符合国家的方针政策、制度、法令。例如，会计人员利用产品成本指标，对材料、动力、工资以及各项费用的定额消耗与实际支出进行分析比较，查明是节约还是浪费，从而把握事物变化的内在原因，给企业管理者反馈信息，便于及时采取措施，达到降低成本、提高经济效益的目的。

会计的反映和监督两大基本职能是密切结合、相辅相成的。反映是监督的基础，只有反映出经济活动的真实情况，监督才有真实可靠的资料；监督是反映的继续，也只有做到严格监督，才能为企业经营和经济管理提供可信的数据资料。会计这两个职能之间的关系，体现着会计对经济管理既要服务，又要监督，反映之中有监督，监督之中有反映。只有把反映和监督有机地结合起来，才能更好地发挥会计职能的作用。

20世纪80年代后期，会计理论界指出，会计的职能除反映与监督以外，还应该包括分析、预测、控制和参与决策等职能。可见，会计的职能并不是一成不变的，会计的内涵和外延随着社会的进步、商品经济的发展和管理的需要将会得到不断充实和发展。

（四）会计的本质

会计的本质，是指会计本身所固有的，决定会计性质、面貌和发展的根本属性。会计是一个加工、处理和提供信息的经济信息系统，这个系统在提供信息的过程中是能动的，这种能动地提供会计信息的行为本身也就是一种管理活动。

第二节　会计的内容

会计内容，亦称会计对象，是指会计反映（核算）和监督的内容。概括地讲，在会计主体的生产经营或业务活动中，凡是能以货币体现的经济活动都是会计反映（核算）和监督的对象。经济活动的具体内容不同，会计反映（核算）和监督的内容也不一样。

在企业中要进行生产，首先要筹集生产经营所需的资金，并用这些资金建造厂房，购置设备和各类物资。在生产过程中，劳动者运用生产设备作用于劳动对象，加工出各种产品。在销售过程中，企业将产品销售出去，收回货款并取得盈利。以上资金的筹集、使用和收回都是企业会计核算和监督的主要内容。

在行政单位里，一方面根据预算取得财政拨款，另一方面又按预算支付各项行政费用，所以行政单位会计的主要工作内容是预算资金的收支核算。

在事业单位中，一方面取得财政补助收入、上级补助收入以及事业收入和经营收入等，另一方面在进行事业活动中，发生事业支出、经营支出以及所属单位补助和对上级支出等各类支出，所以事业单位会计的主要工作内容是各类收入、支出和结余的核算。

第三节　会计核算的基本前提和记账基础

一、会计核算的基本前提

会计核算的基本前提是指进行会计工作时，同会计核算相关的最基本的环境条件，是从空间范围、时间界限以及计量尺度等方面所做的限定。这种限定即是会计核算得以进行的基本前提，具体包括会计主体、持续经营、会计分期和货币计量四个基本前提。

（一）会计主体

会计主体是指会计核算所服务的特定独立经济单位，它限定了会计活动的范围。一般来说，会计主体既可以是一个企业，也可以是若干个企业组成的集团公司；既可以是一个法人，也可以是一个不具备法人资格的实体。但是，作为会计主体，它必须能够控制主体所拥有的经济资源并对其负有法律责任。因此，会计主体都应该进行独立的会计核算，且应当以主体（企业）发生的各项交易或事项为对象，记录和反映主体（企业）本身的各项生产经营活动，不能与其他主体相混淆。可以通过界定会计主体事项来界定会计核算的范围，从而准确地提供反映企业财务状况和经营成果的会计信息。

（二）持续经营

持续经营是指会计主体在可预见的较长时期内不会因进行清算、解散、倒闭而不复存在，企业能正常地经营，资金能正常地投放、循环与周转，并按既定的会计核算程序及方法进行会计核算。持续经营并不意味着企业将永远经营下去，因为在商品经济条件下，企业间充满了竞争，优胜劣汰使企业能否保持不败无法预料，但作为会计核算必须假定企业能够长期地存在下去，能够持续经营下去。在这一前提下，企业的资产才能按原定的生产经营用途进行使用和摊销，例如，固定资产才可以在其使用年限内，按其取得时的成本及使用情况，选择一定的折旧方法计提折旧，按期将其磨损的价值转移到成本费用中去；债权债务才能正常清偿结算，费用按受益期间合理分配。可见，只有在持续经营的前提下，企业的会计计量、记录和报告才具有客观可靠性，因此企业持续、正常地从事生产经营活动成为会计核算的首要前提。

（三）会计分期

会计分期与持续经营同属于时间范围方面的会计前提，会计分期是在持续经营的基础上，将会计主体连续不断的经营活动划分成段落，确定每一个会计期间，以便定期核算经营活动、报告经营成果。会计期间分为年度、半年度、季度和月度。中期是指短于一个完整的会计年度的报告期间，半年度、季度和月度均属于中期期间。年度、半年度、季度和月度，均按公历起讫日确定。有了会计期间的划分，才有了本期和非本期的区别，也因此才产生了权责发生制、收入与费用配比、划分收益性支出和资本性支出等会计原则。在这些原则的基础上，对于在经营活动中出现的跨期收入和支出、跨期费用，才能够通过应收、预付、应付、预收以及预提和待摊等方法进行会计处理。所以当一个会计主体持续经营时，划分会计期间，定期提供会计信息，能使管理者及时地改善经营管理。

（四）货币计量

货币计量是指限定会计核算所提供的会计信息主要是以货币为统一计量尺度来记录和反映的会计主体的经营情况。货币计量有两层含义：一是能够综合地反映会计主体的经营活动状况；二是假定币值是稳定的。会计主体的经营活动繁杂多样，经营活动的计量可以是实物量（如吨、米、件、台等），也可以用单位小时来表示（如小时、分等）。不同的计量尺度，不能相加，更无法汇总。为了综合反映会计主体的生产经营活动，在进行会计核算时，需要有一个统一的计量尺度，而能够担当此任务的只能是货币。因为在商品经济条件下，货币是商品的一般等价物，是衡量所有商品价值的共同尺度，有了货币计量这一前提，不同的计量尺度就可以通过货币进行综合和汇总。货币计量以币值稳定为条件，因为只有在假定币值稳定的情况下，才能使不同时点资产的价值具有可比性，收入和费用才能进行配比，从而正确计量经营成果。尽管在现实经济社会中，货币本身的币值是不稳定的，经常会发生变动，其购买力此一时，彼一时，但我们必须假定币值相对稳定，否则会计计量将丧失依据。

二、会计记账基础

会计记账基础包括权责发生制和收付实现制，我国《会计准则》中规定：会计应当以权责发生制为基础进行核算。

权责发生制亦称应计制，是指在收入和费用实际发生时确认，不必等到实际收到或支付现金时才确认，凡是在本期取得的收入或本期负担的费用，无论款项是否收付，都应当作为本期的收入或费用；凡是不属于本期的收入或费用，即使款项已在本期收到或支付，也不能作为本期的收入或费用。权责发生制与收付实现制相对应，收付实现制是以实际收到或支付现金为依据确认收入和费用的。我国《企业会计准则》中明确规定，企业的会计核算应当以权责发生制为基础。收付实现制将在第五章详细讲述。

第四节 会计核算信息质量
要求和会计计量

一、会计信息质量要求

会计核算信息的质量要求是指进行会计核算工作时的各种规范，是记录、汇总和提供会计信息时所依据的一般规则。《企业会计准则》规定的会计信息质量要求包括可靠性、相关性、可理解性、可比性、实质重于形式、重要性、谨慎性、及时性八项。

（一）可靠性

可靠性亦称真实性，是对会计信息的具体要求，是指企业提供的会计信息必须以实际发生的经济业务及证明经济业务发生的合法凭证为依据，真实反映财务状况和经营成果，不允许掩饰生产经营过程中的任何薄弱环节，要做到内容真实、数据准确、手续完备、项目完整、资料可靠，具有可验证性。我国《企业会计准则》规定，企业应当以实际发生的交易或者事项为依据进行会计确认、计量和报告，如实反映符合确认和计量要求的各项会计要素及其他相关信息，保证会计信息真实可靠、内容完整。

（二）相关性

相关性，亦称有用性，是指企业提供的会计信息应当与财务会计报告使用者的经济决策需要相关，有助于财务报告使用者对企业过去、现在及未来的情况做出评价或者预测，即满足投资者、债权人等各方了解企业财务状况和经营成果的需要，满足企业加强经营管理的需要。

（三）可理解性

可理解性也称明晰性，是指会计记录和会计报表所反映的会计指标必须简洁易懂、清晰明了，便于理解和利用。会计所反映的企业财务状况和经营成果，要通俗易懂，便于报表使用者理解和使用，同时也便于审计人员进行查账验证。

（四）可比性

可比性原则是指会计核算必须符合会计制度的统一规定，提供相互可比的会计信息。企业处于不同行业、不同地区，经济业务发生于不同时点，为比较不同企业的财务状况和经营成果，要求会计主体之间会计指标口径一致，相互可比。可比性要求包括两个方面：第一，同一企业不同时期发生的相同或者相似的交易或者事项，应当采用一致的会计政策，不得随意变更，确需变更的，应当在附注中说明；第二，不同企业发生的相同或者相似的交易或者事项，应当采用规定的会计政策，确保会计信息口径一致、相互可比。

（五）实质重于形式

在现实经济生活中，经济业务的经济实质与法律形式很可能存在一定程度的脱节。我国《企业会计准则》要求，企业应当按照交易或者事项的经济实质进行会计核算，而不应仅以交易或者事项的法律形式为依据进行核算。例如，融资租入、售后回购等经济业务的核算都是以其经济实质进行的。所以，在进行会计核算时，会计人员应当以经济业务的实质来选择会计处理方法，而不是拘泥于经济业务的法律形式。

（六）重要性

重要性是指当会计报表和会计信息概括地反映会计主体的财务状况和经营成果时，对于影响经营决策的重要经济业务应当分项反映，并在会计报表中作重要说明，而对于次要的会计事项，则可以在不影响会计信息全面性和真实性的情况下合并反映，以便简化核算工作。企业提供的会计信息应当反映与企业财务状况、经营成果和现金流量等有关的所有重要交易或者事项。

（七）谨慎性

谨慎性，亦称稳健性，是指对某一项会计事项有多种方法可供选择时，应当选择能够最大程度地避免企业虚增盈利的做法。在会计处理上，对于收入、费用或损失的确认持稳健态度。凡可能发生的费用和负债，应充分予以估计，对于可能产生的资产或者收益，一般不予以估计或应十分谨慎地加以估计，即不高估资产或收益，不低估负债或费用。

（八）及时性

及时性，是指会计核算应当及时进行，以提供有价值的信息。因为会计信息具有时效性，只有能够满足经济决策的及时需要，会计信息才有价值。失去时效，会计信息成为了历史资料，往往会事过境迁，无助于决策。及时性要求会计核算首先应在经济业务发生的当期进行处理，不能拖延，也不得提前。

二、会计计量

会计计量是会计核算的重要基础，计量包括计量属性和计量单位，这里仅指计量属性。我国企业会计准则规定，企业在将符合确认条件的会计要素登记入账并列报于会计报表及其附注时，应当按照规定的会计计量属性进行计量，确定其金额。

会计计量属性主要包括历史成本、重置成本、可变现净值、现值、公允价值。

（一）历史成本

历史成本是指企业的各种资产应按其取得或购建时发生的实际成本进行核算。所谓实际成本，就是取得或制造某项财产物资时所实际支付的现金或其他等价物。在历史成本计量下，资产按照购置时支付的现金或者现金等价物的金额，或者按照购置资产时所付出的对价的公允价值计量。负债按照因承担现时义务而实际收到的款项或者资产的金额，或者承担现时义务的合同金额，或者按照日常活动中为偿还负债预期需要支付的现金或者现金等价物的金额计量。

（二）重置成本

重置成本又称现行成本，是指按照当前市场条件，重新取得同样一项资产所需支付的现金或现金等价物金额。在重置成本计量下，资产按照现在购买相同或者相似资产所需支付的现金或者现金等价物的金额计量，负债按照现在偿付该项债务所需支付的现金或者现金等价物的金额计量。

（三）可变现净值

可变现净值又称为结算价值，是指在正常生产经营过程中，以预计售价减去进一步加工成本和销售所需的预计税金、费用后的净值。在可变现净值计量下，资产按照其正常对外销售所能收到现金或者现金等价物的金额扣减该资产至完工时估计将要发生的成本、估计的销售费用以及相关税费后的金额计量。

（四）现值

现值是指未来现金流量按照一定方法折成的当前价值。在现值计量下，资产按照预计从其持续使用和最终处置中所产生的未来净现金流入量的折现金额计量，负债按照预计期限内，需要偿还的未来净现金流出量的折现金额计量。

（五）公允价值

公允价值是指熟悉市场情况的双方都能够接受的价格。在公允价值计量下，资产和负债按照在公平交易中，熟悉情况的交易双方自愿进行资产交换或者债务清偿的金额计量。所谓公平交易，是指双方是非关联方，不存在特殊或特定的利益关系，既没有给予对方优惠的动机，也不侵犯对方的利益。所谓熟悉情况的交易双方，指交易双方了解资产或负债的属性，明确自己的利益所在。所谓自愿，指买卖双方是在非被迫的情况下进行交易。

企业在对会计要素进行计量时，一般应当采用历史成本，采用重置成本、可变现净值、现值、公允价值计量的，应当保证所确定的会计要素金额能够取得并可靠计量。

第五节　会计核算程序和方法

一、会计核算程序

会计核算工作是一个连续、系统和完整的过程，包括会计确认、会计计量、会计记录和会计报告四道前后衔接的程序。经济业务发生后，首先要进行确认和计量，然后运用会计凭证和会计账簿进行记录，最后对记录结果进行汇总、整理，并编制会计报告，提供给使用者。

（一）会计确认

会计确认是指依据一定的标准，认定某项经济业务事项，充分填制凭证，计入账簿并列入会计报告的过程。会计确认包括要素确认和事项确认。要素确认只要记录经济业务或会计事项应为哪个要素项目，确认的依据一是符合应收款的会计要素的定义；二是符合应收会计要素的确认条件。事项确认是指该项经济业务或会计事项应当在何时确认，其基本依据是此项经济业务或会计事项实际发生的时间。

（二）会计计量

会计计量是指在会计核算过程中，对于该项交易、事项经以某种尺度为标准确定为具体的量。以重量、长度、体积等为尺度，称之为实物计量；以货币为尺度，称之为货币计量。会计计量包括计量单位和计量特性，货币计量通常以元、十元、百元、千元、万元等为计量单位。计量特性是指计量对象可供计量的某种特性或标准，如资产计量有历史成本、重置成本、可变现净值、现值、公允价值等计量特性。

我国《企业会计准则——基本准则》第四十三条规定，企业在对会计要素计量时，一般要素采用历史成本计量，采用重置成本、可变现净值、现值、公允价值计量的，应当保证该确定的会计要素金额能够取得并可靠计量。

（三）会计记录

会计记录是指该项经济业务经过确认和计量后，按照一定的方法和程序在账户中进行登记的工作，包括以原始凭证为依据编制记账凭证，并记入记账簿。会计记录包括叙事记录和分类记录。

（四）会计报告

会计报告是指以账簿记录为依据，采用表格和文字的形式，按照一定的要求，将会计数据经过分析、归类等工作程序而填制的书面报告。会计报告是会计信息使用者进行有关决策的重要依据。

二、会计核算方法

会计方法由会计核算方法、会计分析方法和会计检查方法三部分组成。其中会计核算方法是会计最基本的方法。这三个部分既相互独立，又密切联系、相互配合，围绕会计任务形成一个科学的会计方法体系。本节重点阐述会计核算方法。

会计核算方法主要包括设置会计科目和账户，复式记账法、填制和审核凭证，登记账簿，成本计算，财产清查，编制会计报表七个方面。

（一）设置会计科目和账户

设置会计科目和账户是对会计对象的具体内容进行分类反映和监督的一种专门方法。会计对象的具体内容是复杂多样的，要对会计对象所包含的经济内容进行系统的反映和监督，就需要对它们进行科学的分类，以便有的放矢地取得各种会计核算指标。因此，对各项财产、资金、费用成本和收入成果的增减变化，均要分别设置一定的会计科目和账户进行归类反映和监督。

（二）复式记账法

复式记账法是通过至少两个账户来记录每一项经济业务，借以完整地反映资金运动的一种专门方法。在企业、行政事业单位的资金运动过程中，任何一项经济业务都会引起资金的两种变化。例如，企业用现金购买材料，这一项经济业务一方面引起材料的增加，另一方面引起现金的减少。为了全面反映每一项经济业务所引起的这种双重变化，必须在两个或两个以上的账户中同时加以记录，这就是复式记账法。采用复式记账法，能全面地反映资金运动的来龙去脉，便于对各项经济活动进行有效的监督。

（三）填制和审核凭证

会计凭证是用来记录经济业务、明确经济责任的书面证明，是登记账簿的重要依据。企业、行政事业单位对于任何一项经济业务都要按照实际执行或完成的情况填制有关凭证。所有凭证都要经过会计部门和有关职能部门的审核，只有经过审核无误的凭证，才能作为记账的依据。在凭证的审核过程中，最重要的是审核经济业务是否合法、是否合理、是否符合财经制度的规定、是否执行了财经纪律。只有对各种凭证进行合法性、合理性审核，才能确保会计资料的真实性。因此，填制和审核凭证是会计反映和监督不可缺少的方法。

（四）登记账簿

登记账簿是在账簿上全面地、系统地、连续地记录各项经济业务的一种专门方法，也就是把所有的经济业务按其发生的顺序、分门别类地记入有关账簿。登记账簿必须以审核无误的记账凭证为依据，同时按照规定的会计科目，在账簿中分设账户，把所发生的经济业务分别计入有关账户，并定期结账、对账，以便为经营管理提供完整的、系统的数据资料。各种账簿的记录是编制会计报表的主要依据。

（五）成本计算

成本计算是按照成本计算对象计算企业在生产经营过程中所耗费的人力、物力和财力，确定该计算对象的总成本和单位成本的专门方法。为了考核和控制生产经营过程中发生的各项费用支出，就需要将这些费用按照一定的对象进行归集和计算。在工业企业中，要计算材料采购成本、产品生产成本。通过计算，可以考核各项费用是否节约或超支，以便寻求降低成本的途径。

（六）财产清查

财产清查就是盘点实物、查对账目，查明各项财产物资和资金的实有数额的一种专门方法。通过财产清查可以查明财产和资金的实有数额，并与账面数额相核对。如果发现某些财产物资和资金的实有数额同账面结存数额不符，则应查明账实不符的原因，确定责任，按规定调整账簿记录，使账存额与实存额保持一致，从而保证会计核算资料的真实性。通过财产清查不但能发现财产物资管理中存在的问题，而且对挖掘企业物资潜力、加速资金周转、监督财产物资的合理使用与安全完整均具有重要作用，所以它是会计核算不可少的方法。

（七）编制会计报表

编制会计报表是以规定的表格形式，定期并总括反映企业、行政事业单位经济活动收支情况的一种专门方法。在会计核算中，日常发生的经济业务都分散地登记到各种账簿中，为了更集中和简括地反映出企业、行政事业单位经济活动的全貌，需要通过编制会计报表，把账簿中分散的资料进行分类、整理、汇总，使之更加系统化、条理化，既全面又概括地反映在一定时期内经济活动情况，例如，资金、成本、利润等各项指标。会计报表所提供的资料是分析、检查财务成本计划完成情况、考核经济效益、加强经济管理的依据，也是进行国民经济综合平衡工作所必需的参考资料。因此，编制会计报表能进一步发挥会计对生产过程的控制职能。

上述会计核算的各种方法,构成了一个完整的方法体系。在实际工作中,这些方法彼此联系、相互配合地加以运用。一般情况下,具体操作过程为:对日常发生的每一项经济业务进行分类,并运用复式记账方法填制会计凭证并在审核无误之后在有关账簿中进行登记;对经营过程中所发生的各项费用进行成本计算;定期或不定期进行财产清查,将财产物资实际结存数额与账簿的记录加以核对,在做到账实相符的基础上,根据账簿记录编制各种会计报表。

思考题

1. 对本章的主要内容进行小结。
2. 什么是会计?
3. 会计的特点是什么?
4. 会计的内容是什么?
5. 会计的基本职能是什么?
6. 会计的基本前提有哪些? 如何理解会计的基本前提?
7. 会计的记账基础是什么? 如何理解权责发生制?
8. 会计信息质量要求有哪些? 其基本内容是什么?
9. 会计确认和计量要求有哪些? 其基本内容是什么?
10. 会计的核算程序有哪些?
11. 会计的核算方法有哪些? 它们之间的关系如何?

练习题

一、判断题

1. “四柱清册”产生于唐宋时期,即“旧管”、“新收”、“开除”、“实在”,四柱之间的平衡关系是:旧管 + 新收 - 开除 = 实在。 (   )

2. 会计要以货币为计量单位,只对企事业单位的经济活动进行核算。 (   )

3. 《企业会计准则》规定,会计核算要以权责发生制为基础。 (   )

4. 会计的基本职能是反映和监督。 (   )

5. 法人主体一定是会计主体,会计主体也一定是法人主体。 (   )

6. 持续经营在空间上限定了会计所服务的对象和范围,而会计分期属于时间范围的会计核算前提。 (   )

7. 一贯性要求是指企业所采用的会计核算方法和程序前后各期一致,任何情况下都不能随意变更。   （ ）

8. 企业对于次要的交易或事项，在不影响会计信息真实性和不误导财务会计报告使用者正确理解企业财务状况和经营成果的前提下，可适当简化，这就是重要性要求。 （ ）

9. 明末清初，出现了中国最早的复式记账法——龙门账，即把全部账目划分为"进"、"缴"、"存"、"该"四大类，它们之间的平衡关系可用会计方程式表示为："进"－"缴"＝"存"－"该"。 （ ）

二、填空题

1. 目前一般认为是 1494 年意大利人_____在其所著的《_____》一书中完整地阐述了借贷记账法。

2. 会计以货币为主要计量单位，对资金运动进行_____、_____和_____核算和监督。

3. 会计职能除反映与监督外，还应包括分析、预测、控制和参与决策等，其中____和____是基本职能。

4. 会计的内容，亦称会计的对象，它是指会计____和____的内容。

5. 进行会计工作时同会计核算相关的最基本的环境条件是指从____和____以及计量尺度等方面所做的限定，这种限定即是会计核算得以进行的_____，包括会计主体、持续经营、会计分期和货币计量。

6. 我国的会计期间是以_____为起止期的。

7. 对事物的真实反映是_____的要求；而会计信息必须有用并满足有关方的需要是_____的要求。

8. 可比性是指会计核算必须符合会计制度的统一规定，提供_____的会计信息。

9. 《企业会计准则——基本准则》中规定会计记账基础是_____。

10. 历史成本计量要求是指企业的各项资产应当将其取得或购建时发生的实际成本作为入账价值，在资产处置前保持其_____不变。

11. 会计方法由_____、_____、_____三部分组成，其中_____是会计的最基本方法。

三、单项选择题

1. 会计主要是以（ ）为计量尺度。

   A. 劳动   B. 价格

   C. 实物   D. 货币

2. 会计的基本职能是（ ）。

   A. 核算与决策   B. 核算与监督

   C. 分析与考核   D. 预测与决策

3. 费用是企业在生产经营过程中发生的各项（ ）。

   A. 损失   B. 支出

   C. 成本   D. 耗费

4. 会计基本方法是（   ）。

    A. 会计监督方法   B. 会计核算方法

    C. 会计分析方法   D. 会计决策方法

5. 会计监督主要是通过（   ）来进行的。

    A. 劳动量指标   B. 数量指标

    C. 价值量指标   D. 实物量指标

6. 会计的产生是由于（   ）的需要。

    A. 技术进步   B. 生产实践

    C. 生产关系变更   D. 社会分工

7. 会计对经济活动的管理，主要是（   ）。

    A. 价值管理   B. 劳动管理

    C. 实物管理   D. 实物、价值管理

8. 下列各项中，属于进行会计核算时必须明确的前提条件是（   ）。

    A. 可比性   B. 权责发生制

    C. 会计分期   D. 明晰性

9. 企业会计核算是以（   ）为基础的。

    A. 历史成本   B. 权责发生制

    C. 重置成本   D. 公允价值

10. 谨慎性要求就是在会计核算时（   ）。

    A. 不得多计负债和费用   B. 不得少计资产或收益

    C. 不得多计资产或收益，不得少计负债或费用

    D. 不得多计负债少计资产

11. 会计信息质量要求，使前后期间提供的会计信息可比是（   ）。

    A. 可比性   B. 一贯性

    C. 配比性   D. 权责发生制

12. 会计监督主要是指会计人员进行（   ）的同时，对特定对象经济业务的合法性、合理性进行审核。

    A. 会计核算   B. 财经法规

    C. 价值指标   D. 会计账簿

13. 会计分期前提是建立在（   ）基础上的。

    A. 会计主体   B. 权责发生制

    C. 持续经营   D. 货币计量

14. 持续经营是建立在（   ）基础上的。

    A. 会计主体   B. 权责发生制

    C. 持续经营   D. 货币计量

15. 在会计核算的基本前提中，确定会计核算空间范围的是（   ）。

A. 会计主体   B. 持续经营

C. 会计分期   D. 货币计量

四、多项选择题

1. 会计核算的基本前提是（   ）。

A. 会计主体   B. 持续经营   C. 会计分期

D. 货币计量   E. 会计原则

2. 以下属于会计核算方法的有（   ）。

A. 会计分析   B. 会计检查   C. 成本计算

D. 复式记账   E. 财产清查

3. 会计的方法应包括（   ）。

A. 会计法检查方法   B. 会计核算方法   C. 会计分析方法

D. 会计决策方法   E. 会计预测方法

4. 会计的基本职能包括（   ）。

A. 会计决策   B. 会计监督   C. 会计核算

D. 会计计量   E. 会计预测

5. 会计的特点主要体现在核算方面，包括（   ）。

A. 以货币为主要计量单位

B. 对资金运动进行综合地、连续地和系统地核算

C. 具有决策功能

D. 以凭证为依据，严格遵守会计规范

6. 下列各种会计处理方法体现谨慎性要求的是（   ）。

A. 固定资产采用直线法计提折旧

B. 对存货计提跌价损失准备

C. 对各项资产采用实际成本计价

D. 短期投资期末计价采用成本与市价孰低法

7. 下列各项中属于衡量会计信息质量要求的是（   ）。

A. 可比性   B. 可靠性

C. 明晰性   D. 一致性

8. 根据我国企业会计准则，企业会计期间可以划分为（   ）。

A. 年度   B. 半年

C. 季度   D. 月份

9. 在会计核算的基本前提中，确立了会计核算的时间长度的是（   ）。

A. 会计主体   B. 持续经营

C. 会计分期   D. 货币计量

10. 下列各项中属于会计确认和计量要求的是（   ）。

A. 重置成本   B. 现值   C. 历史成本

D. 公允价值　　　　　　　E. 会计分期

11. 下列各项中属于会计核算程序的是（　　）。

　　A. 会计确认　　　　　　　B. 会计计量

　　C. 会计记录　　　　　　　D. 会计报告

12. 会计计量属性主要包括（　　）。

　　A. 历史成本　　　　　　B. 重置成本　　　　C. 可变现净值

　　D. 现值　　　　　　　　E. 公允价值

13. 会计核算方法主要包括（　　）。

　　A. 设置会计科目和账户　　　B. 复式记账

　　C. 填制和审核凭证　　　　　D. 登记账簿和成本计算

　　E. 财产清查和编制会计报表

五、简答题

1. 简述会计的特点。

2. 简述会计的基本职能。

3. 会计的核算方法有哪些？它们之间的关系如何？

4. 简述权责发生制的内容。

第二章　会计要素和会计等式

学习目标与要求

　　本章阐述了会计的基本理论、会计要素和会计等式。通过对本章的学习，充分理解会计要素的含义、种类及其各自的内容与特征，掌握会计等式中各个会计要素之间的关系，明确任何经济业务发生都不会破坏会计等式的恒等关系。

第一节　会计要素

一、会计要素的含义

　　会计要素是对会计对象进行的基本分类，是会计核算对象的具体化，是用于反映企业财务状况、确定经营成果的基本元素。我国《企业会计准则》中规定，会计基本要素有资产、负债、所有者权益、收入、费用和利润六大类。

　　将会计对象划分为会计要素，为分类进行会计核算提供了便利。把会计对象划分为会计要素后就可以按照会计要素分别进行会计确认和会计计量，使得会计确认和会计计量更加具体。同时，会计要素为会计报表构筑了基本框架。按照会计要素构建的会计报表，可以分类反映各个会计要素的基本数据及会计要素之间的相互关系，从而使提供的会计信息更具有科学性。

二、会计要素的内容

　　根据我国《企业会计准则》的规定，会计基本要素有资产、负债、所有者权益、收入、费用和利润六大类。

　　（一）资产

　　资产是指企业过去的交易或者事项形成的、由企业拥有或者控制的、预期会给企业带来经济利益的资源。对资产所作的定义是会计核算中据以确认资产的依据。

　　这里所指的企业过去的交易或者事项包括购买、生产、建造行为或其他交易或者事项。预期在未来发生的交易或者事项不形成资产。

　　由企业拥有或者控制，是指企业享有某项资源的所有权，或者虽然不享有某项资源的所有权，但该资源能被企业所控制。

预期会给企业带来经济利益，是指该资源具有直接或者间接导致现金和现金等价物流入企业的潜力。

资产的确认条件为：与该资源有关的经济利益很可能流入企业；该资源的成本或者价值能够可靠地计量。符合资产定义和资产确认条件的项目，应当列入资产负债表；符合资产定义但不符合资产确认条件的项目，不应当列入资产负债表。

资产有以下几个方面的特征。

第一，资产必须是由过去的交易、事项形成，并由企业拥有或控制的资源。这里所说的拥有或控制是指财产物资的所有权，即其权利和风险都已归属于本企业，包括已经取得并可依法行使的权利，比如应收账款虽不具有实物，但可依法收回一笔款项，则应视作企业的一项资产。未来的、尚未发生的事项的可能结果，不能确认为资产，如计划购入的材料等。

第二，资产必须具有能为企业带来经济利益的能力，即资产作为一项经济资源能独立地或与其他资产结合在一起，在未来时期内有能力为企业带来经济利益，这是资产的一个重要特征。没有任何利用价值的材料不能列为资产。

第三，作为一项资产，应当能以货币计量其价值。这是因为会计核算要以货币作为主要的计量尺度，不能以货币计量的经济资源，难以确认和计量它的价值，就不能将其确认为企业的资产。

企业资产按照其流动性，即按照资产转换为现金的能力进行分类，可以分为以下几大类。

1. 流动资产

流动资产是指可以在一年内或者在超过一年的一个营业周期内变现或耗用的资产。它包括以下项目。

（1）库存现金：指企业持有的供日常零星开支的现金。

（2）银行存款：指企业存入银行或其他金融机构中的各种款项。

（3）其他货币资金：指企业的银行汇票存款、银行本票存款、信用卡存款、信用证保证金存款、存出投资款、外埠存款等其他货币资金。

（4）交易性金融资产：指企业为交易目的所持有的债券投资、股票投资、基金投资等交易性金融资产的公允价值。

（5）应收票据：指企业因销售商品、提供劳务等经营活动而收到的商业汇票，包括银行承兑汇票和商业承兑汇票。

（6）应收账款：指企业因销售商品、提供劳务等经营活动应收取的款项。

（7）预付款项：指企业按照合同规定预付的款项。

（8）应收股利：指企业应收取的现金股利和应收取其他单位分配的利润。

（9）应收利息：指企业交易性金融资产、持有至到期投资、可供出售金融资产、应收取的利息等。

（10）其他应收款：指企业除应收票据、应收账款、预付账款、应收股利、应收利息、长期应收款等以外的其他各种应收及暂付款项。

（11）存货：指企业为生产耗用或销售而储备的各种物资，包括原材料、外购半成品、燃料、周转材料（即包装物、低值易耗品）等；处在生产过程中的在产品；生产完工尚未销售的产成品；待售的外购商品等。

2. 非流动资产

非流动资产是指流动资产以外的资产，主要包括长期股权投资、固定资产、在建工程、工程物资、无形资产、开发支出等。

（1）长期股权投资：指企业持有的对其子公司、合营企业及联营企业的权益性投资以及企业持有的对被投资单位不具有控制、共同控制或重大影响，并且在活跃市场中没有报价、公允价值不能可靠计量的权益性投资。

（2）固定资产：是指同时具有以下特征的有形资产：①为生产商品、提供劳务、出租或经营管理而持有的；②使用寿命超过一个会计年度。

（3）无形资产：是指企业拥有或控制的没有实物形态的可辨认非货币性资产，主要有专利权、商标权、土地使用权、非专利技术、著作权、特许权等。

3. 其他资产

其他资产是指不能归入上述各项的资产，如长期待摊费用、银行冻结存款、诉讼中财产等。

（二）负债

负债是指企业过去的交易或者事项形成的、预期会导致经济利益流出企业的现时义务。

现时义务是指企业在现行条件下已承担的义务，未来发生的交易或者事项形成的义务不属于现时义务，不应当确认为负债。

只有在同时满足以下条件时，才能确认为负债：

（1）与该义务有关的经济利益很可能流出企业；

（2）未来流出的经济利益的金额能够可靠地计量。

符合负债定义和负债确认条件的项目，应当列入资产负债表；符合负债定义、但不符合负债确认条件的项目，不应当列入资产负债表。

根据定义，负债具有以下特征。

第一，负债的本质是一种经济义务。它是由过去已经发生的经济交易所引起的，是现时存在、在未来某一时期必须偿还的经济义务。

第二，负债到期必须偿还，一般不能无条件取消，除非债权人主动放弃其权益。

第三，负债必须能用货币确切计量或合理预计金额。

第四，负债有确切的收款人和偿还日期。偿还的方式有：以资产偿还，以劳务偿还，或者两者兼而有之。

负债按其流动性，即按照负债偿还期限的长短分为流动负债和非流动负债两类。

1. 流动负债

流动负债是指预计在一个正常营业周期中清偿、或者主要为交易目的而持有、或者自资产负债表日起一年内（含一年）到期应予以清偿、或者企业无权自主地将推迟至资产负债表日后一年以上的负债。流动负债主要包括短期借款、应付票据、应付账款、预收款项、应付职工薪酬、应交税费、应付股利、应付利息、其他应付款等。

2. 非流动负债

非流动负债是指流动负债以外的各项负债，主要包括长期借款、应付债券等。

（三）所有者权益

所有者权益是指企业资产扣除负债后由所有者享有的剩余权益。公司的所有者权益又称为股东权益。主要包括所有者投入的资本、直接计入所有者权益的利得和损失留存收益等。所有者投入的资本是指所有者在企业注册资本的范围内实际投入的资本。直接计入所有者权益的利得和损失，是指不应计入当期损益、会导致所有者权益发生增减变动的、与所有者投入资本或者向所有者分配利润无关的利得或者损失。留存收益是指归所有者共有的、由收益转化而成的所有者权益，主要包括法定盈余公积、任意盈余公积和未分配利润。

所有者权益的金额取决于资产和负债的计量，其金额为资产减去负债后的余额。

所有者权益与负债有着本质的不同。负债是对内和对外所承担的经济责任，企业负有偿还的义务，而所有者权益在一般情况下不需要企业将其归还给投资者；负债所形成的资产只能在约定的较短时间内使用，而所有者权益所形成的资产企业可以永久性使用；使用负债所形成的资金通常需要支付报酬，如借款利息支出等，而使用所有者权益形成的资金则不需要支付费用；在企业清算时，负债拥有优先清偿权，而所有者权益只有在清偿所有的负债后，才返还给投资者；但投资人可以参与企业经营决策及利润的分配，而债权人则不能。

所有者权益按其来源不同划分为实收资本（股本）、资本公积、盈余公积和未分配利润。

（四）收入

收入是指企业在日常活动中形成的、会导致所有者权益增加的、与所有者投入资本无关的经济利益的总流入。其中，日常活动指销售商品、提供劳务及让渡资产使用权等行为。

收入只有在经济利益很可能流入从而导致企业资产增加或者负债减少且经济利益的流入额能够可靠计量时才能予以确认。

收入不仅表现为现金的流入，有时也表现为负债的偿还。收入包括主营业务收入和其他业务收入两类。主营业务收入指销售产品、提供劳务及让渡资产使用权等正常经营活动而取得的收入。其他业务收入指除主营业务收入以外的其他销售或其他业务的收入，如材料销售、包装物出租等收入。

（五）费用

费用是指企业在日常活动中发生的、会导致所有者权益减少的、与所有者分配利润无关的经济利益的总流出。费用只有在经济利益很可能流出从而导致企业资产减少或者负债增加且经济利益的流出额能够可靠计量时才能予以确认。

企业为生产产品、提供劳务等发生的可归属于产品成本、劳务成本等的费用，应当在确认产品销售收入、劳务收入等时，将已销售产品、已提供劳务的成本等计入当期损益。

企业发生的支出不产生经济利益的，或者即使能够产生经济利益但不符合或者不再符合资产确认条件的，应当在发生时确认为费用，计入当期损益。

企业发生的交易或者事项导致其承担了一项负债而又不确认为一项资产的，应当在发生时确认为费用，计入当期损益。

按照上述表述，成本和费用具有以下特征。

（1）费用必须是已经发生或已经成为事实的日常活动所导致的经济利益流出，成本必须是为生产产品或提供劳务而发生的耗费。

（2）期间费用直接计入当期损益，成本则应计入所生产的产品成本或所提供劳务的成本中去。

（3）费用一般表现为资产的耗费，有时也表现为负债的增加。

以工业企业为例，一定时期的费用通常由产品生产成本和期间费用两部分构成，产品生产成本由直接材料、直接人工和制造费用三个成本项目构成，期间费用包括管理费用、销售费用和财务费用三项。

（六）利润

利润是指企业在一定会计期间的经营成果，利润包括收入减去费用后的净额、直接计入当期利润的利得和损失等。直接计入当期利润的利得和损失，是指应当计入当期损益、会导致所有者权益发生增减变动的、与所有者投入资本或者向所有者分配利润无关的利得或者损失。

利润金额取决于收入和费用、直接计入当期利润的利得和损失金额的计量，通常包括营业利润、利润总额和净利润。营业利润是营业收入减去营业成本、营业税费、期间费用（包括管理费用、销售费用和财务费用）、资产减值损失，加上公允价值变动净收益、投资净收益后的金额；利润总额是指营业利润加上营业外收入，减去营业外支出后的金额；而净利润是指利润总额减去所得税费用后的金额。

会计要素的划分，为设置会计科目和账户提供了基本依据，同时也为会计报表的构成提供了基本框架。

第二节　会计等式

一、会计等式的含义

反映会计要素之间数量关系的等式，称为会计等式，又称会计方程式、会计平衡公式。会计要素和会计等式都是会计核算中设置账户、复式记账和构筑会计报表框架的基本依据。

任何企业要从事经营活动，都需要拥有或控制一定数量和结构的资产，资产无论以什么具体形态存在都需要有其相应的来源或形成渠道。它们来自两方面，即有的由所有者（投资人）提供，称为主权资金；有的由债权人提供，称为借入资金。因为企业的所有者（投资人）和债权人为企业提供了全部资产，所以都对企业资产享有一定的权利，这种权利在会计上总称为权益。其中属于债权人的部分称为债权人权益，即负债；属于所有者（投资人）的部分称为所有者权益。

资产与权益各自具有特定的经济含义，资产表明企业拥有什么经济资源和拥有多少经济资源，权益则体现由不同渠道取得这些经济资源时所形成的经济关系即表明这些经济资源归谁所有。资产与权益是同一经济活动的两个方面，二者互相依存，互为条件，没有权益的存在就不会有资产；同样，没有资产的存在就不会产生有效的权益。从数量关系看，一定量的资产必有与其等量的权益，反之，一定量的权益也必然有与其等量的资产。每个企业单位的资产总量与权益总量必然相等。资产与权益之间这种客观存在的数量上的平衡关系，可以用下列等式表示：

$$资产 = 权益$$
$$= 债权人权益 + 所有者权益$$
$$= 负债 + 所有者权益$$

上述"资产 = 负债 + 所有者权益"称为会计基本等式，也称会计方程式或会计恒等式，它是资产与负债和所有者权益之间平衡关系的公式化。因为上述三要素之间的数量关系表现了企业一定时点上的财务状况，因此会计恒等式是编制资产负债表的理论基础。现举例说明如下。

例 1 步宇公司为有限责任公司。公司开业前收到所有者投入的出资款 600 000 元，存入银行。从银行取得短期借款 80 000 元，长期借款 100 000 元，已划转至本公司账户。购置设备一台，以银行存款支付价款 400 000 元；购入原材料一批，价款共计 100 000 元，货款尚未支付；从银行提取现金 20 000 元，以备零星开支。

上例中，步宇公司开业前拥有资产总计为 780 000 元，其中，属于固定资产的设备 400 000 元，属于存货的原材料 100 000 元，现金 20 000 元，银行存款 360 000 元。开业前属于负债的短期借款 80 000 元，长期借款 100 000 元，应付账款 100 000 元，所有者投资为 600 000 元，即权益总计为 880 000 元。此时，会计恒等式"资产 = 负债 + 所有者权益"可以表示为：880 000 = 280 000 + 600 000。

企业在生产经营过程中会发生各种耗费，并取得收入，收入抵销费用后，如有剩余，则为利润；如收入不足以抵销费用，则为亏损。收入、费用和利润三者的关系，用公式表示则为：

$$收入 - 费用 = 利润（或亏损）$$

企业通过生产经营取得利润是其最终目的，也是投资人对企业投资的基本目标。在会计核算中，企业缴纳所得税费用后的利润又称净利润，也称净收益。企业的净收益归投资人所有，是投资的回报，也是资本的增值，因而是所有者权益的组成内容。由此可见，"资产 = 负债 + 所有者权益"和"收入 − 费用 = 利润"这两个会计等式有着密切联系，这种联系也可用公式表示如下：

$$资产 = 负债 + 所有者权益 + （收入 - 费用）$$

或者表示为：

$$资产 = 负债 + 所有者权益 + 净收益$$

企业的净收益经过利润分配所形成的盈余公积和未分配利润，是所有者权益的组成内容。这样，会计等式又恢复为：

$$资产 = 负债 + 所有者权益$$

由此可见，在期初这个特定时点上，收入和费用为零，会计恒等式的扩展形式实际上与前述的会计等式是一致的。在期末收入和费用经过结算转入所有者权益之中，使会计等式的扩展形式"资产 = 负债 + 所有者权益 + （收入 - 费用）"转化为会计等式"资产 = 负债 + 所有者权益"。

因为收入、费用和利润是构成利润表的三项会计要素，因此将会计恒等式与其扩展形式联系起来，有利于揭示资产负债表要素和利润表要素内部及其相互之间的内在联系和数量上的依存关系。

会计等式完整地表现了企业财务状况和财务成果及其形成过程，因此，它不仅是建立资产负债表的理论基础，而且也是设置账户、复式记账和编制会计报表等会计核算方法的理论依据。

二、经济业务对会计等式的影响

企业在生产经营过程中会发生各种各样的经济活动，这些具体的经济活动会计上称为经济业务，又称会计事项。那么当经济业务发生后，会对会计等式产生什么样的影响？是否影响会计等式的等量关系？现举例分析并说明如下。

例 2 仍以步宇公司为例，该公司开业后发生下列经济业务。

（1）购入原材料一批，价款 6 000 元，货款尚未支付。

这笔经济业务使属于资产要素的原材料项目增加 6 000 元，同时使属于负债要素的应付账款项目增加 6 000 元，会计等式两边同时增加 6 000 元，等式两边总额依然相等。

（2）收到投资者追加投资款 200 000 元，已划入公司开户银行账户。

这笔经济业务使属于资产要素的银行存款项目增加 200 000 元，同时使属于所有者权益要素的实收资本项目增加 200 000 元，会计等式两边同时增加 200 000 元，等式两边总额依然相等。

（3）用银行存款 50 000 元，归还前欠短期借款。

这笔经济业务使属于资产要素的银行存款项目减少 50 000 元，同时使属于负债要素的短期借款项目减少 50 000 元，会计等式两边同时减少 50 000 元，等式两边总额依然相等。

（4）根据有关规定，投资者抽回资本金 50 000 元，用银行存款支付。

这笔经济业务使属于资产要素的银行存款项目减少 50 000 元，同时使属于所有者权益的实收资本项目减少 50 000 元，会计等式两边同时减少 50 000 元，等式两边总额依然相等。

（5）购入包装物一批，价值 1 000 元，以银行存款支付。

这笔经济业务使属于资产要素的包装物项目增加 1 000 元，同时使属于资产要素的银行存款项目减少 1 000 元，会计等式左方的资产要素内部一个项目增加，另一个项目以相等的金额减少，而会计等式的右方没有发生变动，等式两边总额依然相等。

（6）从银行取得短期借款 5 000 元，直接偿还前欠货款。

这笔经济业务使属于负债要素的短期借款项目增加 5 000 元，同时使属于负债要素的应付账款项目减少 5 000 元，会计等式右方的负债要素内部两个项目之间以相等的金额一增一减，而会计等式的左方没有发生变动，等式两边总额依然相等。

（7）按照法定程序，将盈余公积 20 000 元转增资本金。

这笔经济业务使属于所有者权益要素的实收资本项目增加 20 000 元，使属于所有者权益要素的盈余公积项目减少 20 000 元，会计等式右方的所有者权益要素内部两个项目以相等的金额有增有减，而会计等式的左方没有发生变动，等式两边总额依然相等。

（8）进行利润分配，应付给投资者股利 40 000 元。

这笔经济业务使属于负债要素的应付股利项目增加 40 000 元，使属于所有者权益要素的未分配利润项目减少 40 000 元，会计等式右方的负债要素和所有者权益要素之间以相等的金额有增有减，而会计等式的左方没有发生变动，等式两边总额依然相等。

（9）经与银行协商将长期借款 100 000 元转作投入资本。

这笔经济业务使属于所有者权益要素的实收资本项目增加 100 000 元，使属于负债要素的长期借款项目减少 100 000 元，会计等式右方的负债要素和所有者权益要素之间以相等的金额有增有减，而会计等式的左方没有发生变动，等式两边总额依然相等。

为说明问题，假设期初的所有者权益总额为 600 000 元，构成为：实收资本 450 000 元，盈余公积 50 000 元，利润分配（贷）100 000 元。

以上九项经济业务引起各会计要素增减变化的过程及结果见表 2-1。

表 2-1　步宇公司会计要素增减变化表

资　产	经济业务发生前数额	经济业务变动数额	变动后数额	负债及所有者权益	经济业务发生前数额	经济业务变动数额	变动后数额
库存现金	20 000		20 000	短期借款	80 000	−50 000	35 000
银行存款	360 000	+200 000				+5 000	
		−50 000		应付账款	100 000	+6 000	101 000
		−1 000				−5 000	
		−50 000	459 000	应付股利		+40 000	40 000

资　产	经济业务发生前数额	经济业务变动数额	变动后数额	负债及所有者权益	经济业务发生前数额	经济业务变动数额	变动后数额
				长期借款	100 000	−100 000	
存货	100 000	+6 000		实收资本	450 000	+200 000	720 000
		+1 000	107 000			−50 000	
						+20 000	
						+100 000	
固定资产	400 000		400 000	盈余公积	50 000	−20 000	30 000
				利润分配	100 000	−40 000	60 000
合　计	880 000	+106 000	986 000	合　计	880 000	+106 000	986 000

上表列示结果表明：上述九项经济业务发生后虽引起各个会计要素金额发生增减变动，但没有改变会计等式的恒等关系。企业日常发生的经济业务种类繁多，且不同类型企业之间千差万别，但从经济业务引起会计等式中资产、负债、所有者权益要素的增减变动看，不外乎以上举例中的九种情况，而上述九种情况，又可以归纳为以下四种类型。

第一种类型：会计等式左右两方同时等额增加，等式保持平衡，如第（1）、第（2）笔业务。

第二种类型：会计等式左右两方同时等额减少，等式保持平衡，如第（3）、第（4）笔业务。

第三种类型：会计等式左方的资产内部一个项目增加，另一个项目减少，增减的金额相等，资产总额不变，会计等式左右两方仍保持平衡，如第（5）笔业务。

第四种类型：会计等式的权益一方包括负债和所有者权益各自或它们之间的一个项目增加，另一个项目减少，增减的金额相等，权益总额不变，会计等式左右两方仍保持平衡，如第（6）、第（7）、第（8）、第（9）笔业务。

这四种类型的经济业务又可以简化为两种情况。

第一种情况是，等式左右两方同增或同减，等式总额改变，等式等量关系不变。

第二种情况是，等式左方或右方内部有增有减，等式总额不变，等式等量关系不变。

四种类型、九种情况的经济业务引起会计等式中各个会计要素间的增减变化情况如表2-2所示。

表 2-2　会计要素间的增减变化情况

经济业务类型	序号	资产　=　负债　+　所有者权益		
第一种类型	1	增加	增加	
	2	增加		增加
第二种类型	3	减少	减少	
	4	减少		减少
第三种类型	5	增加 减少		
第四种类型	6	增加	减少	
	7			增加 减少
	8		增加	减少
	9		减少	增加

思考题

1. 对本章的主要内容进行小结。

2. 什么是会计要素？会计要素是如何进行划分的？会计要素包括哪些内容？

3. 如何理解会计等式的恒等原理？

练习题

一、判断题

1. 经济业务发生后，会破坏会计等式的等量关系。　　　　　　　　　　　　　（　　）

2. 所有经济业务的发生，都会引起会计恒等式两边同时发生变化。　　　　　（　　）

3. 资产是指企业过去的交易或者事项形成的、由企业拥有或者控制的资源。（　　）

4. 负债是指企业过去的交易或者事项形成的、预期会导致经济利益流出企业的现时义务。　　　　　　　　　　　　　　　　　　　　　　　　　　　　　　　　　　　　（　　）

5. 所有者权益是指企业资产扣除负债后由所有者享有的权益。　　　　　　　（　　）

6. 收入是指企业在日常活动中形成的、会导致所有者权益增加的并与所有者投入资本有关的经济利益的总流入。　　　　　　　　　　　　　　　　　　　　　　　　　（　　）

7. 费用是指企业在日常活动中发生的、会导致所有者权益减少的、与所有者分配利润有关的经济利益的总流出。 （ ）

8. 利润是指企业在一定会计期间的经营成果。 （ ）

二、填空题

1. 会计的基本要素中，反映企业财务状况的三个静态指标是_____、_____、_____，这是会计报表的基本框架。

2. 在会计基本要素中，反映企业经营成果的三个动态指标是_____、_____、_____，这是会计报表的主要构成内容。

3. 反映会计要素之间数量关系的等式，称为_____。

4. 企业在生产经营过程中要发生各种各样的经济活动，这些具体的经济活动会计上称为_____。

5. 会计要素是对会计对象进行的_____，是会计核算对象的_____。

三、单项选择

1. 企业全部资产减去全部负债后的净额，就是企业的（ ）。

A. 所有者权益　　　　　　B. 所有者的投资额

C. 资本公积　　　　　　　D. 实收资本

2. 资产是指企业拥有或者控制的能以货币计量的，并能为企业提供未来经济利益的（ ）。

A. 经济利益　　　　　　　B. 经济资源

C. 经济收益　　　　　　　D. 经济支出

3. 对象化了的费用通常称之为（ ）。

A. 期间费用　　　　　　　B. 销售费用

C. 制造费用　　　　　　　D. 成本

4. 负债是指企业所承担的能以货币计量，需以（ ）偿付的义务。

A. 资产或劳务　　　　　　B. 资产

C. 货币资产　　　　　　　D. 劳务

5. 收入是指企业在销售产品或者提供劳务等经济业务中实现的（ ）。

A. 基本业务收入　　　　　B 营业收入

C. 投资收入　　　　　　　D. 其他业务收入

6. 费用是企业在生产经营过程中发生的各项（ ）。

A. 成本　　　　　　　　　B. 支出

C. 耗费　　　　　　　　　D. 损失

7. 会计等式明确表达了（ ）之间的数量关系。

A. 会计科目　　　　　　　B. 会计要素

C. 会计账户　　　　　　　D. 会计主体

8. 经济业务发生后，（ ）会计等式的平衡关系。

A. 可能会破坏　　　　　　B. 不会影响

C.可能影响   D.影响

9.经济业务发生后，只引起权益方有关项目之间发生增减变动，增减金额相等，属于（　　）。

  A.两类同减   B.两类同增

  C.同类同增   D.同类有增有减

10.经济业务发生之后，引起资产方有关项目和权益方有关项目同时变化，属于（　　）。

  A.同类同减   B.同类有增有减

  C.同类同增   D.两类同减

11.经济业务发生后，会引起资产和负债同时减少的业务是（　　）。

  A.用利润还借款   B.以银行存款偿还购料款

  C.购进材料款尚未支付   D.向银行借款存入银行

12.应付账款属于会计要素中的（　　）。

  A.负债   B.所有者权益

  C.费用   D.资产

13.下列项目中属于流动资产的是（　　）。

  A.预提费用   B.长期借款

  C.资本公积   D.应收账款

14.企业从银行取得借款直接偿还应付购货款，属于（　　）。

  A.资产项目和权益项目同增   B.权益项目之间此增彼减

  C.资产项目和权益项目同减   D.资产项目之间此增彼减

15.下列经济业务的发生不会使会计等式两边总额发生变化的是（　　）。

  A.收到投资者以固定资产所进行的投资

  B.从银行取得借款存入银行

  C.以银行存款偿还应付账款

  D.收到应收账款存入银行

16.下列经济业务发生，使资产和权益项目同时增加的是（　　）。

  A.收到购买单位预付的购货款存入银行

  B.以资本公积转增资本

  C.生产产品领用材料

  D.以现金发放职工工资

四、多项选择题

1.下列选项中属于资产的项目是（　　）。

  A.应收账款   B.货币资金   C.短期借款

  D.资本公积   E.预付账款

2.下列选项中属于流动资产的是（　　）。

  A.递延资产   B.固定资产   C.应付及预付款项

D. 货币资金　　　　　　E. 存货

3. 下列选项中属于长期负债的有（　　）。

　　A. 长期应付款　　　　B. 长期借款　　　　　C. 应交税费

　　D. 应付债券　　　　　E. 应付利润

4. 下列各项中，属于所有者权益的是（　　）。

　　A. 盈余公积　　　　　B. 本年利润　　　　　C. 实收资本

　　D. 资本公积　　　　　E. 未分配利润

5. 下列经济业务中，引起会计等式一方变化的有（　　）。

　　A. 购进材料尚未付款　　　　　　B. 以短期借款直接还应付账款

　　C. 以银行存款购进材料　　　　　D. 取得借款存入银行

　　E. 提取盈余公积金

6. 会计等式用公式表示为（　　）。

　　A. 资产＝权益　　　　　　　　　B. 资产＝债权人权益＋所有者权益

　　C. 资产＝负债＋权益　　　　　　D. 资产＝负债＋所有者权益

　　E. 资产＝负债＋所有者权益＋（收入－费用）

7. 下列经济业务中，引起资产一增一减的有（　　）。

　　A. 以银行存款偿还前期货款　　　B. 以银行存款购买材料

　　C. 从银行提取现金，备发工资　　D. 以银行存款购买设备

8. 资产是（　　）的经济资源。

　　A. 具有实物形态　　　　　　　　B. 需要用劳物偿还

　　C. 能给企业提供未来经济利益　　D. 企业拥有或者控制

　　E. 能以货币计量其价值

9. 下列项目中属于流动负债的有（　　）。

　　A. 应收账款　　　　　　　　　　B. 应付账款

　　C. 预收账款　　　　　　　　　　D. 预付账款

　　E. 预提费用

10. 收入的取得会引起（　　）。

　　A. 负债的减少　　　　　　　　　B. 资产的增加

　　C. 费用成本的减少　　　　　　　D. 所有者权益的增加

11. 收入包括（　　）。

　　A. 营业外收入　　　　　　　　　B. 接受捐赠

　　C. 营业收入　　　　　　　　　　D. 投资收益

12. 企业发生费用可表现为（　　）。

　　A. 资产与负债都减少　　　　　　B. 负债的增加

　　C. 收入的减少　　　　　　　　　D. 资产的减少

　　E. 利润的减少

13. 下列经济业务发生，使资产与权益项目同时减少的有（　　）。

    A. 以银行存款支付应付利润　　　　B. 以银行存款支付预提费用

    C. 以银行存款支付应付账款　　　　D. 收到短期借款存入银行

14. 下列经济业务发生，是资产项目之间此增彼减的有（　　）。

    A. 以银行存款支付购买资产款　　　B. 以现金支付应付工资

    C. 以银行存款支付前欠购料款　　　D. 生产产品领用材料

    E. 以银行存款购买生产设备

15. 账户的左右两方，哪一方登记增加数，哪一方登记减少，余额在哪方，取决于（　　）。

    A. 所记录经济业务的内容

    B. 账户的级别　　　　　　　　　　C. 管理的要求

    D. 账户的性质　　　　　　　　　　E. 记账方法

16. 利润是企业一定期间的经营成果，包括（　　）。

    A. 净利润　　　　　　　　　　　　B. 投资净收益

    C. 营业外收支净额　　　　　　　　D. 营业利润

    E. 所得税费用

17. 下列经济业务中，会引起会计等式左右两边同时发生增减变动的有（　　）。

    A. 接受投资人追加投资　　　　　　B. 用银行存款偿还长期借款

    C. 购进材料尚未付款　　　　　　　D. 收到应收销货款存入银行

    E. 支付现金购买材料

五、简答题

1. 为什么要将会计的内容划分为会计要素？

2. 经济业务发生后引起的会计要素变化有几种类型？

六、核算题

（一）理解资产、负债、所有者权益的内容及三者之间的关系。

1. 资料：某企业月末各项目资料如下。

（1）银行里的存款为 120 000 元。

（2）向银行借入的半年期借款为 500 000 元。

（3）出纳处存放现金 1 500 元。

（4）仓库里存放的原材料为 519 000 元。

（5）仓库里存放的产成品为 194 000 元。

（6）尚未完工的在产品为 75 500 元。

（7）应付外单位货款为 80 000 元。

（8）向银行借入二年期的借款为 600 000 元。

（9）房屋及建筑物为 420 000 元。

（10）所有者投入资本为 7 000 000 元。

（11）机器设备为 2 500 000 元。

（12）应收外单位货款为 100 000 元。

（13）以前年度尚未分配的利润为 650 000 元。

（14）对外单位长期股权投资为 5 000 000 元。

2. 要求：先判断各项目所属的会计要素的类别，再利用会计等式计算企业月末的资产、负债及所有者权益的数额。

（二）理解经济业务的类型及其对会计等式的影响。

1. 资料：某企业发生经济业务如下。

（1）用银行存款购买材料。

（2）用银行存款支付前欠 A 单位货款。

（3）用资本公积转增实收资本。

（4）向银行借入长期借款，存入银行。

（5）收到所有者投入的设备。

（6）从国外进口设备，款项尚未支付。

（7）用银行借款归还应付账款。

（8）企业以固定资产向外单位投资。

（9）经批准某投资者抽回投资。

（10）企业欠银行的借款经协商转为投资。

（11）经董事会决定向投资者分配利润，尚未支付。

2. 要求：分析各项经济业务的类型，填入下表。

类　型	经济业务序号
1. 一项资产增加，另一项资产减少	
2. 一项负债增加，另一项负债减少	
3. 一项所有者权益增加，另一项所有者权益减少	
4. 一项资产增加，一项负债增加	
5. 一项资产增加，一项所有者权益增加	
6. 一项资产减少，一项负债减少	
7. 一项资产减少，一项所有者权益减少	
8. 一项负债减少，一项所有者权益增加	
9. 一项负债增加，一项所有者权益减少	

第三章　账户和复式记账

学习目标与要求

　　通过对本章的学习，首先掌握会计科目的设置原则及其分类，账户的基本结构及内容；其次，熟悉并了解复式记账的基本原理、基本方法及复式记账的科学性，为进一步学习借贷记账法奠定基础；最后，掌握借贷记账法的记账符号、账户结构、记账规则及其试算平衡。

第一节　会计科目和账户

一、会计科目的设置

（一）会计科目的概念

　　会计科目是对会计要素的具体内容进行分类核算的项目，也是账户的名称。会计科目和账户是有着密切联系的两个概念。

（二）会计科目的设置原则

　　会计科目的设置应符合会计核算的一般原则及会计核算工作基本要求，以保证会计信息的质量。为此，各单位对会计科目的设置应遵循以下原则。

　　（1）合法性原则。为了保证会计信息的可比性，所设置的会计科目应当符合国家统一的会计制度的规定。

　　（2）相关性原则。会计科目的设置，应为有关各方提供所需要的会计信息服务，满足对外报告与对内管理的要求。

　　（3）实用性原则。企业的组织形式、所处行业、经营内容及业务种类等不同，在会计科目的设置上也应有所区别。在合法性的基础上，应根据企业自身特点设置符合企业需要的会计科目。

（三）常用会计科目表

　　具体会计科目的设置一般是从会计要素出发，将会计科目分为资产、负债、共同、所有者权益、成本、损益六大类。参照我国《企业会计准则——应用指南》，企业会计科目的设置如表3-1所示。

表 3-1　常用会计科目名称及编号

编 号	名　称	编号	名　称
	一、资产类	1532	未实现融资收益
1001	库存现金	1601	固定资产
1002	银行存款	1602	累计折旧
1012	其他货币资金	1603	固定资产减值准备
1101	交易性金融资产	1604	在建工程
1121	应收票据	1605	工程物资
1122	应收账款	1606	固定资产清理
1123	预付账款	1701	无形资产
1131	应收股利	1702	累计摊销
1132	应收利息	1703	无形资产减值准备
1221	其他应收款	1711	商誉
1231	坏账准备	1801	长期待摊费用
1321	代理业务资产	1811	递延所得税资产
1401	材料采购	1901	待处理财产损溢
1402	在途物资		**二、负债类**
1403	原材料	2001	短期借款
1404	材料成本差异	2101	交易性金融负债
1405	库存商品	2201	应付票据
1406	发出商品	2202	应付账款
1407	商品进销差价	2203	预收账款
1408	委托加工物资	2211	应付职工薪酬
1411	周转材料	2221	应交税费
1471	存货跌价准备	2231	应付利息
1501	持有至到期投资	2232	应付股利
1502	持有至到期投资减值准备	2241	其他应付款
1503	可供出售金融资产	2314	代理业务负债
1511	长期股权投资	2401	递延收益
1512	长期股权投资减值准备	2501	长期借款
1521	投资性房地产	2502	应付债券
1531	长期应收款	2701	长期应付款

编 号	名 称	编 号	名 称
2702	未确认融资费用	5201	劳务成本
2711	专项应付款	5301	研发支出
2801	预计负债		**六、损益类**
2901	递延所得税负债	6001	主营业务收入
	三、共同类	6051	其他业务收入
3101	衍生工具	6101	公允价值变动损益
3201	套期工具	6111	投资收益
3202	被套期项目	6301	营业外收入
	四、所有者权益类	6401	主营业务成本
4001	实收资本（或股本）	6402	其他业务成本
4002	资本公积	6403	营业税金及附加
4101	盈余公积	6601	销售费用
4103	本年利润	6602	管理费用
4104	利润分配	6603	财务费用
4201	库存股	6701	资产减值损失
	五、成本类	6711	营业外支出
5001	生产成本	6801	所得税费用
5101	制造费用	6901	以前年度损益调整

会
计
学
基
础

二、会计科目的分类

为了在会计核算中正确地掌握和运用好会计科目，必须对会计科目进行分类。一般分为按核算的经济内容和按提供核算指标的详细程度两种标准进行分类，前者是主要的、基本的分类。

（一）按经济内容分类

所谓会计科目的经济内容，就是会计科目核算和监督的会计对象的具体内容，也就是会计要素的具体内容。

按照"资产＝负债＋所有者权益"这一会计恒等式的要求，根据企业的需要和资金运动的特点，不同行业有不同的分类。一般将会计科目分为资产、负债、共同、所有者权益、成本、损益六大类。

第一类，资产类会计科目。根据资产的流动性可进一步分为流动资产和非流动资产两类会计科目。

第二类，负债类会计科目。根据债务偿还期限长短，可进一步分为流动负债和非流动负债两类会计科目。

第三类，共同类会计科目，具体包括衍生工具、套期工具、被套期项目科目。

第四类，所有者权益类会计科目。根据形成方式分为实收资本、资本公积、盈余公积、本年利润、利润分配和库存股科目。

第五类，成本类会计科目。企业一般设置有生产成本、制造费用、劳务成本、研发支出科目。

第六类，损益类会计科目。根据企业经营损益形成的内容进一步划分为收入类和费用类会计科目。

会计科目是对会计对象进行分类反映的重要工具，它的主要作用就是为经济管理和会计监督提供各种科学归类的价值指标。每一个会计科目都必须反映某项具体的经济内容，因此，按经济内容对会计科目进行分类，最本质地体现了设置会计科目的科学性原则，是会计科目最直接、最基本的分类标志。会计科目的经济内容是设置账户的依据，会计科目按经济内容分类成为账户分类的基础，通过对按经济内容进行分类的会计科目的研究，可以确切了解各个会计单位应该设置哪些账户及如何运用这些账户，从而正确区分账户的经济性质，建立适应各单位经济管理特点，并能满足各单位管理需要的账户体系。

（二）按提供核算指标的详细程度分类

企业的生产经营管理所需要的会计核算资料是多种多样的，既要求内容上的全面性，又要求指标上的层次性。因此，必须在按经济内容对会计科目进行分类的基础上，再按提供核算指标的详细程度对会计科目进行分类，因为不同的管理层次对会计核算资料的详细程度的要求会有所不同。

会计科目按提供核算指标的详细程度，可以分为总分类科目和明细分类科目。

总分类科目，也称作总账科目或一级科目，是对会计对象的具体内容进行总括地分类核算的科目，前述会计科目表中所列会计科目均为总分类科目。设置总分类科目，可以对具有不同特点的各类会计对象进行总体上的核算与监督，直接对某一类会计要素的具体项目进行管理。在会计处理上，企业应按统一的会计制度的规定，根据总分类科目设置相应的总分类账户，所进行的核算称为总分类核算，所提供的核算指标则是某类会计要素有关项目的总括性指标。

明细分类科目，也称作明细科目或细目，是对会计对象的具体内容作进一步详细分类核算的科目。企业可以在总分类科目下，根据本单位的实际情况和管理工作的需要自行设置明细科目。企业应按明细分类科目设置明细分类账户进行明细分类核算，所提供的核算指标是某类会计要素有关项目更为具体和详细的指标。

当某一总分类科目下属的明细分类科目较多时，也可以在总分类科目和明细分类科目之间增设二级科目（也称子目），并设置相应的二级账户，提供一级科目下的分类指标，加强对有关经济业务的核算与监督，以满足管理的需要。

总分类科目、二级科目和明细分类科目共同对某类会计要素的有关项目进行详细程度不同的分类核算，它们之间的关系是前者统御后者，后者从属于前者。

在不设置二级科目的情况下，总分类科目直接统御明细科目。

表3-2简明地体现出了会计科目的级次。

表3-2　会计科目的级次

总分类科目 （一级科目）	明细分类科目	
	二级科目	明细科目
库存商品	家用电器	电脑
		电冰箱
		电视机
	鞋子	皮鞋
		运动鞋
		布鞋

三、账户及其基本结构

（一）账户的含义

账户是根据会计科目设置的，具有一定的格式和结构，用于分类反映会计要素增减变动情况及其结果的载体。设置账户是会计核算的重要方法之一。

账户与会计科目是既有联系又有区别的两个概念。二者的联系是：二者反映的经济业务内容是一致的，都是用来分门别类地反映会计要素的具体内容。二者的区别是：（1）会计科目是账户的名称，它只是规定了账户核算的经济业务的内容，本身没有什么结构，而账户却必须有便于记录会计对象具体内容的结构；（2）会计科目是在经济活动发生之前，由政府有关部门对如何反映会计对象的具体内容做出的分类规范，具有统一性，而账户则是企业单位在经营管理过程中根据需要在账簿中开设的，具有相对的灵活性，账户在会计科目按照经济内容分类的基础上，还可以按照用途结构分类。

在会计核算中，账户是分类核算和监督会计对象的重要工具。设置和运用账户，是会计核算方法体系中的重要环节，也是应用复式记账的前提条件。由此可见，各单位在会计核算工作中必须依据会计科目开设账户。一方面，应当根据会计科目按经济内容分类开设账户，另一方面，应当根据会计科目按提供核算指标的详细程度分别开设总分类账户、二级账户和明细分类账户，以全面地反映会计对象的具体内容，为经济管理提供各种各样的核算资料。

（二）账户的基本结构

账户按会计科目设置，就有了账户的名称，即确定了账户核算的经济内容。为了能够在账户中记录经济业务，对企业的经济活动进行完整、连续、系统的登记，提供反映一定会计对象具体内容的核算指标，账户必须具有一定的格式，账户的格式就是账户的结构。

尽管企业的经济活动错综复杂，但经济业务所引起的各项会计要素的变动，从数量上看不外乎是增加和减少两种情况。为了清晰地反映各项经济业务的增减变动，通常将账户划分为左、右两方，分别登记增加数和减少数。作为账户的基本结构，通常应包括下列内容。

（1）账户的名称（即会计科目）。

（2）日期（记录经济业务的日期）。

（3）凭证号数（表明账户记录所依据的会计凭证）。

（4）摘要（简要说明经济业务的内容）。

（5）增加和减少的金额及余额。

（6）页码（账簿必须连续编号）。

账户的一般格式如表3-3所示。

表3-3　账户名称（会计科目）

第　页

年		凭证		摘要	借方	贷方	借或贷	余额
月	日	字	号					

上述账户借贷两方的金额栏，其中一方记录增加额，另一方记录减少额，增减金额相抵后的差额，称为账户余额。根据记录的时间不同，又可以分为期初余额和期末余额。通过账户记录的金额可以提供期初余额、本期增加额、本期减少额和期末余额四个核算指标。

本期增加额，也称本期增加发生额，是指一定时期（如月份、季度或年度）内账户所登记的增加金额的合计数。

本期减少额，也称本期减少发生额，是指一定时期（如月份、季度或年度）内账户所登记的减少金额的合计数。

期初余额和本期增加发生额之和与本期减少发生额相抵后的差额就是期末余额。本期的期末余额转入下期，就是下期的期初余额。

上述四种金额的关系用等式表示如下：

期末余额＝期初余额＋本期增加发生额－本期减少发生额

为了教学和研究方便，常常使用一种格式简化的账户，该格式只突出账户主要结构：账户名称和左方、右方，其他部分略去，该简化格式形似英文字母"T"，所以称之为"T"字形账户，具体形式如下所示：

左方　　　　　　账户名称（会计科目）　　　　　右方

每个账户的本期增加发生额和本期减少发生额都应分别记入各该账户左右两方的金额栏，以便分别计算增减。至于用哪一方登记增加金额，用哪一方登记减少金额，则取决于所采用的记账方法和该账户所记录的经济内容。

第二节　复式记账

一、记账方法

所谓记账方法，就是在账户中登记各项经济业务的方法。下面介绍两种记账方法。

1. 单式记账法

单式记账法是对所发生的经济业务只作单方面的登记，即只进行单方核算。一般只对现金的收与付和往来账户中的应收与应付作登记，而不登记实物的增加和减少。

2. 复式记账法

它是在单式记账的基础上发展而来的。所谓复式记账法，就是对于任何一项经济业务所引起的会计要素及其项目的增减变动，都要以相等的金额在两个或两个以上的账户中相互联系地进行登记的方法。

下面举例说明单式记账法与复式记账法。

例1　某单位购买原材料一批，价值900元。假设不考虑增值税，款项支付分三种情况：

（1）款项用现金支付，

（2）款项尚未支付，

（3）用现金支付500元，其余400元暂欠。

在单式记账法下，首先，我们看第一种情况，对于"购入900元材料，款项用现金支付"这笔业务，采用单式记账法，只在账户中登记现金减少900元，而不登记材料增加900元；再看第二种情况，"购入900元材料，款项尚未支付"这项经济业务，如果采用单式记账法则只登记款项尚未支付，即往来账户中的应付账款（负债）增加900元，而不登记材料增加；再看第三种情况，"购入材料900元，用现金支付500元，其余400元暂欠"，在单式记账法下，此时只登记现金减少500元及往来款项中的应付账款增加400元，而不登记材料增加900元。

在复式记账法下，首先，我们看第一种情况，对于"购入900元材料，款项用现金支付"这笔业务，采用复式记账法，不仅在账户中登记现金减少900元，同时还要在相应的账户中登记材料增加900元，即说明现金的减少是由于材料的增加引起的，或者说是材料的增加而导致现金的减少；再看第二种情况，"购入900元材料，款项尚未支付"这项经济业务，不仅要登记应付款项增加900元，同时还要登记材料增加900元，即说明应付款项增加是由于材料购入（增加）引起的，或者说由于购入了材料才引起应付款项的增加，它完整地反映了这项经济业务的来龙去脉；再看第三种情况，"购入材料 900 元，用现金支付 500 元，其余 400 元暂欠"，这项业务在复式记账法下，既要登记现金减少 500 元、应付账款增加 400 元，同时还要登记材料增加 900 元，这说明现金减少 500 元和应付账款（负债）增加 400 元是由于购买材料 900 元引起的。

可见，与单式记账法相比，复式记账法能反映整个经济业务的来龙去脉，而单式记账法下则不能反映这种因果关系。

二、复式记账原理

复式记账原理是建立在会计等式的基础上的，前面我们学习了会计要素与会计等式，即任何一项经济业务的发生都会引起会计要素及其项目的增减变动，而这种变动，是不会破坏会计等式的平衡关系的，同时也举例说明了任何一项经济业务的发生所引起的会计要素及其项目的增减变动都不会破坏会计恒等式，这样，我们就可以为会计要素的各项目设置相应的账户。当经济业务发生时，就可以在发生变动的相应账户中同时作出登记，如前面例题中所示，购入材料 900 元，用现金支付这项经济业务，从会计要素来看，一项资产（材料）增加，同时另一项资产（现金）减少，会计等式仍保持平衡。这样我们就可以在资产要素下设"原材料"和"现金"这两个账户；当这样的经济业务发生时，就可以同时在"原材料"和"现金"两个账户中作双重登记，即原材料账户登记增加 900 元，现金账户登记减少 900 元，反映这项经济业务所引起的会计要素及其项目的增减变动。若款项尚未支付，从会计要素来看，一项资产（材料）增加 900 元，一项负债（应付账款）增加 900 元，我们就可以在资产要素下设"原材料"账户，在负债要素下设"应付账款"账户，当这项经济业务发生时，就可以同时在"原材料"和"应付账款"两个账户作双重登记，即原材料账户登记增加 900 元，应付账款账户登记增加 900 元。若用现金支付 500 元，其余 400 元暂欠，从会计要素看，一项资产（材料）增加 900 元，另一项资产（现金）减少 500 元，一项负债（应付账款）增加 400 元，我们可以在"原材料"账户登记增加 900 元，在"现金"账户登记减少 500 元，在"应付账款"账户登记增加 400 元。以上业务的变动，均未破坏会计恒等式，且完整地反映了各项经济业务的来龙去脉。

可见，复式记账原理是建立在会计等式的基础之上的，它是以会计等式为依据设计的一种记账方法。它以记账内容之间所表现出的数量上的平衡关系作为记账基础，对于会计基础等式即"资产 = 权益或资产 = 负债 + 所有者权益"，从等式的平衡关系开始，经过经济业务的千变万化，最终仍以等式的平衡而结束。

三、复式记账的科学性

复式记账法与单式记账法相比较，具有突出的优点。

（1）采用复式记账法，对于任何一项经济业务所引起的会计要素及其项目的增减变动，都要同时在两个或两个以上的账户中作双重登记。它不仅可以反映一项经济业务的来龙去脉，而且可以通过账户记录全面、系统地反映经济活动的全过程及其结果。

（2）由于复式记账对每一项经济业务都以相等的金额在两个或两个以上的账户中作分类登记，因此可以利用账户记录作试算平衡，以检验账户记录的正确性。

第三节　借贷记账法

所谓借贷记账法，就是以"借"和"贷"作为记账符号的复式记账法，即一项经济业务发生后，以"借"、"贷"作为记账符号，同时以借、贷相等的金额，在两个或两个以上的相关账户中相互联系地进行登记的一种方法。

借贷记账法也是一种复式记账法，它最早产生于意大利，已有数百年的历史。由于它的科学性，被许多国家广泛采用，成为国际上通行的记账方法。我国于 1993 年 7 月改革了原采用的复式收付记账法、增减记账法等，开始使用借贷记账法这一国际通行的"会计语言"。

一、借贷记账法的记账符号

借贷记账法产生之初，"借"和"贷"的含义是从借贷资本家的角度来解释的，即借贷资本家将收进来的存款，记录在贷主的名下，表示债务（将来要偿还）。对于向外贷出的款项，记录在借主的名下，表示债权（将来要收回）。因此，"借"、"贷"二字最初表示借贷资本的债权、债务及其增减变化。随着商品经济的进一步发展，经济活动内容的日益扩大，记账的内容也随之扩大，账户中不仅要登记债权、债务，而且还要登记财产物资的增减变化，因而"借"、"贷"便逐渐失去了原来的含义，成为一种单纯的记账符号。具体地讲，在借贷记账法下，"借""贷"只表示记账的部位和方向。在现代会计中，借（Debit，简写为 Dr）和贷（Credit，简写为 Cr）两字已成为会计中的通用语言。

二、借贷记账法的账户结构

前面提到，借贷记账法是以"借"、"贷"作为记账符号的复式记账法。依照复式记账的要求，任何一项经济业务，都要在两个或两个以上的账户中以相等的金额，同时进行登记。因此，借贷记账法下，一笔经济业务发生后，在哪些账户中登记，登记到哪一方，就成为借贷记账法的关键。

账户是在会计要素的基础上对会计内容进行的具体分类，因此借贷记账法在具体登记经济业务数据时，就要依经济业务所属的会计要素及其发生的增减变动，分别确定其在账户中的记录方法。

在借贷记账法下，任何账户都分为借、贷两个基本部分，一般左方为借方，右方为贷方，其格式如下：

借方	账户名称（会计科目）	贷方

我们知道，一项经济业务所引起的会计要素及其项目的相应变化，不外乎增加或减少。借贷记账法下，借方和贷方分别用来表示这种金额的相反变化，即一方登记增加额，另一方登记减少额。至于哪一方登记增加额，哪一方登记减少额，则取决于账户的性质是资产与费用，还是负债、所有者权益与收入。

下面分别说明各类账户的结构。

（一）资产、费用类账户

1. 资产账户的结构

资产类账户，增加金额记入账户的借方，减少金额记入账户的贷方，账户若有余额，通常为借方余额，表示期末资产金额。资产类账户的结构如下：

借方	账户名称（会计科目）	贷方
期初余额		
本期增加额		本期减少额
本期增加发生额		本期减少发生额
期末余额		

资产账户的期末余额＝借方期初余额＋借方本期发生额－贷方本期发生额

2. 费用类账户

费用类账户的记录方法与上述资产类账户相同，费用的增加金额记入账户的借方，减少金额记入账户的贷方，期末没有余额，如有余额，一般应为借方余额。其账户结构如下：

借方	账户名称（会计科目）	贷方
本期增加额		本期减少额
本期借方发生额合计		本期贷方发生额合计

0

（二）负债、所有者权益、收入类账户的结构

1. 负债、所有者权益类账户的结构

负债、所有者权益类账户的增加金额记入账户的贷方，减少金额记入账户的借方，账户若有余额，一般为贷方余额，表示期末负债、所有者权益余额。负债、所有者权益类账户的结构如下：

借方	账户名称（会计科目）	贷方
		期初余额
本期减少额		本期增加额
本期减少发生额		本期增加发生额
		期末余额

负债所有者权益账户的期末余额＝期初贷方余额＋本期贷方发生额－本期借方发生额

2. 收入类账户结构

收入类账户的结构与上述所有者权益类账户结构基本相同，收入的增加金额记入账户的贷方，收入的减少金额记入借方；期末，本期贷方发生额减去本期借方发生额后的差额，转入"本年利润"账户，所以收入类账户一般没有期末余额，其账户结构如下：

借方	账户名称（会计科目）	贷方
本期减少额		本期增加额
本期发生额		本期发生额

（三）利润账户的结构

利润账户是用来反映企业利润或亏损的账户。按其经济内容，属于所有者权益类，包括"本年利润"和"利润分配"两个账户。

企业的利润与收入和费用直接相关，若本年度的收入大于费用，则为盈利；相反则为亏损。所以"本年利润"账户的记录方法与收入费用类账户相关，收入会使利润增加，费用会使利润减少。因此，"本年利润"账户的贷方登记利润增加金额，即登记由收入类账户转来的收入合计数；"本年利润"的借方登记利润的减少金额，即登记由费用类账户转来的本期费用合计数；"本年利润"账户的贷方大于借方，即收入大于费用，为本年利润，相反，借方大于贷方为本年亏损。年度终了，企业的利润或亏损要进行分配或弥补，因此要将本年利润或亏损转入"利润分配"账户，结转后，本年利润账户没有期末余额。

"利润分配"账户的记录方法是：贷方登记由"本年利润"转入的本年实现的净利润数额；借方登记由"本年利润"转入的本年发生的净亏损及本年度利润分配的数额；期末，若贷方大于借方，则为未分配利润，相反为未弥补的亏损。

需要说明的是，"本年利润"账户在年度内可能有贷方余额（利润），也可能有借方余额（亏损），但年终，须将本年利润或亏损转入"利润分配"账户，结转后，"本年利润"账户应无余额。"利润分配"账户的期末余额，一般为贷方，它表示历年累计结存的未分配利润，也有可能是借方余额，表示历年累计未弥补完的亏损。

本年利润账户结构如下：

借方	本年利润	贷方
本期成本费用转入额	本期收入转入额	
本期发生额	本期发生额	
期末余额（年度内亏损）	期末余额（年度内利润）	

利润分配账户结构如下：

借方	利润分配	贷方
本年亏损转入额 已分配的本年利润额	期初余额 本年利润转入额	
本期发生额	本期发生额	
期末余额（未弥补亏损）	期末余额（未分配利润）	

以上介绍了借贷记账法下账户的基本结构，总的来讲，可以将账户借方和贷方所记录的经济业务内容归纳如下：

借方	利润分配	贷方
资产增加 费用增加 负债减少 所有者权益减少 收入减少	负债增加 所有者权益增加 收入增加 资产减少 费用减少	

三、借贷记账法的记账规则

在借贷记账法下，对发生的每一项经济业务都要在两个或两个以上的账户中以相等的金额将其相互联系地加以登记。但到底在账户的哪方登记，要视经济业务的内容及账户的性质而定。具体地讲，在运用借贷记账法进行记账时，应注意以下五个要点。

（1）一项经济业务发生后，首先要确定涉及哪两个或两个以上的账户。

（2）所确定的账户性质如何，即属于上述哪类会计要素。

（3）根据不同性质的账户，确定其记账方位，增加记哪方，减少记哪方。

（4）记入各方的金额各是多少。

（5）如有期初余额，先登记期初余额，期末，再结出期末余额，本期期末余额即为下期期初余额。

下面举例说明借贷记账法的记录方法及记账规则。

例2 某企业20××年7月1日有关账户的期初余额如下。

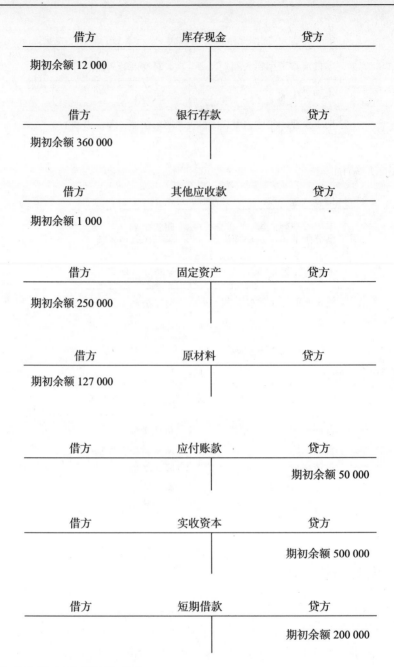

借方	库存现金	贷方
期初余额 12 000		

借方	银行存款	贷方
期初余额 360 000		

借方	其他应收款	贷方
期初余额 1 000		

借方	固定资产	贷方
期初余额 250 000		

借方	原材料	贷方
期初余额 127 000		

借方	应付账款	贷方
		期初余额 50 000

借方	实收资本	贷方
		期初余额 500 000

借方	短期借款	贷方
		期初余额 200 000

7月份该企业发生以下经济业务。

（1）购入设备一台，价款20 000元，用银行存款支付。

这项经济业务的发生，依照以上所述借贷记账法的要点，应考虑以下四个要点。

①涉及的账户：一个是"固定资产"，另一个是"银行存款"。

②账户性质："固定资产"属于资产类账户，"银行存款"也属于资产类账户。

③记账方位：固定资产增加记借方，银行存款减少记贷方。

④登记金额：固定资产20 000元，银行存款20 000元。

根据以上分析做如下记录：

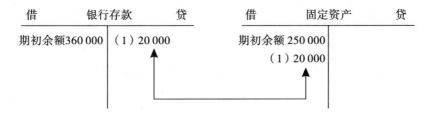

（2）购入原材料一批，价值5 000元，暂欠供货单位。

这项经济业务，应考虑的记账要点有以下几点。

①涉及的账户：一个是"原材料"，另一个是"应付账款"。

②账户的性质："原材料"属资产类，"应付账款"属负债类。

③记账方位：原材料增加记借方，应付账款增加记贷方。

④记录金额：原材料5 000元，应付账款5 000元。

根据以上分析做如下记录：

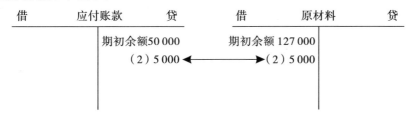

（3）用银行存款偿还银行的短期借款30 000元。

这项经济业务，应考虑的记账要点有以下几点。

①涉及的账户：一个是"银行存款"，另一个是"短期借款"。

②账户的性质："银行存款"属资产类，"短期借款"属负债类。

③记账方位：银行存款减少记贷方，短期借款减少记借方。

④记录金额：银行存款30 000元，短期借款30 000元。

根据以上分析做如下记录：

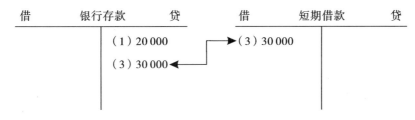

（4）收到某合伙人投资80 000元存入银行。

这项经济业务，应考虑的记账要点有以下几点。

①涉及的账户：一个是"银行存款"，另一个是"实收资本"。

②账户的性质："银行存款"属资产类，"实收资本"属所有者权益类。

③记账方位：银行存款增加记借方，实收资本增加记贷方。

④记录金额：银行存款80 000元，实收资本80 000元。

根据以上分析做如下记录：

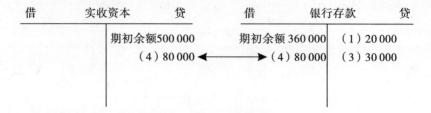

（5）向银行借入短期借款 20 000 元，偿还前欠购料款。

这项经济业务，应考虑的记账要点有以下几点。

①涉及的账户：一个是"短期借款"，另一个是"应付账款"。

②账户的性质："短期借款"、"应付账款"均属负债类。

③记账方位：短期借款增加记贷方，应付账款减少记借方。

④记录金额：短期借款 20 000 元，应付账款 20 000 元。

根据以上分析做如下记录：

借	短期借款	贷		借	应付账款	贷
（3）30 000		期初余额200 000		（2）5 000		期初余额50 000
		（5）20 000 ◄————►		（5）20 000		

归纳以上五项经济业务可以看出，在会计等式"资产 = 负债 + 所有者权益"的基础上，经济业务发生不外乎以下四种情况。

第一种，等式的左边即资产一增一减，增减金额相等，如第一笔经济业务，固定资产和银行存款一个增加一个减少，增减金额相等，均为 20 000 元。

第二种，等式的左右两边同时增加，增加金额相等，如第二笔经济业务，原材料和应付账款同时增加 5 000 元，第四笔经济业务银行存款和实收资本同时增加 80 000 元。

第三种，等式的左右两边同时减少，减少金额相等，如第三笔经济业务，银行存款和短期借款同时减少 30 000 元。

第四种，等式的右边一增一减，增减金额相等。如第五笔经济业务，短期借款和应付账款一增一减，增减金额相等，为 20 000 元。

由此可见，采用借贷记账法，当一项经济业务发生后，都须将其有关数据以相等的金额在两个或两个以上的账户相互联系地登记出来；记入哪两个或两个以上的账户，取决于经济业务的内容及所涉及的账户的性质，记入账户时，一个记在借方，另一个则应记在贷方，且借贷金额必须相等。

将上述记账方法加以概括，则借贷记账法的记账规则便是"有借必有贷，借贷必相等"。

借贷记账法下，根据"有借必有贷，借贷必相等"的记账规则登记每项经济业务时，在有关账户之间就发生了应借、应贷的相互关系。有关账户之间的这种相互关系，称作账户的对应关系。发生对应关系的账户，称作对应账户。

需要说明的是，账户的对应关系是相对于某项具体的经济业务而言的，而不是某个账户与某个账户一定存在固定的对应关系。

例如，用银行存款1 500元购买原材料。在这项具体的经济业务中"原材料"与"银行存款"这两个账户发生了应借应贷的相互关系，这两个账户在这笔经济业务中就成为对应账户。又如，购买原材料，货款2 000元，款项尚未支付。这笔经济业务中，"原材料"又和"应付账款"发生了应借应贷的相互关系，"原材料"和"应付账款"在这笔经济业务中是对应账户。

通过账户的对应关系，我们可以了解到经济业务的来龙去脉，例如在用银行存款购买原材料这笔业务中，银行存款减少是由于购买了原材料，或者说因为购买了原材料才使得银行存款减少。而第二笔经济业务中，购买原材料2 000元款项未付，此时，负债（应付账款）的增加是由于购买了原材料未付款引起的，或者说由于购买了原材料未付款，才使负债（应付账款）增加；另外，通过账户的对应关系，我们还可以判断经济业务的处理是否正确。

四、会计分录

会计核算程序中，一项经济业务发生后，为了保证账户记录的准确性，在将经济业务记录到账户之前，需制作记账凭证，即需要依据经济业务所涉及的账户、方向和金额编制会计分录。会计分录简称分录，就是在记账凭证中标明某项具体经济业务应借、应贷账户名称和应记录的金额的一种记录。会计分录必须具备三个要素：（1）账户名称，（2）记账方向，（3）记账金额。

我们以前面所举的五项经济业务为例，说明会计分录的编制方法。

（1）购入设备一台，价值20 000元，用银行存款支付。

     借：固定资产   20 000

        贷：银行存款   20 000

（2）购入原材料一批，价值5 000元，暂欠供货单位。

     借：原材料   5 000

        贷：应付账款   5 000

（3）用银行存款偿还银行的短期借款30 000元。

     借：短期借款   30 000

        贷：银行存款   30 000

（4）收到某合伙人投资80 000元存入银行。

     借：银行存款   80 000

        贷：实收资本   80 000

（5）向银行借入短期借款20 000元，偿还前欠购料款。

借：应付账款	20 000
贷：短期借款	20 000

上述业务依据每笔经济业务编制的会计分录，只有两个账户，即借方有一个账户，贷方有一个账户，这种会计分录称为简单分录。

另外还有些会计分录，会涉及两个以上的账户，我们将一笔经济业务同时涉及两个以上账户的会计分录称作复合分录。复合分录有一借多贷、多借一贷和多借多贷三种。

例3 某企业购入原材料一批，价值25 000元，其中5 000元用银行存款支付，另外20 000元暂欠供货单位。

这项经济业务的发生，使企业增加25 000元原材料（资产），同时企业的银行存款（资产）减少5 000元，应付账款（负债）增加20 000元。

编制会计分录如下：

借：原材料	25 000
贷：银行存款	5 000
应付账款	20 000

以上会计分录就是一个复合分录，涉及三个账户：一个借方账户和两个贷方账户。一般情况下，一笔复合分录可以由若干笔简单分录组合而成，为了使账户的对应关系更清晰，我们也可以将复合分录分割成若干简单分录。如上述复合分录可以分割为：

借：原材料	5 000
贷：银行存款	5 000
借：原材料	20 000
贷：应付账款	20 000

需要指出的是，除特殊情况外，一般不编制多借多贷的复合会计分录，因为从多借多贷的会计分录中无法看出账户的对应关系，也无法了解一项经济业务的来龙去脉。

五、试算平衡

依照"有借必有贷，借贷必相等"的记账规则，每一笔经济业务下的会计分录，借贷两方的发生额必然相等，那么，将一定时期内（如一个月）全部经济业务的借贷方金额全部记入账户后，所有账户的借方发生额合计数与贷方发生额合计数也必然是相等的；依据"资产＝负债＋所有者权益"的平衡关系，所有账户的期末借方余额合计数与所有账户的期末贷方余额合计数也必然相等。如果不等，则说明账户记录有误。试算平衡就是运用这一原理来检验账户记录是否正确的一种方法。具体地讲，试算平衡的方法有二种：一种是"发生额试算平衡"，一种是"余额试算平衡"。"发生额试算平衡"是依据借贷记账法的记账规则推出来的。"余额试算平衡"是依据会计恒等式推出来的。这两种方法一般是在会计期末结出各账户的本期发生额和期末余额后，通过编制试算平衡表来进行的，下面将分别予以说明。

（一）本期发生额试算平衡

发生额试算平衡是用来检验本期过入账户的全部借方发生额合计与贷方发生额合计是否相等，其平衡关系的公式如下：

$$\text{全部账户的本期借方发生额合计} = \text{全部账户的本期贷方发生额合计}$$

（二）余额试算平衡

依据会计恒等式，所有账户的期末借方余额合计和所有账户期末贷方余额合计应相等，其平衡关系的公式如下：

$$\text{全部账户期末借方余额合计} = \text{全部账户期末贷方余额合计}$$

我们以例2给出的已经记入账户的五笔经济业务为例，说明"发生额试算平衡"及"余额试算平衡"的编制方法，具体见表3-4和表3-5。

前例中有关账户记录如下。

借	库存现金	贷
期初余额 12 000		

借	银行存款	贷
期初余额 360 000	（1）20 000	
（4）80 000	（3）30 000	
本期发生额 80 000	本期发生额 50 000	
期末余额 390 000		

借	其他应收款	贷
期初余额 1 000		

借	原材料	贷
期初余额 127 000		
（2）5 000		
本期发生额 5 000		
期末余额 132 000		

借	固定资产	贷
期初余额 250 000		
（1）20 000		
本期发生额 20 000		
期末余额 270 000		

借	短期借款	贷
（3）30 000	期初余额 200 000	
	（5）20 000	
本期发生额 30 000	本期发生额 20 000	
	期末余额 190 000	

借	应付账款	贷
（5）20 000	期初余额 50 000	
	（2）5 000	
本期发生额 20 000	本期发生额 5 000	
	期末余额 35 000	

借	实收资本	贷
	期初余额 500 000	
	（4）80 000	
	本期发生额 80 000	
	期末余额 58 000	

表 3-4　本期发生额试算平衡表

账户名称	借方发生额	贷方发生额
银行存款	80 000	50 000
原材料	5 000	
固定资产	20 000	
短期借款	30 000	20 000
应付账款	20 000	5 000
实收资本		80 000
合计	155 000	155 000

表 3-5　本期期末余额试算平衡表

账户名称	借方余额	贷方余额
库存现金	12 000	
银行存款	390 000	
其他应收款	1 000	
原材料	132 000	
固定资产	270 000	
短期借款		190 000
应付账款		35 000
实收资本		580 000
合计	805 000	805 000

实际工作中，一般将"本期发生额试算平衡"与"期末余额试算平衡"合并，编制"总分类账户本期发生额及余额试算平衡表"（简称试算平衡表），具体如表 3-6 所示。

表 3-6　总分类账户本期发生额及余额试算平衡表

账户名称	期初余额		本期发生额		期末余额	
	借方	贷方	借方	贷方	借方	贷方
库存现金	12 000				12 000	
银行存款	360 000		80 000	50 000	390 000	
其他应收款	1 000				1 000	
原材料	127 000		5 000		132 000	
固定资产	250 000		20 000		270 000	
短期借款		200 000	30 000	20 000		190 000
应付账款		50 000	20 000	5 000		35 000
实收资本		500 000		80 000		580 000
合计	750 000	750 000	155 000	155 000	805 000	805 000

从以上"本期发生额试算平衡表"和"期末余额试算平衡表"可以看出，期初余额、本期发生额、期末余额的借方合计与其贷方合计分别相等，说明账户记录是正确的。但值得注意的是，试算平衡表试算平衡，只能说明账户记录基本正确，而不能说完全正确，因为有的账户记录错误"试算平衡表"是无法检验出来的。例如，一项经济业务的借方和贷方均漏记或均重记；一项经济业务应借应贷账户错误及账户金额方向同时记反等，都不会

破坏试算平衡表的平衡关系，但账户记录确实有误。因此账户记录的正确与否，除需通过试算平衡表验证外，还必须通过对账、复核等日常工作来检验。

思考题

1. 对本章的主要内容进行小结。
2. 说明会计科目和账户的关系。
3. 分析复式记账法及其科学性。
4. 借贷记账法的记录方法及其记账规则有哪些？
5. 解释试算平衡原理及其方法。
6. 什么是会计分录？其要素有哪些？

练习题

一、判断题

1. 会计科目是账户的名称。　　　　　　　　　　　　　　　　　　　　　（　）
2. 账户的左方和右方，哪一方表示增加，哪一方表示减少，取决于账户的性质和类别。
　　　　　　　　　　　　　　　　　　　　　　　　　　　　　　　　　（　）
3. 每个单位都应根据会计科目表中所列的会计科目一一对应地设置账户。　（　）
4. 在每一个会计科目项下，都要有明确的含义、核算范围。　　　　　　　（　）
5. 账户的余额一定与增加额在同一方向。　　　　　　　　　　　　　　　（　）
6. 所有总分类账户均应设置明细分类账户。　　　　　　　　　　　　　　（　）
7. 复式记账法就是借贷记账法。　　　　　　　　　　　　　　　　　　　（　）
8. 单式记账法非常简单，只记录钱款的增减和应收应付，但因无法反映经济业务的全貌，所以现代企业一般不采用这种方法。　　　　　　　　　　　　　　　　　（　）
9. 只要试算平衡，就说明账簿记录一定正确。　　　　　　　　　　　　　（　）
10. 费用类账户结构与资产类账户结构基本相同；而收入类账户结构与所有者权益类账户结构基本相同。　　　　　　　　　　　　　　　　　　　　　　　　　　（　）

二、填空题

1. 账户是根据_____开设的，在账簿中具有一定格式的记账实体。
2. 账户记录的金额主要有_____、_____、_____、_____。
3. 借贷记账法的记账规则是"_____、_____"。
4. 会计分录的三要素是_____、_____、_____。
5. 根据经济业务的内容确定账户、金额和记账方向的记录称_____。

6. 试算平衡的方法有_____、_____两种。

7. 在借贷记账法下，左方一定是借方，右方一定是贷方，但哪一方记增加哪一方记减少则取决于_____。

8. 资产、成本费用的增加登记在账户的_____方，负债、所有者权益、收入的增加登记在账户的_____方。

9. 会计分录有_____和_____分录两种。

10. 经济业务发生后会引起两个或两个以上账户之间产生应借应贷的关系，账户的这种关系称为账户的_____，存在对应关系的账户称_____。

三、单项选择题

1. 下列科目属于资产类科目的是（   ）。

   A. 坏账准备   B. 预收账款

   C. 实收资本   D. 利润分配

2. 下列科目中属于损益类科目的是（   ）。

   A. 制造费用   B. 本年利润

   C. 所得税费用   D. 长期待摊费用

3. 关于账户中四种金额之间的关系表述正确的是（   ）。

   A. 期末余额－期初余额＝本期增加发生额＋本期减少发生额

   B. 期末余额＋期初余额＝本期增加发生额＋本期减少发生额

   C. 期末余额＝期初余额＋本期增加发生额－本期减少发生额

   D. 期末余额＋本期减少发生额＝本期增加发生额－期初余额

4. 企业的会计科目必须反映（   ）的特点。

   A. 会计对象   B. 会计职能

   C. 会计本质   D. 会计定义

5. 每一项经济业务的发生，都会导致（   ）项目发生增减变化。

   A. 一个   B. 两个

   C. 两个或两个以上   D. 全部

6. 所有者权益是（   ）之和。

   A. 投入资本与负债   B. 投入资本与利润

   C. 利润与负债   D. 投入资本、留存收益

7. 以下属于账户基本结构内容的是（   ）。

   A. 账户名称   B. 资产方

   C. 负债方   D. 数量金额

8. 复式记账法对每一笔经济业务都以相等的金额在（   ）中进行登记。

   A. 两个或两个以上账户   B. 两个账户

   C. 一个账户   D. 全部账户

9. 主营业务收入账户的结构与所有者权益账户的结构（   ）。

A. 基本相同   B. 无关

C. 完全相同   D. 相反

10. 资本公积属于（   ）。

    A. 所有者权益类账户   B. 明细分类账户

    C. 资产类账户   D. 收入类账户

11. 下列会计分录中属于简单会计分录的是（   ）。

    A. 一借一贷   B. 一借多贷

    C. 一贷多借   D. 多借多贷

12. 在借贷记账法下，"借"、"贷"二字表示（   ）。

    A. 记账方向   B. 记账符号

    C. 记账方法   D. 记账规则

13. 用现金购买原材料这笔经济业务会使（   ）。

    A. 等式两边同增   B. 等式两边同减

    C. 等式左边一增一减   D. 等式右边一增一减

14. 开出转账支票偿还前欠货款这笔业务会引起（   ）。

    A. 等式两边同增   B. 等式两边同减

    C. 等式左边一增一减   D. 等式右边一增一减

四、多项选择题

1. 设置会计科目应当符合以下基本原则（   ）。

    A. 合法性   B. 相关性

    C. 实用性   D. 方便性

2. 会计科目按提供指标的详细程度不同分类，分为（   ）。

    A. 资产类科目   B. 总账科目

    C. 负债类科目   D. 明细科目

3. 下列项目中，属于会计科目的有（   ）。

    A. 固定资产   B. 运输设备

    C. 原材料   D. 未完工产品

4. 账户的结构包括（   ）。

    A. 账户的名称   B. 日期

    C. 摘要   D. 金额

5. 下列会计科目中哪些为资产类会计科目（   ）。

    A. 预付账款   B. 预收账款

    C. 原材料   D. 应收票据

6. 下列会计科目中（   ）为负债类会计科目。

    A. 所得税费用   B. 预收账款

    C. 应付票据   D. 短期投资跌价准备

7. 下列会计科目中（ ）为损益类会计科目。

　　A. 营业税金及附加　　　　　　　B. 管理费用

　　C. 制造费用　　　　　　　　　　D. 其他业务收入

8. 下列会计科目中（ ）为所有者权益类会计科目。

　　A. 实收资本　　　　　　　　　　B. 资本公积

　　C. 盈余公积　　　　　　　　　　D. 本年利润

9. "收到 A 企业交来的押金 2 500 元存入银行。"核算这一经济业务应设置的会计科目有（ ）。

　　A. 银行存款　　　　　　　　　　B. 主营业务收入

　　C. 其他应付款　　　　　　　　　D. 其他业务收入

10. 会计科目与账户的关系是（ ）。

　　A. 两者都是对会计对象具体内容的科学分类

　　B. 两者都有结构

　　C. 会计科目是设置账户的依据、是账户的名称

　　D. 两者反映的经济业务内容是一致的

11. "财买材料一批，发票单据上列示：价款 50 000 元，增值税额 8 500 元。款项尚未全部支付，材料已验收入库。"核算这一经济业务应设置的会计科目有（ ）。

　　A. 原材料　　　　　　　　　　　B. 现金

　　C. 应交税费　　　　　　　　　　D. 应付账款

12. "预收 B 公司购买商品的订金 18 000 元存入银行。"核算这一经济业务应设置的会计科目有（ ）。

　　A. 原材料　　　　　　　　　　　B. 银行存款

　　C. 预付账款　　　　　　　　　　D. 预收账款

13. "用银行存款预付 C 公司材料的订金 6 000 元。"核算这一经济业务应设置的会计科目有（ ）。

　　A. 原材料　　　　　　　　　　　B. 银行存款

　　C. 预付账款　　　　　　　　　　D. 预收账款

14. 账户的特点可归纳为（ ）。

　　A. 按相反方向记录增加额和减少额

　　B. 账户的余额一般与记录的增加额在同一方向

　　C. 期初余额与上期的期末余额在同一方向

　　D. 上期的期末余额等于本期的期初余额

15. 借贷记账法下复合会计分录的形式有（ ）。

　　A. 一借一贷　　　　　　　　　　B. 一借多贷

　　C. 一贷多借　　　　　　　　　　D. 多借多贷

16. 复式记账法能（ ）。

A. 简化登记账簿工作　　　　　　B. 了解经济业务的来龙去脉

C. 检查记账的正确性　　　　　　D. 进行试算平衡

17. 账户中各项余额的关系可用（　　）来表示。

A. 本期期末余额＝本期增加发生额－本期减少发生额

B. 本期期末余额＝本期期初余额

C. 本期期末余额＝期初余额＋本期增加发生额－本期减少发生额

D. 本期期末余额＋本期减少发生额＝期初余额＋本期增加发生额

18. 账户的结构应包含（　　）要素。

A. 凭证号数　　　　　　　　　　B. 账户名称

C. 增加或减少的金额及余额　　　D. 日期和摘要

19. 会计分录的要素包括（　　）。

A. 账户名称　　　　　　　　　　B. 记账方向

C. 记账时间　　　　　　　　　　D. 记账金额

20. 收到投资者投入资金这笔业务会使（　　）。

A. 所有者权益增加　　　　　　　B. 负债增加

C. 收入增加　　　　　　　　　　D. 资产增加

21. 收到某单位前欠货款这笔业务会使（　　）。

A. 银行存款增加　　　　　　　　B. 资产增加

C. 负债增加　　　　　　　　　　D. 应收账款减少

22. 借贷记账法的贷方表示（　　）。

A. 所有者权益增加　　　　　　　B. 负债增加

C. 收入增加　　　　　　　　　　D. 资产增加

23. 设置账户的主要依据是（　　）。

A. 经济业务的性质　　　　　　　B. 经济业务的内容

C. 管理的要求　　　　　　　　　D. 临时决定

E. 为企业外部提供信息的需要

24. 借贷记账法的"借"字表示（　　）。

A. 收益的转销　　　　　　　　　B. 成本费用增加

C. 负债减少　　　　　　　　　　D. 资产增加

25. 下列项目中，属于会计科目的是（　　）。

A. 设备　　　　　　　　　　　　B. 原材料

C. 现金　　　　　　　　　　　　D. 固定资产

26. 借贷记账法下贷方登记（　　）。

A. 收入增加　　　　　　　　　　B. 成本费用增加

C. 负债增加　　　　　　　　　　D. 所有者权益增加

27. "购买材料货款未付"这笔业务会使（　　）。

A. 所有者权益增加　　　　　　B. 权益增加

C. 负债增加　　　　　　　　　D. 资产增加

28. 销售一批价值 10 000 元的商品，购货单位以银行存款支付 8 000 元，其余暂欠。这笔业务会使（　　）。

A. 资产增加　　　　　　　　　B. 负债增加

C. 收入增加　　　　　　　　　D. 成本费用增加

29. 购买材料 2 000 元已验收入库，支付货款 1 500 元，其余暂欠。这笔业务的会计分录正确的是（　　）。

A. 借：原材料　　　　　　　　　　　　　　　　　　2 000

　　贷：银行存款　　　　　　　　　　　　　　　　　　1 500

　　　　应付账款　　　　　　　　　　　　　　　　　　　500

B. 借：原材料　　　　　　　　　　　　　　　　　　2 000

　　贷：银行存款　　　　　　　　　　　　　　　　　　1 500

　　　　预付账款　　　　　　　　　　　　　　　　　　　500

C. 借：原材料　　　　　　　　　　　　　　　　　　1 500

　　贷：银行存款　　　　　　　　　　　　　　　　　　1 500

　　借：原材料　　　　　　　　　　　　　　　　　　　500

　　贷：应付账款　　　　　　　　　　　　　　　　　　　500

D. 借：原材料　　　　　　　　　　　　　　　　　　2 000

　　贷：银行存款　　　　　　　　　　　　　　　　　　1 500

　　　　应收账款　　　　　　　　　　　　　　　　　　　500

五、简答题

1. 设置会计科目的原则是什么？

2. 复式记账法与单式记账法相比有哪些优点？

3. 简述借贷记账法的基本内容。

4. 什么是会计分录？会计分录的内容主要有哪些？

5. 试算平衡的作用是什么？

六、业务题

业务题（一）

1. 目的：掌握会计科目的类别。

2. 资料：某公司会计要素具体项目如下。

（1）房屋及建筑物，（2）工作机器及设备，（3）运输汽车，（4）库存生产用钢材，（5）库存燃料，（6）未完工产品，（7）库存完工产品，（8）存放在银行的款项，（9）由出纳人员保管的现金，（10）应收某厂的货款，（11）暂付职工差旅费，（12）从银行借入的款项，（13）应付给光华厂的材料款，（14）欠交的税金，（15）销售产品的价款，（16）投资者投入的资本，（17）预收的押金，（18）欠付的利润，（19）发生的销售费用，（20）销售产品的成本，

（21）发生的办公费，（22）应付职工的工资。

3. 要求：根据上述资料，从会计要素的角度分析其所属会计科目的类别。

业务题（二）

1. 目的：练习借贷记账法。

2. 资料：某企业发生如下经济业务。

（1）以银行存款支付前欠货款 20 000 元。

（2）向银行申请的 100 000 元短期借款已存入企业存款户。

（3）以现金 500 元购买办公用品。

（4）购买甲原材料一批，价款为 50 000 元，增值税进项税额为 8 500 元，货物税款已通过银行转账支付，材料已验收入库。

（5）销售产品一批，价款为 60 000 元，增值税销项税额为 10 200 元，款项已收存银行。

（6）以现金 8 000 元发放工资。

3. 要求：根据上述资料判断业务的性质，并编制会计分录。

业务题（三）

1. 目的：熟悉借贷记账法下有关账户的结构。

2. 资料：某公司 20×× 年 5 月部分资产、负债和所有者权益账户的有关资料如下。

账户名称	期初余额	本期借方发生额	本期贷方发生额	期末余额
银行借款	8 000	20 000	A	10 000
应收账款	B	200 000	150 000	50 000
其他应收款	2 000	C	1 000	4 000
库存商品	50 000	20 000	3 000	D
固定资产	800 000	200 000	E	900 000
应交税费	15 000	F	15 000	12 000
短期借款	G	5 000	2 000	20 000
实收资本	2 000 000	0	H	2 000 000

3. 要求：根据借贷记账法下各类账户的结构，计算填列表中空格 A ~ H 中的金额。

业务题（四）

1. 目的：练习借贷记账法下复合会计分录的编制。

2. 资料：H 公司 20×× 年 4 月份发生的部分经济业务如下。

（1）采购员张某出差归来，现报销差旅费 800 元，原借款 1 000 元，多余部分交回。

（2）购入原材料一批，价款为 30 000 元。其中，15 000 元以银行借款支付，其余款项尚未支付。

（3）销售商品一批，出售价款为 20 000 元。其中，15 000 元以转账方式收到并存入银行，其余款项尚未收回。

3. 要求：根据上述经济业务编制复合会计分录（不考虑增值税）。

第四章　借贷记账法的应用

学习目标与要求

　　通过本章的学习，掌握资金筹集、生产准备、产品制造、产品销售及财务成果业务的核算内容，巩固借贷记账法的学习成果。

　　工业企业的主要生产经营活动包括供应阶段、生产阶段和销售阶段三个环节。但企业为保证生产经营活动的正常进行，还必须筹措到足够生产经营所需的资金，建造厂房、购买和安装生产设备，为生产经营做好物质准备；企业生产出来的产品经过销售取得收入后，还应在国家、投资者和企业之间进行分配。所以，工业企业对生产经营业务的核算主要应包括以下五个方面。

　　（1）资金筹集业务的核算。

　　（2）生产准备业务的核算及成本的计算。

　　（3）产品制造业务的核算及成本的计算。

　　（4）产品销售业务的核算及成本的计算。

　　（5）财务成果业务的核算。

第一节　资金筹集业务

　　本节主要介绍资金筹措过程中相关业务的会计处理，该阶段是企业进行生产经营过程中的资金准备阶段。

　　企业为保证生产经营的顺利进行，必须筹措到足够数量的资金，没有资金，要进行生产经营只能是空谈。资金对企业的作用就有如血液对人的作用一样重要，企业筹措资金的渠道有两个：一是向所有者筹资；二是向债权人筹资。向所有者筹资，即吸收投资人投入的资本金（一般称为主权资金），其主体部分一般形成"实收资本"或"股本"；而向债权人筹资，即向银行等金融机构，其他企业、单位、个人或外商等借入款项，也就是企业的"负债"。负债，按归还期限的长短分为流动负债和长期负债。

　　企业筹措来的资金，无论是主权资金还是各种负债都可以由企业支配使用。只是投资人投入的"实收资本"形成的资产可供企业长期使用，按资本保全原则的要求，投资者一般不得随意抽回投资，企业在使用过程中无须向投资人支付利息，除非企业破产倒闭，也无须向投资人归还本金；向债权人借入的各种负债形成的资产部分只能在约定的期限内供企业支配使用，到期要归还本金并按期支付利息。

一、应设置的账户

企业为核算从不同渠道筹措的资金，必须设置"实收资本"（或股本）、"短期借款"、"长期借款"及"银行存款"四个账户。其核算内容分别介绍如下。

1. 银行存款

银行存款资产类账户，是用来核算企业收到的投资者投入的本金、向债权人借入款项和经营过程中收付的各种款项的账户。账户的借方登记各种原因收到的银行存款的增加数，贷方登记因支出而使银行存款减少的数额，期末余额在借方，表示企业实际可以动用的银行存款数额。如果有外币往来业务，应按币种设置明细账进行明细分类核算。

借	银行存款	贷
期余额： 本期增加额：收到的货币出资、借款和各项收入金额	本期减少额：实际发生的各项支出	
本期增加发生额合计	本期减少发生额合计	

期末余额：实际结存的银行存款

2. 实收资本（或股本）

实收资本账户是所有者权益类账户，是用来核算企业实际收到投资者投入资本的增减及结余情况的账户。账户的贷方登记投资者投入资本的增加额，借方登记所有者投入资本的减少额，期末余额在贷方，表示所有者投入资本的实有数额。为分清不同投资者的投资额，本账户应按投资者的名称或姓名设置明细账分别核算。

企业收到投资者以货币资金出资时，按实际收到的金额记入"库存现金"或"银行存款"账户的借方，同时记入"实收资本（或股本）"账户的贷方；收到以原材料、产成品、机器设备和厂房、无形资产出资时，按实际收到资产时协商确定的价格，记入"原材料"、"库存商品"、"固定资产"、"无形资产"等账户的借方，同时记入"实收资本"账户的贷方。若出资额高于投资者在企业注册资本中所占的份额，其超过部分不记入"实收资本"账户，而记入"资本公积"账户的贷方。

"实收资本"账户的结构如下：

借	实收资本	贷
本期减少额：投资者抽走投资	期初余额： 本期增加额：收到投资者投入资本	
本期减少发生额合计	本期增加发生额合计	
	期末余额：投资者投资的实有数额	

收到投资时，其会计分录为：

借：银行存款

固定资产

贷：实收资本

"固定资产"账户的内容，将在第二节"生产准备业务"中介绍。

应注意的是，有关法律法规规定："所有者投入企业的资金，企业实行资本保全制度，除法律、法规另有规定外，不得随意抽走。"因此，本账户平时一般没有借方发生额。

3. 短期借款

短期借款账户是负债类账户，是用来核算企业向银行及非银行等金融机构借入的期限在一年以内（含一年）的各种借款的账户。贷方登记企业取得短期借款而增加的金额，借方登记因到期归还而减少的金额，期末余额在贷方，表示尚未到期因而尚未归还的短期借款实有金额。

短期借款利息不在本账户核算，而是通过"财务费用"和"应付利息"核算。为区分向不同债权人借入的款项，应按债权人的名称或姓名设明细账进行明细核算。

当取得借款时，按取得金额，记入"银行存款"账户的借方，同时记入"短期借款"账户的贷方；实际归还时，按归还本金数记入"短期借款"账户的借方，同时记入"银行存款"账户的贷方。

"短期借款"账户的结构如下：

借	短期借款	贷
本期减少额：归还本金		期初余额： 本期增加额：取得借款
本期减少发生额合计		本期增加发生额合计
		期末余额：尚未到期的短期借款

其会计分录如下。

（1）取得借款时

借：银行存款

贷：短期借款

（2）归还本金时

借：短期借款

贷：银行存款

计算、支付利息时的会计处理见第五章。

4. 长期借款

长期借款账户是负债类账户，是用来核算企业向银行或非银行等金融机构借入的期限在一年以上的各种借款的账户。贷方登记企业取得长期借款而增加的金额，借方登记因到期归还本金而减少的金额，期末余额在贷方，表示尚未到期的长期借款本金和利息金额。

长期借款的利息，也在本账户核算，其借方是"在建工程"或"财务费用"，贷方是"长期借款——应计利息"。为区分向不同债权人借入的款项，应按债权人的名称或姓名设明细账进行明细核算。

取得长期借款时，按实际借款额记入"银行存款"账户的借方，同时记入"长期借款"账户的贷方；到期归还本金时，记入"长期借款"账户的借方，同时记入"银行存款"账户的贷方。

"长期借款"账户的结构如下：

借	短期借款	贷
本期减少额：归还本金	期初余额： 本期增加额：取得借款	
本期减少发生额合计	本期增加发生额合计	
	期末余额：尚未到期的短期借款	

其会计分录如下。

（1）取得借款时

  借：银行存款

    贷：长期借款

（2）到期归还时

  借：长期借款

    贷：银行存款

二、业务举例

步宇公司 2009 年 12 月各有关账户期初余额见表 4-1。

表 4-1　步宇公司 12 月份期初余额

单位：元

借方科目	金额	贷方科目	金额
库存现金	5 000	短期借款	200 000
银行存款	144 411	应付票据	100 000
应收票据	60 000	应付账款	300 000
应收账款	110 000	预收账款	100 000
预付账款	50 000	应付职工薪酬	
其他应收款	3 000	——工资	150 000
材料采购	60 000	——职工福利	60 000
原材料	230 000	应付税费	20 000
库存商品	176 589	应付股利	50 000
低值易耗品	50 000	其他应付款	4 000

借方科目	金额	贷方科目	金额
包装物	60 000	其他应交款	1 000
待摊费用	7 200	应付利息	1 200
固定资产	1 320 000	长期借款	200 000
累计折旧	−450 000	实收资本	500 000
在建工程	200 000	资本公积	100 000
无形资产	100 000	盈余公积	150 000
		利润分配	190 000
合计	2 126 200	合计	2 126 200

例 1　12 月 1 日，收到长天公司投入的资本 500 000 元，同时存入银行。

这笔业务使存款增加的同时，实收资本也等额增加。会计分录为：

借：银行存款　　　　　　　　　　　　　　　　　　　500 000

　　贷：实收资本——长天公司　　　　　　　　　　　　　500 000

例 2　12 月 2 日，向银行申请到期限 9 个月的贷款 300 000 元并存入银行。

期限 9 个月的贷款短于一年，属于短期借款。这笔业务的分录为：

借：银行存款　　　　　　　　　　　　　　　　　　　300 000

　　贷：短期借款　　　　　　　　　　　　　　　　　　　300 000

例 3　12 月 2 日，向银行借入期限二年的款项 250 000 元并存入银行。

这笔业务使银行存款增加的同时，长期借款也增加。这笔业务的分录为：

借：银行存款　　　　　　　　　　　　　　　　　　　250 000

　　贷：长期借款　　　　　　　　　　　　　　　　　　　250 000

例 4　12 月 2 日，归还已到期的短期借款 200 000 元。

这笔业务发生后使银行存款减少的同时，流动负债中的短期借款也减少。这笔业务的会计分录为：

借：短期借款　　　　　　　　　　　　　　　　　　　200 000

　　贷：银行存款　　　　　　　　　　　　　　　　　　　200 000

说明：长期借款业务会在《财务会计》教材中讲述，在此不做讨论。

三、过账

过账即登账，是根据审核无误的记账凭证（或原始凭证）将会计凭证所记录的经济业务的数据、信息等内容（日期、凭证字号、经济业务摘要、记账方向、记账金额等）无遗漏地逐项过入有关账簿的一项专门工作。登账后，要在记账凭证"过账栏"打"√"，做出已经登记账簿的标记，以免重登或漏登。

以上四笔经济业务记入有关账户（用"T"字账代替）的过程如下。

具体过账见图4-1。图中箭头表示对应关系。

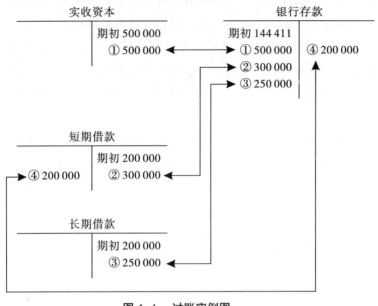

图 4-1　过账实例图

第二节　生产准备业务

　　企业筹措到资金，只是为保证生产经营正常进行在资金方面提供了保证。为使生产经营能正常进行，仅有资金是远远不够的，还必须要做好物质准备，即购置建造生产所需的机器设备等固定资产和购买组成产品主要实体的各种材料。只有做好各种物质准备，才能使企业的生产经营活动顺利地进行下去。

一、固定资产购建业务

　　固定资产是企业的重要劳动手段，每个企业都必须购置建造生产所需的足够的机器设备等各种固定资产。如果是新建企业，则需要购置、建造厂房和生产设备。如果是老企业，在生产经营过程中也要根据经营业务的需要，适时更新添置生产经营所需的机器设备，以满足简单再生产或扩大再生产的需要。只有购置、建造了厂房和生产设备，才能为企业的生产经营做好物质方面的准备。企业生产经营所需的厂房、设备，一般使用期限较长，单位价值较高，称为固定资产，它是企业生产经营活动的重要条件。

　　企业购建固定资产，按是否需要安装而分别在"固定资产"和"在建工程"账户中进行核算。①如果购入的是不需要安装的生产用机器、设备等，应按购入该资产时所发生的扣除增值税后的全部支出（包括买价、运输费、保险费）记入"固定资产"账户的借方，同时记入"银行存款"等账户的贷方。②如果企业购入的是非生产用设备或厂房、建筑物等不动产，应按购入该资产时所发生的全部支出（包括买价、税金、运输费、保险费）记入"固定资产"账户的借方，同时记入"银行存款"等账户的贷方。③如果购入的是需要安装的生产用机器、设备等，应按购入该资产时所发生的扣除增值税后的全部支出（包括买价、运输费、保险费）记入"在建工程"账户的借方，同时记入"银行存款"等账户的贷方；安装时所发生的各项支出记入"在建工程"的借方，同时记入相关账户如"原材料"、"应付工资"、"银行存款"等账户的贷方。④如果购入的是需要安装的非生产用设备或厂房、建筑物等不动产，应按购入过程中发生的全部支出（包括买价、税金、运输费、保险费）记入"在建工程"账户的借方，同时记入"银行存款"账户的贷方；安装时所发生的各项支出记入"在建工程"的借方，同时记入相关账户如"原材料"、"应付工资"、"银行存款"等账户的贷方。安装完毕交付使用后，连同安装过程中所发生的后续支出（包括领用的材料、人工费和安装手续费用等）的金额从"在建工程"账户转入"固定资产"账户的借方。如果是自建固定资产，也通过"在建工程"核算。

需要注意的是，固定资产原始价值的构成根据固定资产的用途不同而有所不同，如果是非生产用的，应为使固定资产达到可使用状态前所必需的所有全部支出，包括买价、税金、运输保险费、长期借款利息、建造安装支出；如果是生产用的，应为使固定资产达到可使用状态发生的全部支出扣除增值税后的部分。

（一）应设置的账户

为核算购建的不需要安装和需要安装的厂房、机器和设备等劳动资料，应分别设置"固定资产"和"在建工程"两个账户。

1. 固定资产

固定资产账户属于资产类账户，是用来核算企业购入或取得的不需要安装或安装完毕的机器、设备、厂房、建筑物等劳动资料原始价值的增减情况的账户。凡购入的不需要安装的或已安装完毕交付使用的固定资产，按购买、建造、安装过程中发生的全部支出（为达到可使用状态前的所有支出加相关费用），记入"固定资产"账户的借方；同时记入"银行存款"、"在建工程"账户的贷方。期末余额在借方，表示到本期末累计固定资产原价的实际总额。设备使用到期报废等原因减少时记入"固定资产"账户的贷方。

固定资产因使用磨损而减少的固定资产价值部分不在本账户核算，而是在"累计折旧"账户中核算，相关内容将在第五章介绍。

"固定资产"账户结构为：

借	固定资产	贷
期初余额： 本期增加额：（1）购入不需要安装的固定资产 　　　　　　（2）安装完毕转入固定资产		本期减少额：报废等减少的原价
本期增加额合计（本期发生额）		本期减少额合计（本期发生额）
期末余额：累计固定资产原价		

购入不需要安装和安装完毕交付使用的固定资产会计分录分别如下。

（1）购入不需要安装的固定资产（非生产用）时

借：固定资产（买价＋税金＋运费、保险费）

贷：银行存款

（2）在建工程安装完毕交付使用时

借：固定资产（买价＋税金＋运费、保险费＋安装的后续支出）

贷：在建工程

（3）若购入的是生产用固定资产

借：固定资产（买价＋运费、保险费）

应交税费——应抵扣固定资产增值税（固定资产进项税额）

贷：银行存款

2. 在建工程

在建工程账户属于资产类，是用来核算企业购入、建造的需要安装的固定资产的买价、运费、保险费和税金及安装过程中发生的全部支出的账户。借方登记增加数（购入、建造资产所需支出，安装支出），贷方登记减少数（安装完毕转出），期末余额一般在借方，表示尚未安装完毕的固定资产造价（原始价值）。

（1）企业购入、建造需要安装的非生产用固定资产时，按购建过程中所发生的全部支出，记入"在建工程"账户的借方，同时记入"银行存款"等账户的贷方；设备安装时按领用原材料、零部件、发生人工费和安装费等，记入"在建工程"账户的借方，同时记入"银行存款"、"原材料"、"应付工资"等账户的贷方；安装完毕交付使用时，记入"固定资产"账户的借方，同时记入"在建工程"账户的贷方。

（2）企业购入、建造需要安装的生产用固定资产时，按购建过程中所发生的全部支出扣除增值税额后的部分，记入"在建工程"账户的借方，同时记入"银行存款"等账户的贷方；设备安装时按领用原材料、零部件、发生人工费和安装费等，记入"在建工程"账户的借方，同时记入"银行存款"、"原材料"、"应付工资"等账户的贷方；安装完毕交付使用时，记入"固定资产"账户的借方，同时记入"在建工程"账户的贷方。

（3）企业购入为建造固定资产而专门耗用的材料物资，称为"工程物资"，如果建造的固定资产是生产用，则按购入价格记入"工程物资"的借方；按已交的税金记入"应交税费——交增值税（进项税额）"的借方；按实际支付的款项记入"银行存款"的贷方。

"在建工程"账户结构为：

借	在建工程	贷
期初余额： 本期增加额：1. 购入价格、（税金）、运费 　　　　　　2. 安装过程中发生的支出		本期减少额：安装完毕交付使用
本期增加额合计（本期发生额）		本期减少额合计（本期发生额）
期末余额：尚未安装完毕的资产造价		

固定资产购入、安装、交付使用时的会计分录如下。

（1）购入的固定资产为非生产用时

借：在建工程（买价＋税金＋运费、保险费）

贷：银行存款

（2）安装时

借：在建工程（材料费＋人工费＋安装费）

贷：原材料

应付工资

银行存款

（3）交付使用时

借：固定资产（1）＋（2）

贷：在建工程

（4）购入的固定资产为生产用时

借：在建工程（买价＋运费、保险费）

应交税费——应抵扣固定资产增值税（固定资产进项税额）

贷：银行存款

需要注意购入的生产用和非生产用固定资产、在建工程在会计核算上的区别。

（二）业务举例

例5 12月5日，向北力公司购入不需要安装非生产用设备一台，价款100 000元，增值税进项税额17 000元，运费、保险费3 000元，款项已经以银行存款支付。

购入的是不需要安装的设备，直接记入"固定资产"，这笔业务的会计分录为：

借：固定资产　　　　　　　　　　　　　　　　　　　　　120 000

贷：银行存款　　　　　　　　　　　　　　　　　　　　　　　120 000

例6 12月5日，购入需要安装的生产用设备一台，价款80 000元，增值税进项税额13 600元，运费、保险费共计5 000元，款项尚未支付。

因购入的是需要安装的设备，所以不能直接记入"固定资产"，应先记入"在建工程"，这笔业务的会计分录如下。

借：在建工程　　　　　　　　　　　　　　　　　　　　　85 000

应交税费——应抵扣固定资产

应交增值税（进项税额）　　　　　　　　　　　13 600

贷：应付账款　　　　　　　　　　　　　　　　　　　　　　　98 600

例7 接上例12月7日，设备运到，聘请某安装公司安装该设备，合同规定，12月10日安装完毕，安装费15 000元，于安装完毕检验合格后支付。10日，设备如期完工，验收合格，如数以银行存款支付安装费用，安装过程中领用本企业生产用钢材5 000元。

这笔业务涉及的会计分录如下。

（1）安装时

  借：在建工程   20 000

    贷：银行存款   15 000

      原材料   5 000

（2）安装完毕交付使用时

  借：固定资产   100 000

    贷：在建工程   100 000

（三）过账

上述业务中的过账秩序如图 4-2 所示，箭头表示对应关系。

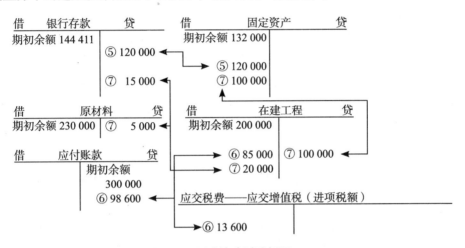

图 4-2 固定资产过账例图

（四）固定资产实际成本的计算

  按会计准则规定，企业购入、建造的各项固定资产应按实际成本入账，即实际成本原则。固定资产的入账成本是为使固定资产达到预定可使用状态而发生的全部支出。在消费型增值税体制下，要将固定资产划分为生产经营用和非生产经营用，固定资产的用途不同，成本包含的内容也略有不同，现分述如下。

  1. 生产经营用机器设备等固定资产

  生产经营用固定资产的成本包括为使该项固定资产达到可使用状态而发生的全部支出扣除增值税进项税额后的部分，即

固定资产成本 = 卖价 + 运输费用 + 保险费用 + 安装费用

  根据例 6、例 7 中的资料，固定资产成本计算如下：

  固定资产成本 =80 000+（15 000+5000）

        =100 000（元）

  2. 非生产经营用固定资产

  生产经营用固定资产的成本包括为使该项固定资产达到可使用状态而发生的全部支出，即

固定资产成本＝卖价＋运输费用＋保险费用＋安装费用＋增值税额

根据例6、例7中的资料，假定所购入的固定资产为非生产用，固定资产成本计算如下：

固定资产成本 =80 000+（15 000+5 000）+13 600

=113 600（元）

二、材料采购业务

企业筹措来的资金，除一部分购建固定资产外，还应拿出一大部分购买生产经营所需的各种原料和材料（简称原材料），为企业的生产经营储备必要的物资资料。这就是材料采购阶段，也称供应过程的核算。

企业采购各种原材料，按等价交换原则，应当按照结算制度的规定及时给付对价即货款，同时支付因购买材料应负担的税金和专门为购买材料而支付的各种杂费，即采购费用。属于采购费用的有：（1）自供应单位运抵企业的运输费、装卸费、保险费和仓储费等运费和杂费；（2）仓储环节前的装卸、搬运费；（3）运输途中的合理损耗；（4）入库前的整理挑选费用等。

构成原材料成本的共有两部分，即货款和采购费用，而税金一般是指"增值税"，不计入材料采购成本。这部分税金是伴随购进材料而必须支付的，称进项税额。（注："增值税"是一种价外税，不包括在产品价格中。理论上它是按产品或劳务的增值额而增收的一种税金，但在实际工作中，实行的是较为简化的扣税制，即用销项税额抵扣进项税额得出本期应纳增值税额。增值税是不计入材料成本的，专门通过"应交税费"账户核算。）

（一）应设置账户

为核算材料采购业务，需设置"材料采购"、"原材料"、"应付账款"和"预付账款"账户。

1. 材料采购

材料采购账户属于资产类账户，也是材料采购成本计算账户，是用来核算已经支付款项而尚未运到企业或虽已运到企业但尚未验收入库的在途材料实际成本的账户。借方登记增加额，贷方登记减少额，余额在借方，表示已经支付款项但尚未运到企业或虽已运到企业但尚未验收入库材料的实际成本。

企业购入材料支付的买价、税金和运杂费等记入"材料采购"、"应交税费——应交增值税（进项税额）"账户的借方，同时记入"银行存款"等账户的贷方；材料运到验收入库时记入"原材料"账户的借方，同时记入"材料采购"账户的贷方。为提供详细的核算指标，"材料采购"账户应按所采购材料的品种、规格、花色、型号等设立明细账进行明细分类核算。为反映材料的实际成本，"材料采购"明细账还应按买价和采购费用设专栏，核算各项采购费用的发生情况。

"材料采购"账户结构为：

借	材料采购	贷
期初余额 本期增加额：购入材料实际成本	本期减少额：验收入库材料实际成本	
本期增加额合计（本期发生额）	本期减少额合计（本期发生额）	
期末余额：已经付款的在途材料 的实际成本		

伴随购入材料而支付的增值税称为进项税额。其实质是已经支付的税金，表示负债的减少，因而记入"应交税费——应交增值税"的借方。

与材料采购有关的会计分录如下。

（1）购入时

借：材料采购（买价）——甲材料

——乙材料

应交税费——应交增值税（进项税额）

贷：银行存款（价税合计）

（2）支付运费等采购费用时

借：材料采购——甲材料

——乙材料

贷：银行存款

（3）验收入库时

借：原材料（买价＋采购费用）——甲材料

——乙材料

贷：材料采购

2. 原材料

原材料账户属于资产类账户，是用来核算已经验收入库的各种材料的实际成本的收入、发出和结存情况的账户。借方登记增加额，贷方登记减少额，余额在借方，表示库存材料的实际成本。为提供详细核算资料，企业应按验收入库材料的品种、规格、花色、型号设立明细账进行明细分类核算，以反映和监督各种材料的收入、发出和结存情况。

"原材料"账户结构为：

借	原材料	贷
期初余额： 本期增加额：验收入库	本期减少：生产领用	
本期增加额合计（本期发生额）	本期减少额（本期发生额）	
期末余额：库存材料实际成本		

材料运到验收入库时，记入"原材料"账户的借方，同时记入"材料采购"账户的贷方，入库材料的成本为买价加采购费用；生产产品等领用材料时，记入"生产成本"等账户的借方，同时记入"原材料"账户的贷方。

验收入库时，其会计分录参见"材料采购（3）材料验收入库时"的分录。

领用材料时，会计分录如下。

借：生产成本
　　制造费用
　　销售费用
　　管理费用
　　　贷：原材料——甲材料
　　　　　　——乙材料

3. 应付账款

应付账款账户属于负债类账户，是用来核算企业同供应单位之间货、税款及运杂费的结算关系的账户。贷方登记增加额，借方登记减少额，余额一般在贷方，表示因赊购材料等应当支付而尚未支付的款项（货款、税金、运杂费等）。

赊购材料而发生应支付的货款和税金及对方垫付货物的运杂费时记入"应付账款"账户的贷方，同时记入"材料采购"等账户的借方；以银行存款偿还时，记入"应付账款"账户的借方，同时记入"银行存款"账户的贷方。期末余额一般在贷方，表示赊购材料应当支付而尚未支付的各种款项。为提供详细的信息，应按债权人的单位名称或姓名设置明细账进行明细分类核算。

如果出现借方余额，实质应是"预付账款"，具体见下文中的预付账款内容。

"应付账款"账户结构如下。

借　　　　　　　　应付账款　　　　　　　　贷	
	期初余额
本期减少额：实际偿还数	本期增加额：购入材料尚未支付数
本期减少额合计（本期发生额）	本期增加额合计（本期发生额）
	期末余额：应付而未付的货款

会计分录如下。

（1）购入材料尚未支付款项时

借：原材料（或材料采购）——甲材料
　　　　　　　　　　　　　——乙材料
　　应交税费——应交增值税（进项税额）
　　　贷：应付账款——××公司

（2）实际偿还时

借：应付账款——××公司

贷：银行存款

4. 预付账款

预付账款属于资产类账户，是用来核算企业为购买材料而向供应单位预先支付款项的发生及结算情况的账户。借方登记增加额，贷方登记减少额，余额一般在借方，表示已经付款尚未收到材料而未同对方结算的预付款项。企业实际支付时，记入"预付账款"账户的借方，同时记入"银行存款"账户的贷方；收到材料时，记入"原材料"、"应交税费"账户的借方，同时记入"预付账款"账户的贷方。为提供详细的核算资料，要按对方单位名称设置明细账，进行明细分类核算。如果企业预付账款业务不多，可不单设"预付账款"账户，而是通过"应付账款"核算，支付时记入"应付账款"账户的借方，与对方结算冲销时，记入"应付账款"账户的贷方。这时"应付账款"账户可能会出现借方余额。

"预付账款"账户结构如下：

借	预付账款	贷
期初余额： 本期增加额：预先支付货款	本期减少额：收到材料及与对方 结算冲销	
本期增加额合计（本期发生额）	本期减少额合计（本期发生额）	
期末余额：已支付尚未结算冲销数		

其会计分录如下。

（1）预先支付货款时

借：预付账款

贷：银行存款

（2）与对方结算冲销时

借：原材料

应交税费——应交增值税（进项税额）

贷：预付账款

同时视多退少补的不同情况做不同的会计分录。收回多付货款和补付少付货款均通过"预付账款"核算。

（二）业务举例

例8 12月8日，步宇公司购入钢材一批，共50吨，单价为2 000元，增值税税率为17%，材料已运到，并验收入库。货款已开出转账支票付讫。

该笔业务的会计分录为两个，一个反映采购过程，一个反映验收入库。其采购过程的税金为 $2\,000 \times 50 \times 17\% = 17\,000$ 元。

（1）借：材料采购——钢材   100 000

应交税费——应交增值税（进项税额）   17 000

贷：银行存款   117 000

（2）借：原材料——钢材   100 000

   贷：材料采购——钢材   100 000

例9 12月9日，向天地公司购入甲、乙两种材料分别为2 000吨和3 000吨，单价分别为48.5元/吨和58.5元/吨，增值税税率为17%，款项尚未支付。

这笔经济业务的会计分录如下。

借：材料采购——甲材料   97 000

     ——乙材料   175 500

  应交税费——应交增值税（进项税额）   46 325

  贷：应付账款——天地公司   318 825

例10 12月12日，甲、乙材料同时运到，随同材料转来运输部门运费、保险费收据所列金额7 500元，以银行存款支付，材料已验收入库。

同时购入两种以上材料，支付的采购费用属于共同费用，这些费用应按一定的标准在各种材料之间分配，分配费用的标准可以是采购数量、重量、体积、价格等，只要能表明所购材料的特性，企业可以选择使用，但标准一旦选定后，应保持前后会计期间的一致性，不得随意变动。

在实际工作中是通过编制材料费用分配表来计算，表的具体格式见本章表4-2。本例按材料采购数量分配采购费用。

$$运费分配率 = \frac{7\ 500}{2\ 000+3\ 000} = 1.5\ 元/吨$$

甲材料应分担 = 2 000 × 1.5 = 3 000 元

乙材料应分担 = 3 000 × 1.5 = 4 500 元

这笔经济业务的分录是两笔，一笔是支付运费，一笔是材料验收入库。

（1）支付运费时

借：材料采购——甲材料   3 000

     ——乙材料   4 500

  贷：银行存款   7 500

（2）材料入库时

借：原材料——甲材料   100 000

    ——乙材料   180 000

  贷：材料采购——甲材料   100 000

     ——乙材料   180 000

例11 12月1日，欲购买甲材料，开出金额为58 500元的支票，预付给供货方。

这笔经济业务是预付购货款的，其分录为：

借：预付账款   58 500

  贷：银行存款   58 500

例12 12月13日，预付货款购买的材料已运到，并验收入库，增值税专用发票上注明的价款为 50 000 元，增值税税额为 8 500 元，与对方办理结算。

这笔业务是预付账款采购材料的业务，现在材料已运到，与对方办理结算，冲销预付账款。其会计分录为：

借：原材料——甲材料 50 000
　　应交税费——应交增值税（进项税额） 8 500
　　贷：预付账款 58 500

（三）过账

过账过程如图 4-3 所示。

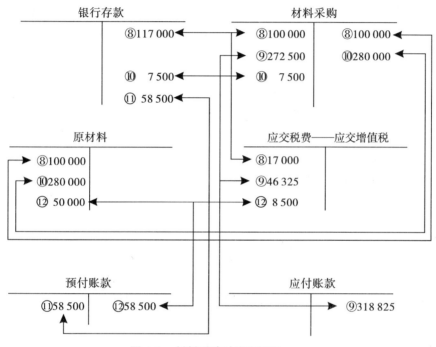

图 4-3 材料采购过账实例图

三、材料入库成本的计算

企业验收入库材料的成本为购买材料的全部支出，共包括四个部分，即卖价、运杂费、运输途中合理损耗和入库前整理挑选费。购买材料支付的税金不记入材料成本而记入"应交税费——应交增值税（进项税额）"中。按新税法规定，企业购买材料支付的运输费用可以按 7% 的扣除率计算进项税额。为简化核算假设运费不扣税，全额记入验收入库材料的成本。

（一）一次采购一种材料

如果企业一次从外地购入一种材料，同时支付了该种材料的外地运杂费等采购费用，则采购材料支付的买价与采购费用全部构成该批材料的入库成本，即

$$材料入库实际成本 = 材料卖价 + 运杂费$$

$$材料单位成本 = 材料入库实际成本 / 实际入库数量$$

以上述例 8 资料为例，步宇公司从上海购入钢材 50 吨，单价为 2 000 元，若该批材料运到时，以银行存款支付铁路部门运费保险费等采购费用 8 000 元，同时材料验收入库。

这笔业务发生后，"材料采购"账户钢材的采购成本又增加了 8 000 元。

原材料的入库成本 =100 000+8 000=108 000（元）

材料入库单价也变为 2 160 元（108 000/50），每吨材料入库成本中增加的 160 元即为采购费用。

（二）一次采购两种以上材料

如果企业一次同时从某企业或某地采购两种以上材料，又同时支付这些材料外地采购费用如运费等，则必须将采购费用按合理的方法分配给各种材料。计算方法如下。

$$运杂费分配率 = 实际支付的运杂费 / \sum 采购数量$$

$$某种材料应负担运杂费 = 该种材料的采购数量 \times 运杂费分配率$$

$$某种材料入库成本 = 该种材料卖价 + 该种材料应负担运杂费$$

$$某种材料单位成本 = 材料入库实际成本 / 实际入库数量$$

前述例 9、例 10，企业向天地公司购入甲乙两种材料 2 000 吨和 3 000 吨，单价为甲 48.5 元 / 吨，乙 58.5 元 / 吨，记入材料采购借方的金额分别为 97 000 元和 175 500 元，同时支付甲乙两种材料的运费 7 500 元，按采购量分配后，甲材料分得 3 000 元，乙材料分得 4 500 元，即入库材料成本分别增加 3 000 元和 4 500 元，材料入库总成本也变为 100 000 元和 180 000 元，单价也分别变为 50 元和 60 元。

运杂费分配率 = 实际支付的运杂费 / $\sum$ 采购数量

=7 500/（2 000+3 000）=1.5（元 / 吨）

甲材料应负担运杂费 = 该种材料的采购数量 × 运杂费分配率

=2 000 × 1.5=3 000（元）

乙材料应负担运杂费 = 该种材料的采购数量 × 运杂费分配率

=3 000 × 1.5=4 500（元）

甲材料入库成本 = 该种材料卖价 + 该种材料应负担运杂费

=2 000 × 48.5+3 000=100 000（元）

乙材料入库成本 = 该种材料卖价 + 该种材料应负担运杂费

=3 000 × 58.5+4 500=180 000（元）

甲材料单位成本 = 材料入库实际成本 / 实际入库数量

=100 000/2 000=50（元）

乙材料单位成本 = 材料入库实际成本 / 实际入库数量

=180 000/3 000=60（元）

采购费用的分配，一般是通过编制分配表进行。分配表的具体格式见表 4-2。

表4-2　材料采购费用分配表

20××年12月　　　　　　　　　　　　　　　　　　　　　　　　　　　单位：元

材料名称	单位	数量	分配率	应分配金额
甲	吨	2 000		3 000
乙	吨	3 000		4 500
合计		5 000	1.5	7 500

企业在市内采购材料时，大宗的专属采购费用记入材料成本，如数额较小，为简化核算，一般记入管理费用。

第三节　产品制造业务

企业将厂房建筑物建造完工，机器设备安装完毕，为进行生产经营做好了物质准备，再经过供应阶段，采购到各种原材料为生产产品做好了物资储备，但只有结合人的劳动，才可以进行产品的生产，也只有将劳动手段、劳动对象和劳动者相结合才能生产出社会需要的产品。工业企业生产经营业务，包括各种产品的生产，含产成品、半成品、提供工业性劳务和自制材料、自制工具等。本书中只介绍产品的制造过程及成本核算的一般内容，有关成本核算在《成本会计》课程中有专门介绍。

企业为生产产品所发生的费用，有一部分在发生当时就能分清是何种产品所耗用，因此可以在发生时就记入到该种产品的成本中，这种费用称直接费用，如生产产品所耗用的原材料费用，基本生产工人的计件工资等费用。而有些费用在发生当时，无法区分是何种产品生产所耗用，它们是生产多种产品共同发生的费用。因而不能在发生当时就记入各种产品成本中，必须先汇总在一起，到期末时，按一定标准，采用科学方法将这部分费用分配到所生产的产品成本中去。这种先归集汇总，再分配转出的费用称为间接费用，如车间管理人员工资、车间办公费、水电费、机器设备修理费、机器设备折旧费等。

一、应设置的账户

工业企业为正确核算生产费用的发生情况和正确计算产品成本，应设置"生产成本"、"制造费用"两个成本类账户及"库存商品"、"应付工资"、"应付福利费"等账户。

1.生产成本

生产成本账户属于成本类账户，是用来归集生产过程中发生的各种费用，并计算产品成本的账户。

借方登记生产产品领用材料、发生工资等使成本增加以及转入的制造费用金额，贷方登记产品完工验收入库减少金额，期末余额在借方，表示尚未完工的在产品的实际成本（期末在产品为存货，是企业的资产）。生产产品发生费用时，记入"生产成本"账户的借方，同时记入"原材料"、"应付工资"和"制造费用"账户的贷方；产品生产完工验收入库时，记入"库存商品"账户的借方，同时记入"生产成本"账户的贷方。该账户借方登记的生产费用既包括直接费用如直接材料、直接人工等，还包括分配转来的间接费用如制造费用。为提供详细的核算资料，"生产成本"应按所生产产品的品种、规格、花色、型号设置明细账进行明细分类核算。生产成本明细账应按成本项目设置专栏。通常的成本项目有直接材料、直接人工、制造费用，不同企业也可增设其他项目。这样可以为计算每一种产品的制造成本提供详细核算资料。

"生产成本"账户的结构为：

借	生产成本	贷
期初余额： 本期增加额：生产产品发生所有费用 （材料、人工、制造费）	本期减少额：完工验收入库	
本期增加额合计（本期发生额）	本期减少额合计（本期发生额）	
期末余额：在产品实际成本		

有关会计分录如下。

（1）生产产品发生各种费用时

借：生产成本——A 产品

　　　　——B 产品

　　贷：原材料

　　　　应付职工薪酬——工资

　　　　　　　　——职工福利

　　　　制造费用

（2）产品完工验收入库时

借：库存商品——A 产品

　　　　——B 产品

　　贷：生产成本——A 产品

　　　　　　——B 产品

2. 制造费用

制造费用属于成本类账户，是用来归集和分配企业基本生产单位为生产产品而发生的各项间接费用的账户。借方登记增加额，贷方登记减少额（分配转出数），期末除季节性生产企业外，应将制造费用全额分配出去，因此该账户期末一般无余额。分配制造费用的标准有生产工时、基本生产工人工资和机器设备工时等。

属于制造费用的项目有：车间管理人员的工资和福利费、车间办公费、水电费、修理费、固定资产折旧费、机物料消耗、劳动保护费、季节性停工损失等。

发生上述各项费用时，记入"制造费用"账户的借方，同时记入有关账户的贷方；期末分配转出时，记入"生产成本"账户的借方，同时记入"制造费用"账户的贷方。"制造费用"应按生产车间的名称设置明细账进行明细核算，还应按费用项目设置专栏，用来反映每个车间费用预算的执行情况。

"制造费用"账户的具体结构为：

借	制造费用	贷
本期增加额：发生各项费用	本期减少额：分配转出	
本期增加额合计（本期发生额）	本期减少额合计（本期发生额）	

0

相关会计分录如下。

（1）发生费用时

借：制造费用

  贷：相关科目

（2）分配结转时

借：生产成本——A产品

    ——B产品

  贷：制造费用

3. 库存商品

库存商品账户属于资产类账户，是用来核算已经完成全部生产工序，生产完工并验收入库，可供对外销售的产成品的入库、发出和结存情况的账户。借方登记增加额，贷方登记减少额，期末余额在借方，表示已经完工可供销售的库存产成品的实际成本。当生产完工验收入库时，按验收入库金额记入"库存商品"账户的借方，同时记入"生产成本"账户的贷方；当企业因销售发出商品，结转已销产品成本时，记入"主营业务成本"账户的借方，同时记入"库存商品"账户的贷方。其经济实质是将资产转为费用。"主营业务成本"实质是为取得主营业务收入而必须事先垫支的费用。为提供详细核算资料，"库存商品"账户应按产品的品种、规格、花色、型号设置明细账进行明细分类核算。库存商品明细账要根据成本计算单来登记。

"库存商品"账户的具体结构为：

借	库存商品	贷
期末余额： 本期增加额：完工验收入库	本期减少额：结转已出售成本	
本期增加额合计（本期发生额）	本期减少额合计（本期发生额）	
期末余额：可供销售产品的实际成本		

相关会计分录如下。

（1）产品完工验收入库时

借：库存商品——A产品

    ——B产品

  贷：生产成本——A产品

——B 产品

（2）结转已销产品成本时

借：主营业务成本

　　贷：库存商品——A 产品

　　　　　　　　——B 产品

4. 应付职工薪酬

应付职工薪酬账户属于负债类账户，是用来核算企业应付给职工的各种薪酬情况的账户。贷方登记增加数，借方登记减少数，余额一般在贷方，表示已经计算并记入当期成本费用而尚未支付的职工薪酬。计算出应付数额时，记入"应付职工薪酬"账户的贷方，同时记入相关成本费用的借方；实际发放时记入"应付职工薪酬"账户的借方，同时记入"库存现金"、"银行存款"账户的贷方。该账户应按"工资"、"职工福利"、"社会保险费"、"住房公积金"、"工会经费"、"职工教育经费"、"非货币性福利"、"辞退福利"、"股份支付"等科目设置明细账进行核算。

"应付职工薪酬"账户的具体结构为：

借	应付职工薪酬	贷
	期初余额	
本期减少额	本期增加额	
本期减少额合计	本期增加额合计	
	期末余额：应付未付职工薪酬数	

会计分录如下。

（1）计算出应付工资时

借：生产成本

　　制造费用

　　管理费用

　　销售费用

　　贷：应付职工薪酬

（2）实际发放时

借：应付职工薪酬

　　贷：库存现金

二、业务举例

例 13　12 月 12 日为生产 A、B 两种产品，各部门领用材料情况如下表所示。基本生产车间本月共投产 A 产品 2 000 件，B 产品 1 000 件。

表 4-3　各部门领用材料表

领用部门	钢材	甲材料	乙材料	合计
生产产品 A 产品 B 产品	80 000	40 000 60 000	60 000 80 000	180 000 140 000
车间一般耗用	10 000			10 000
管理部门耗用	8 000		4 000	12 000
合计	98 000	100 000	144 000	342 000

领用材料时，按耗用材料所生产的产品及耗用材料的部门、地点分别计入"生产成本"、"制造费用"、"管理费用"账户的借方，同时记入"原材料"账户的贷方，这笔业务的会计分录如下。

借：生产成本——A 产品　　　　　　　　　　　　　　　　　　180 000
　　　　　　　——B 产品　　　　　　　　　　　　　　　　　　140 000
　　制造费用　　　　　　　　　　　　　　　　　　　　　　　　10 000
　　管理费用　　　　　　　　　　　　　　　　　　　　　　　　12 000
　　贷：原材料——钢材　　　　　　　　　　　　　　　　　　　　98 000
　　　　　　　——甲材料　　　　　　　　　　　　　　　　　　　100 000
　　　　　　　——乙材料　　　　　　　　　　　　　　　　　　　144 000

例 14　12 月 15 日开出现金支票购买 1 000 元的办公用品，其中，管理部门 700 元，生产车间 300 元。

现金支票也是银行存款，由管理部门负担的费用记入"管理费用"，由生产车间负担的记入"制造费用"，这笔经济业务的会计分录如下。

借：制造费用　　　　　　　　　　　　　　　　　　　　　　　300
　　管理费用　　　　　　　　　　　　　　　　　　　　　　　700
　　贷：银行存款　　　　　　　　　　　　　　　　　　　　　　1 000

例 15　12 月 18 日，银行转来付款通知，前欠天地公司货款已到期，以银行存款偿还前欠天地公司货款 318 825 元。

这笔经济业务的会计分录如下。

借：应付账款　　　　　　　　　　　　　　　　　　　　318 825
　　贷：银行存款　　　　　　　　　　　　　　　　　　　　318 825

例 16　12 月 20 日，银行转来付款通知，支付本月水电费 8 500 元，其中，生产车间 5 000 元，管理部门 3 500 元。

这笔经济业务的会计分录如下。

借：制造费用 5 000

　　管理费用 3 500

　　贷：银行存款 8 500

例 17 12 月 20 日，以银行存款支付机器设备修理费 1 200 元，同时计提本月车间固定资产折旧 4 000 元。

机器设备修理费属于"制造费用"，这笔业务应记入"制造费用"的借方，"银行存款"的贷方。其分录如下。

借：制造费用 1 200

　　贷：银行存款 1 200

借：制造费用 4 000

　　贷：累计折旧 4 000

例 18 12 月 25 日，计算出本月应付给职工的工资 180 000 元，其中生产 A 产品的基本生产工人工资 80 000 元，生产 B 产品的基本生产工人工资 70 000 元，车间管理人员工资 10 000 元，专设销售机构人员工资 8 000 元，厂部管理人员工资 12 000 元。

企业计算出应当支付给职工工资，表明企业欠职工工资，是企业的一项负债，记入"应付工资"的贷方。为生产产品而发生的基本生产工人的工资记入所生产的产品成本，其他人员的工资记入相关费用，即记入"生产成本"、"制造费用"、"营业费用"和"管理费用"账户的借方。这笔经济业务的会计分录如下。

借：生产成本——A 产品 80 000

　　　　　　——B 产品 70 000

　　制造费用 10 000

　　销售费用 8 000

　　管理费用 12 000

　　贷：应付职工薪酬——工资 180 000

例 19 12 月 25 日，按应付工资总额的 14% 计提职工福利费。

企业计算出应支付的职工福利费，表明企业欠职工的福利费，应记入"应付职工薪酬——职工福利"账户的贷。同时记入"生产成本"、"制造费用"、"营业费用"、"管理费用"的借方。这笔经济业务的会计分录如下。

借：生产成本——A 产品 11 200

　　　　　　——B 产品 9 800

　　制造费用 1 400

　　销售费用 1 120

　　管理费用 1 680

　　贷：应付职工薪酬——职工福利 25 200

例 20 12 月 30 日，以生产工时为标准分配并结转制造费用，假设 A 产品工时为 8 000 小时，B 产品工时为 12 000 小时。除上述业务数额外，还有折旧费 4 000 元，本月制造费用总额为 31 900 元。

计算出制造费用发生总额后，应计算制造费用分配率。将制造费用总额全部分配给所生产的 A、B 两种产品。

$$制造费用分配率 = \frac{制造费用总额}{产品生产工时合计} = \frac{31\,900}{8\,000 + 12\,000} = 1.595\,元/小时$$

A 产品应分配制造费用 = 8 000 × 1.395 = 12 760 元
B 产品应分配制造费用 = 12 000 × 1.395 = 19 140 元
这笔经济业务的会计分录如下。

借：生产成本——A 产品　　　　　　　　　　　　　　　　　　　12 760
　　　　　　——B 产品　　　　　　　　　　　　　　　　　　　19 140
　　贷：制造费用　　　　　　　　　　　　　　　　　　　　　　　　31 900

实际工作中是编制"制造费用分配表"进行的，具体格式见本章第 86 页表 4-5。

例 21　12 月 30 日，A、B 两种产品全部完工已验收入库。

这笔经济业务将生产过程领用的材料费、发生的人工费和结转来的制造费用都登记入账后，得出本期生产费用总额。因全部完工，所以均为完工产品成本。A 产品成本283 960 元，B 产品成本 238 940 元。

会计分录如下
借：库存商品——A 产品　　　　　　　　　　　　　　　　　　283 960
　　　　　　——B 产品　　　　　　　　　　　　　　　　　　238 940
　　贷：生产成本——A 产品　　　　　　　　　　　　　　　　　　283 960
　　　　　　　　——B 产品　　　　　　　　　　　　　　　　　238 940

例 22　从银行提取现金 180 000 元，当日发放工资。
这笔经济业务需要做两笔会计分录，一笔是提取现金的，一笔是发放工资的。
会议记录如下。
① 借：库存现金　　　　　　　　　　　　　　　　　　　　　　　180 000
　　　贷：银行存款　　　　　　　　　　　　　　　　　　　　　　　180 000
② 借：应付职工薪酬——工资　　　　　　　　　　　　　　　　　180 000
　　　贷：库存现金　　　　　　　　　　　　　　　　　　　　　　　180 000

三、过账

过账过程如图 4-4 所示，箭头表示对应关系。

四、生产成本的计算

企业的生产过程既是产品的制造过程（产品实体形成），也是产品成本的形成过程，在这个阶段，企业将生产产品所耗用的原材料、支出的人工和各种间接费用都登记入账后，形成各种成本记录，根据各种成本数据要计算为生产这些产品而耗费的成本总额及每一件

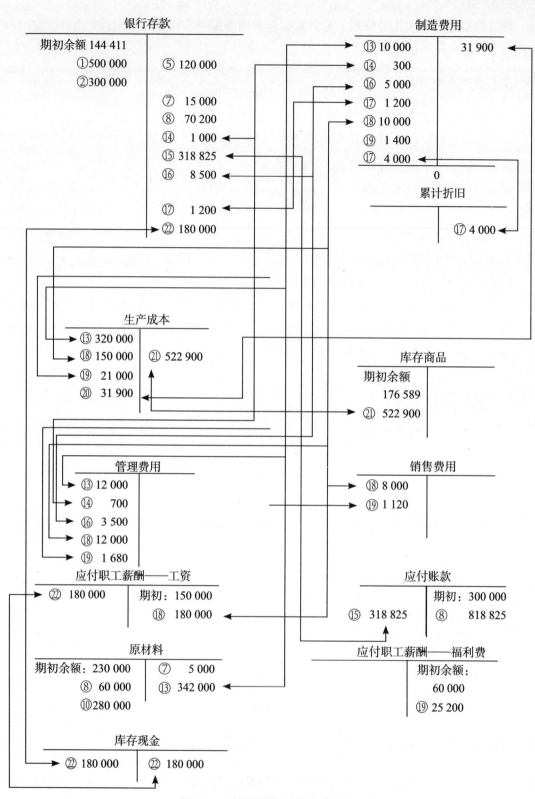

图 4-4　产品制造业务过账实例图

产品的单位成本。为此，首先，要将间接费用（制造费用）按一定的标准进行分配，然后，将原材料费用和人工费用按一定方法计入各种产品，形成产品成本（总成本和单位成本）。这就是成本计算过程。

（一）制造费用的分配与结转

产品成本构成的主要项目有直接材料、直接人工和制造费用。直接材料和直接人工一般属于直接费用，应在费用发生时直接计入生产成本，制造费用一般属于间接费用，应按一定标准分配计入生产成本。

制造费用核算的一般步骤如下。

（1）登记制造费用明细账，汇集制造费用，求出总额。

（2）选择标准计算制造费用分配率（编制制造费用分配表）。

（3）计算各种产品应负担的制造费用数额。

（4）编制结转会计分录。

下面按照上述步骤逐项进行介绍。

1. 登记制造费用明细账

生产企业应按车间名称开设制造费用明细账，并按费用项目设置专栏，将本会计期间所发生的制造费用全部登记在制造费用明细账上，以求出本期间制造费用总额。然后按一定标准将制造费用分配给所生产的产品。

以本节例13~例22的资料为例，登记制造费用明细账如表4-4所示。

表4-4　制造费用明细账

年		凭证		摘要	费用项目							
月	日	字	号		工资	福利费	折旧	办公费	水电费	修理费	……	合计
12	12			修理设备领用						10 000		10 000
	15			购买办公用品				300				300
	20			支付水电费					5 000			5 000
	20			支付修理费						1 200		1 200
	25			计提折旧			4 000					4 000
	25			计提职工福利		1 400						1 400
	30			结转工资	10 000							10 000
	30			本月合计	10 000	1 400	4 000	300	5 000	11 200		31 900
	30			结转制造费用	10 000	1 400	4 000	300	5 000	11 200		31 900

2. 编制制造费用分配表

本月生产产品总工时为 20 000 小时，其中生产 A 产品工时 8 000 小时，生产 B 产品工时 12 000 小时，假设没有其他费用，本月共发生制造费用 31 900 元。按生产工时将制造费用分配给所生产的 A、B 两种产品，编制如下制造费用分配表。

表 4-5　制造费用分配表

2009 年 12 月 31 日

产品	生产工时	分配率	应分配余额	备注
A	8 000		12 760	
B	12 000		19 140	
合计	20 000	1.595	31 900	

3. 编制会计分录

将制造费用分配给所生产的产品后，编制结转制造费用会计分录。

借：生产成本——A 产品　　　　　　　　　　　　　　　　12 760

　　　　　　——B 产品　　　　　　　　　　　　　　　　19 140

　　贷：制造费用　　　　　　　　　　　　　　　　　　　　　　31 900

按上述金额登记在前面制造费用明细账上（见表 4-4），月末制造费用余额为零。

需要注意的是，分配制造费用的标准，可以是生产工时，也可以是机器工时，或基本生产工人工资等等。企业可以选择使用，但为保持前后会计期间的一致性，标准一经选定就不要随意变动。

（二）产品生产成本的计算

企业将生产产品耗用的原材料费用、发生的人工费用等直接费用登记在生产成本明细账上以后，再将分配来的制造费用也登记在生产成本明细账上，可汇总得出本期生产费用发生额，加上期初在产品成本，即为本期全部产品成本。将本期全部生产成本按一定标准分配给完工产品和月末在产品后，就可计算出本期完工产品成本和月末在产品成本。完工产品成本计算公式为：

完工产品成本 = 期初在产品成本 + 本期生产费用 - 期末在产品成本

上述公式中，期初在产品成本和本期生产费用可在生产成本明细账中直接查到，所以关键是期末在产品成本的确定。这里我们以步宇公司 12 月份发生的经济业务为例，计算 A、B 两种产品成本，并假设两种产品期初、期末在产品成本相等（在产品成本按定额成本计算）。

1. 登记生产成本明细账

企业要按产品品种开设生产成本明细账，根据经济业务发生情况逐笔登记生产成本明细账，汇总本月发生的生产费用和全部生产费用，结转完工产品成本。根据第四章有关经济业务分别登记 A、B 产品生产成本明细账（见表 4-6 和表 4-7）。

表4-6 生产成本明细账——A产品

产品名称：A产品

年		凭证		摘要	直接材料	直接人工	制造费用	合计
月	日	字	号					
12	1			期初余额	3 000	10 000	5 000	45 000
				生产领料	180 000			180 000
				结转工资		80 000		80 000
				计提福利费		11 200		11 200
				结转制造费用			12 760	12 760
				本月生产费用合计	180 000	91 200	12 760	283 960
				全部生产费用合计	210 000	101 200	17 760	328 960
				结转完工产品成本	180 000	91 200	10 680	283 960
				期末余额	30 000	10 000	5 000	45 000

表4-7 生产成本明细账——B产品

产品名称：B产品

年		凭证		摘要	直接材料	直接人工	制造费用	合计
月	日	字	号					
12	1			期初余额	25 000	6 000	5 000	36 000
				生产领料	140 000			140 000
				结转工资		70 000		70 000
				计提福利费		9 800		9 800
				结转制造费用			19 140	19 140
				本月生产费用合计	140 000	79 800	19 140	238 940
				全部生产费用合计	165 000	85 800	24 140	274 940
				结转完工产品成本	140 000	79 800	16 020	238 940
				期末余额	25 000	6 000	5 000	36 000

产品完工验收入库，编制结转完工产品会计分录为：

借：库存商品——A产品　　　　　　　　　　　　　　　　283 960

　　　　　——B产品　　　　　　　　　　　　　　　　238 940

　　贷：生产成本——A产品　　　　　　　　　　　　　　283 960

　　　　　——B产品　　　　　　　　　　　　　　　　238 940

2. 编制成本计算单

根据生产成本明细账中结转完工产品成本对应的各成本项目数及完工验收数量，编制成本计算单，计算完工产品总成本和单位成本，见表4-8和表4-9。

表4-8　成本计算单——A产品

产品名称：A产品　　　　　　　　2004年12月完工　　　　　　　　数量：2000件

成本项目	完工产品成本	
	总成本	单位成本
直接材料	180 000	90.00
直接人工	91 200	45.60
制造费用	12 760	6.38
合计	283 960	141.98

表4-9　成本计算单——B产品

产品名称：B产品　　　　　　　　2004年12月完工　　　　　　　　数量：1000件

成本项目	完工产品成本	
	总成本	单位成本
直接材料	140 000	140.00
直接人工	79 800	79.80
制造费用	19 140	19.14
合计	238 940	238.94

根据产品完工、发出情况登记库存商品明细账，见表4-10和表4-11。

表4-10　库存商品明细账——A产品

产品名称：A产品

年		凭证		摘要	收入			发出			结存		
月	日	字	号		数量	单价	金额	数量	单价	金额	数量	单价	金额
12	1			期初余额							500	141.98	70 990
	30			完工入库	2 000	141.98	283 960				2 500	141.98	354 950
	30			已销结转				2 100	141.98	298 158	400	141.98	56 792
	31			本月合计	2 000	141.98	283 960	2 100	141.98	298 158	400	141.98	56 792

表4-11 库存商品明细账——B产品

产品名称：B产品

年		凭证		摘要	收入			发出			结存		
月	日	字	号		数量	单价	金额	数量	单价	金额	数量	单价	金额
12	1			期初余额							450	238.94	107 523
	30			完工入库	1 000	238.94	238 940				1 450	238.94	364 463
	30			已销结转				1 300	238.94	310 622	150	238.94	35 841
	31			本月合计	1 000	238.94	238 940	1 300	238.94	310 622	150	238.94	35 841

第四节 产品销售业务

企业生产出来的产品，还应经过销售环节，将其投放市场后，得到社会的认可，才能实现销售，才能实现其价值而取得收入。企业只有及时取得收入，才能补偿生产经营过程中的各项耗费，为企业带来收益，实现盈利，上交利税。因此，销售环节也是企业生产经营过程中非常重要的环节。企业在销售环节中，除计算取得的收入外，还应按配比原则结转已售产品成本，计算交纳各种税金，核算盈亏。

一、主营业务

（一）应设置的账户

销售环节是企业非常重要的环节，为正确核算商品销售收入的实现，销售费用的发生和税金的计算交纳，正确计算商品的销售成本，从而计算财务成果，企业应设置"主营业务收入"、"主营业务成本"、"营业税金及附加"、"销售费用"、"应交税费"、"应收账款"、"预收账款"等账户。

1. 主营业务收入

主营业务收入账户属于损益类账户，是用来核算已实现的商品销售收入取得情况的账户。贷方登记增加额，借方登记减少额（转入本年利润），结转后期末无余额。当取得或实现收入时，记入"银行存款"或"应收账款"账户的借方，同时记入"主营业务收入"账户的贷方和"应交税费——应交增值税（销项税额）"账户的贷方。期末结转时，记入

"主营业务收入"账户的借方，同时，记入"本年利润"账户的贷方。

"主营业务收入"账户的结构为：

借	主营业务收入	贷
本期减少额：转入本年利润		本期增加额：取得或实现的收入
本期减少额合计（本期发生额）		本期增加额合计（本期发生额）

取得及结转收入的会计分录如下。

（1）取得收入时

借：银行存款（应收账款）

　　贷：主营业务收入

　　　　应交税费——应交增值税（销项税额）

（2）结转入本年利润时

借：主营业务收入

　　贷：本年利润

伴随收入的实现而代税务部门收取的增值税，表明企业欠税务机关的税金，因而应记入"应交税费——应交增值税"的贷方，称为销项税额。

企业取得收入一般表现为现金的流入，但并不是所有现金流入都是因为销售产品而引起的，如吸收投资、取得借款等也有现金流入，但这种现金流入并不是因为销售商品而引起的。也并不是所有已发出的库存商品都能马上实现收入。企业发出的商品，能否确认为收入的实现，必须同时符合以下四个条件。新会计制度规定，只有如下条件同时满足时，才能确认为收入，否则，即使商品已经发出，也不能确认收入。收入实现的五个条件为：（1）企业已将商品所有权上的主要风险和报酬转移给购买方；（2）企业既没有保留通常与所有权相联系的管理权，也没有对已销售的商品实施控制；（3）收入的金额能够可靠地计量；（4）相关的经济利益很可能流入企业；（5）相关的已发生或将发生的成本能可靠地计量。

在本书中都假设发出商品后均满足收入确认的条件。

2. 主营业务成本

主营业务成本账户属于损益类账户，是用来核算已经销售产品成本的账户。产品一经销售，库存商品就由资产变为费用，这种费用是企业为了取得销售收入而必须事先垫支的支出。"主营业务成本"账户借方登记因销售商品由"库存商品"转入而增加的数额，贷方登记减少额（转入本年利润），结转后期末无余额。

销售库存商品实现收入时，按配比原则要确认为取得收入而花费的代价，将已销商品的成本记入"主营业务成本"账户的借方，同时记入"库存商品"账户的贷方（因库存商品实体已经减少）；期末结转时，记入"本年利润"账户的借方，同时记入"主营业务成本"账户的贷方。

"主营业务成本"账户结构如下：

借	主营业务成本	贷
本期增加额：实现销售	本期减少额：转入本年利润	
本期增加额合计（本期发生额）	本期减少额合计（本期发生额）	

0

企业结转已销产品成本及期末结转时会计分录如下。

（1）结转已销商品成本时

借：主营业务成本

    贷：库存商品

（2）期末转入本年利润时

借：本年利润

    贷：主营业务成本

3. 营业税金及附加

营业税金及附加账户属于损益类账户，是用来核算企业日常经营活动中应负担的除增值税以外的流转税金及教育费附加计算情况的账户。这里的税金及附加是除增值税以外的流转税，包括消费税、营业税、城市维护建设税、资源税和教育费附加。该账户借方登记按主营业务收入的一定比例计算出应交的各种税金及附加而增加的数额，贷方登记减少额（转入本年利润），结转后期末无余额。当企业按规定计算出应负担的各种税金及附加时，记入"营业税金及附加"账户的借方，同时记入"应交税费——应交消费税"等账户的贷方。月末转入本年利润时记入"本年利润"的借方和"营业税金及附加"账户的贷方。

"营业税金及附加"账户结构为：

借	营业税金及附加	贷
本期增加额：计算应负担的税金及附加	本期减少额：转入本年利润	
本期增加额合计（本期发生额）	本期减少额合计（本期发生额）	

0

计算并结转"营业税金及附加"的会计分录如下。

（1）计算时

借：营业税金及附加

    贷：应交税费——应交消费税（等）

           ——教育费附加

（2）期末转入本年利润时

借：本年利润

    贷：营业税金及附加

4. 销售费用

销售费用账户属于损益类账户。是用来核算企业在商品销售过程中，为销售商品而发生的营销费用的账户。借方登记增加额，贷方登记减少额（转入"本年利润"），结转后期末无余额。工业企业属于销售费用的项目有广告费、展览费、摊位租赁费，企业负担的外销产品运费及专设销售机构经费等。当企业发生上述费用时，记入"销售费用"账户的借方，同时记入"银行存款"等账户的贷方；期末结转时，记入"本年利润"账户的借方，同时记入"营业费用"账户的贷方。

销售费用"账户的结构为：

借	销售费用	贷
本期增加额：发生各项费用		本期减少额：转入本年利润
本期增加额合计（本期发生额）		本期减少额合计（本期发生额）

0

发生及结转销售费用的会计分录如下。

（1）当支付各项销售费用时

借：销售费用

　　贷：银行存款等

（2）期末结转时

借：本年利润

　　贷：销售费用

5. 应收账款

应收账款账户属于资产类账户，是用来核算企业因对外赊销产品或提供工业性劳务等应当向购货单位收取而尚未收到的货款和税金等款项的形成、结算及结余情况的账户。借方登记增加额，贷方登记减少额（收回），期末余额一般在借方，表示应收而未收的货款及税款。企业销售商品提供劳务尚未收到的货款及增值税（销项税额），记入"应收账款"账户的借方，同时按实现的收入记入"主营业务收入"账户的贷方，按应当收取的增值税金额记入"应交税费——应交增值税（销项税额）"账户的贷方；收到对方偿还的欠款时，记入"银行存款"账户的借方，同时记入"应收账款"账户的贷方。为提供详细核算资料，应按对方单位的名称设置明细账进行明细核算。

"应收账款"账户结构为：

借	应收账款	贷
期初余额 本期增加额：销售产品、提供劳务 　　　　　　形成的应收未收款项		本期减少额：收回对方偿还货款
本期增加额合计（本期发生额）		本期减少额合计（本期发生额）
期末余额：应收未收的款项		

本账户如果出现贷方余额实质是预收账款。与"主营业务收入"相关的会计分录如下。

（1）销售产品提供劳务形成应收账款时

借：应收账款（收入＋税金）

　　贷：主营业务收入

应交税费——应交增值税（销项税额）

（2）收回对方偿还的款项时

借：银行存款

　　贷：应收账款

6. 预收账款

预收账款账户属于负债类账户，是用来核算尚未发出产品而事先向对方收取货款及结算货款情况的账户。贷方登记增加额，借方登记结算冲销减少额，期末余额一般在贷方，表示已经收到但尚未和对方办理结算冲销的预先收取的款项。当收到对方预先支付的货款时，记入"预收账款"账户的贷方，同时记入"银行存款"账户的借方；待发出商品与对方办理结算冲销时，记入"预收账款"账户的借方，同时记入"主营业务收入"账户和"应交税费——应交增值税（销项税额）"账户的贷方。为提供详细核算资料，应按对方单位名称设置明细账进行明细分类核算。

如果企业预收账款业务不多，可不单设"预收账款"账户，而并入"应收账款"账户进行核算。收到对方的货款时，记入"银行存款"账户的借方，同时记入"应收账款"账户的贷方；发出商品与对方办理结算时，记入"应收账款"账户的借方，同时记入"主营业务收入"和"应交税费——应交增值税"账户的贷方。这时，"应收账款"账户有可能会出现贷方余额。

"预收账款"账户结构为：

借	预收账款	贷
	期初余额	
本期减少额：与对方结算冲销	本期增加额：预先收取货款	
本期减少额合计（本期发生额）	本期增加额合计（本期发生额）	
	期末余额：已收取尚未结算数	

预收账款的收取及相关会计分录如下。

（1）收到预收款项时

借：银行存款

　　贷：预收账款

（2）与对方结算时

借：预收账款

　　贷：主营业务收入

　　　　应交税费——应交增值税（销项税额）

（二）业务举例

下面仍以步宇公司 12 月份的有关经济业务为例，说明该业务的核算。

例 23　12 月 15 日，销售 A 产品 1 400 件，单价为 300 元，增值税税率为 17%，款项已收到并存入银行。

这笔经济业务的会计分录为：

借：银行存款 491 400
　　贷：主营业务收入 420 000
　　　　应交税费——应交增值税（销项税额） 71 400

例 24 12 月 20 日，销售给华翔公司 B 产品 800 件，单价为 400 元，增值税税率为 17%，代垫运费 4 000 元，货款尚未收到。

这笔业务的分录为：

借：应收账款——华翔 378 400
　　贷：主营业务收入 320 000
　　　　应交税费——应交增值税（销项税额） 54 400
　　　　银行存款 4 000

例 25 12 月 25 日，销售给宇力公司 A 产品 700 件，B 产品 500 件，单价同上，已开出增值税专用发票，税率为 17%，货税款均未收到。

这笔业务的分录为：

借：应收账款——宇力公司 479 700
　　贷：主营业务收入 410 000
　　　　应交税费——应交增值税（销项税额） 69 700

例 26 12 月 25 日，开出转账支票，金额 80 000 元，支付本市电视台广告费。

这笔业务的分录为：

借：销售费用 80 000
　　贷：银行存款 80 000

例 27 月末结转已销产品销售成本。

这笔业务中已销产品销售成本是销售数量与单位制造成本的乘积，本月共销售 A 产品 2 100（1 400 + 700）件，销售 B 产品 1 300（800 + 500）件，单位制造成本 A 产品为 141.98 元，B 产品为 238.94 元（成本资料见上节成本计算单）。其会计分录为：

借：主营业务成本 608 780
　　贷：库存商品——A 产品 298 158
　　　　　　　　——B 产品 310 622

例 28 计算出应交消费税 20 000 元，教育费附加 5 000 元。

借：营业税金及附加 25 000
　　贷：应交税费——应交消费税 20 000
　　　　其他应交款——教育费附加 5 000

（三）过账

过账过程如图 4-5 所示，箭头表示对应关系。

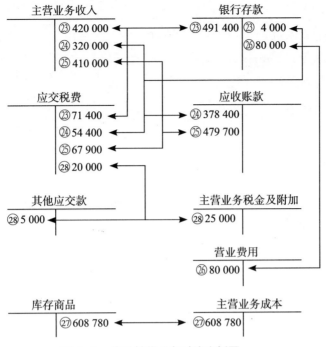

图 4-5 产品销售业务过账实例图

二、其他业务

工业企业除供产销等基本经营活动外，还会发生一些如销售材料、出租资产等其他销售、经营活动。企业的供产销活动称为主要经营业务，而其他活动称为其他业务。主要经营活动取得的收入、发生的支出称为"主营业务收入和主营业务成本"等，而其他活动取得的收入、发生的支出称为"其他业务收入和其他业务成本"。企业的其他业务主要有：销售多余材料，包装物、固定资产的出租，无形资产使用权的转让和代购代销等。

（一）应设置的账户

为了核算其他经济业务，应设置"其他业务收入"和"其他业务成本"两个账户。

1. 其他业务收入

其他业务收入账户属于损益类账户，是用来核算已实现的其他业务收入的账户。其贷方登记增加额，借方登记减少额（转入本年利润），结转后期末无余额。当取得或实现收入时，记入"其他业务收入"账户的贷方（伴随收取的增值税比照主营业务核算处理），同时记入"银行存款"等账户的借方；期末结转时，记入"其他业务收入"账户的借方，同时记入"本年利润"账户的贷方。

"其他业务收入"账户结构如下：

借	其他业务收入	贷
本期减少额		本期增加额
本期减少额合计（本期发生额）		本期增加额合计（本期发生额）

0

其会计分录如下。

（1）取得其他收入时

借：银行存款等

　　贷：其他业务收入

（2）期末结转时

借：其他业务收入

　　贷：本年利润

2. 其他业务成本

其他业务成本账户属于损益类账户，是用来核算因其他经济业务所发生的其他业务支出的账户。其借方登记增加额，贷方登记减少额（转入本年利润），结转后期末无余额。当发生其他业务支出时，记入"其他业务成本"账户的借方，同时记入"银行存款"、"原材料"等相关账户的贷方；期末结转时记入"本年利润"账户的借方，同时记入"其他业务成本"账户的贷方。

"其他业务成本"账户结构如下：

借　　　　　　　　　　其他业务成本　　　　　　　　　　贷	
本期增加额	本期减少额
本期增加额合计（本期发生额）	本期减少额合计（本期发生额）
0	

其他业务支出的会计分录如下。

（1）发生其他业务支出时

借：其他业务成本

　　贷：原材料（等）

（2）期末结转时

借：本年利润

　　贷：其他业务成本

（二）业务举例

例29 12月30日，企业销售不需用材料一批，价款为3 000元，增值税税率为17%，款项已收到存入银行。经查，该批材料购入时成本为2 500元。

企业销售多余材料是典型的其他业务。这笔业务涉及"其他业务收入"、"应交税费——应交增值税"和"银行存款"账户，同时还应结转已售材料的成本。其会计分录如下。

（1）出售材料取得收入时

借：银行存款　　　　　　　　　　　　　　　　　　　　　3 510

　　贷：其他业务收入　　　　　　　　　　　　　　　　　　3 000

　　　　应交税费——应交增值税（销项税额）　　　　　　　510

（2）结转已售材料成本时

借：其他业务成本　　　　　　　　　　　　　　　　　　　2 500

贷：原材料   2 500

（三）过账

过账过程如图4-6所示。箭头表示对应关系。

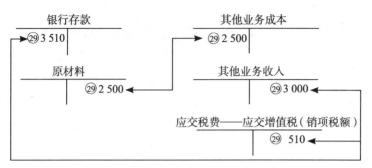

图4-6 其他业务收入过账实例图

三、产品销售成本的计算与结转

产品生产完工验收入库后，成为可供销售的产成品即"库存商品"。库存商品是企业的一项资产，它包含着为生产产品而耗用的材料价值、人工费用和制造费用即产品成本。一旦将产品销售出去，产品实体减少了，换回的是另一种资产——银行存款或应收账款。包含在库存商品中的价值也变成一种费用，这种费用是为取得收入而必须垫支的支出。企业为核算这部分费用，应设置"主营业务成本"账户专门核算。销售成本的实质是将资产转为费用，数额为销售数量与单位生产成本的乘积。但企业本期销售的产品往往不是一批产出，各批完工产品的单位成本可能不同，因此要按一定方法计算确定销售商品的单位成本和总成本，其方法有先进先出法、一次加权平均法、移动加权平均法和个别认定法几种。为简化核算，以上节库存商品明细账中登记的数据为例，假设各批完工产品单位成本相等。

现以步宇公司12月份经济业务为例来说明。

12月份，企业共销售A产品2 100件（1 400+700），B产品1 300件（800+500）。单位成本A产品为141.98元，B产品为238.94元（见表4-8和表4-9中的成本计算单），则：

已销售A产品成本：   2 100×141.98 = 298 158（元）

已销售B产品成本：   1 300×238.94 = 310 622（元）

合计   608 780元

结转已销产品销售成本的会计分录为：

借：主营业务成本   608 780

  贷：库存商品——A产品   298 158

     ——B产品   310 622

最后将该笔业务数据登记在库存商品明细账上即可。

第五节　财务成果业务

　　企业的产品出售以后，还应核算生产经营过程的各项成果，即用所有收入抵补所有成本费用后是盈利还是亏损。如果当期收入总额大于当期成本费用总额，差额为利润；如果当期收入总额小于当期成本费用总额，差额为亏损。企业如果有利润，按会计制度规定，应当按25%的税率计算缴纳企业所得税。利润总额缴纳所得税后称为净利润，此时还应当按当年净利润的10%和5%提取盈余公积金和公益金，提取两金后再将剩余利润在投资者之间进行分配。

一、期间费用

　　（一）应设置的账户

　　除基本生产经营外，企业为管理和组织生产经营活动还要花费一些支出。企业为管理和组织全企业的生产经营活动而支付的费用称为管理费用。如厂部管理人员的工资、福利费、厂长的办公费、业务招待费、企业财产保险费等。企业为筹措生产经营所需资金而支付的利息、手续费等属于财务费用。企业发生的管理费用、财务费用和销售费用，与所生产的每种产品无直接关联，而与费用发生时期联系密切，故而总称为期间费用，这部分费用应在发生当期全部计入损益，而不计入产品成本中。销售费用已经在上一节做了介绍，故本节只介绍"管理费用"和"财务费用"。

　　1.管理费用

　　管理费用账户属于损益类账户。是用来核算和监督企业管理部门为组织和管理全企业的生产经营活动而发生的所有费用的账户。其借方登记增加额，贷方登记减少额（结转额下同），结转后，期末无余额。

　　属于企业管理费用的项目有：董事会经费和行政管理部门为管理企业的生产经营活动而发生的管理人员工资及福利费、办公费、差旅费、水电费、修理费、物料消耗、业务招待费、低值易耗品的摊销等费用和生产车间以外的固定资产折旧费、劳动保险费、待业保险费、财产保险费、咨询费、会议经费。

　　当发生上述各项费用时，记入"管理费用"账户的借方，同时记入相关账户的贷方；期末结转时，记入"本年利润"账户的借方，同时记入"管理费用"账户的贷方。管理费用明细账应按上述费用项目设置专栏，用来核算和监督管理费用预算的执行情况。"管理费用"账户的具体结构为：

借	管理费用	贷
本期增加额：发生各项费用		本期减少额：转入本年利润
本期增加额合计（本期发生额）		本期减少额合计（本期发生额）

0

请注意，管理费用等损益类账户有两个共同特点：一个是期末时都要将本期发生额从其反方转入"本年利润"账户；一个是结转后期末无余额。

相关会计分录如下。

（1）发生各项费用时

借：管理费用

　　贷：相关科目

（2）期末结转时

借：本年利润

　　贷：管理费用

2.财务费用

财务费用账户属于损益类账户，其核算项目是为筹集生产经营所需资金而发生的借款利息支出、汇兑损益、相关手续费及存款利息收入。该账户借方登记增加额，贷方登记减少额（转入本年利润），结转后期末无余额。当发生上述各项费用时，记入"财务费用"账户的借方，同时记入"应付利息"、"银行存款"账户的贷方；期末结转时，记入"本年利润"账户的借方，同时记入"财务费用"账户的贷方，具体核算见第六章。

"财务费用"账户的具体结构为：

借	财务费用	贷
本期增加额：发生各项费用	本期减少额：转入本年利润	
本期增加额合计（本期发生额）	本期减少额合计（本期发生额）	

0

相关会计分录如下。

（1）发生各项费用时

借：财务费用

　　贷：应付利息

　　　　银行存款

（2）期末结转时

借：本年利润

　　贷：财务费用

（二）业务举例

例30　企业为修理办公设备领用原材料2 500元。

企业修理办公设备的支出属于管理费用，这笔业务的会计分录为：

借：管理费用　　　　　　　　　　　　　　　　　　　　　　2 500

　　贷：原材料　　　　　　　　　　　　　　　　　　　　　　　　2 500

例31　12月27日，以现金支付经理招待客户就餐费350元。

这笔业务的分录为：

借：管理费用   350

    贷：库存现金   350

例 32 12 月 30 日，收到银行结息通知，支付本季度短期借款利息 1 800 元，经查，其中前两个月账存应付利息 1 200 元。

前两个月有应付利息 1 200 元，已经在当月记入了"财务费用"，在支付的 1 800 元中，记入本月财务费用的只有 600 元。这笔业务的分录为：

借：财务费用   600

    应付利息   1 200

    贷：银行存款   1 800

（三）过账

过账过程如图 4-7 所示。箭头表示对应关系。

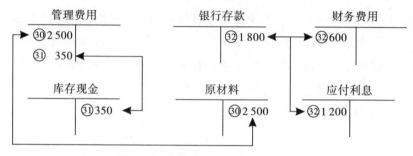

图 4-7   期间费用过账实例图

二、营业外收支业务

企业除生产经营活动外，也会发生一些与生产经营活动无直接关系的经济业务，如收取的罚没收入，发生对外捐赠、赞助支出。这些与生产经营活动无直接关系的活动，统称为营业外经济业务。营业外活动又有收入与支出两方面。属于营业外收入的项目有：取得罚款收入、教育费附加返还、出售固定资产净收益、出售无形资产所有权的收益和固定资产盘盈等。属于营业外支出的项目有：各种罚款支出、各种赞助支出、各种捐赠支出、子弟学校经费支出、处理固定资产净损失、出售无形资产所有权的净损失、固定资产盘亏、毁损和非常损失等。企业产生营业以外的收支业务也会影响企业的利润总额。会计制度规定，营业外收支净额是利润总额的一个构成项目，所以企业要按有关会计制度的规定对营业外收支进行严格的核算与管理。

（一）应设置的账户

企业为核算管理营业外收入与支出，应设置"营业外收入"与"营业外支出"两个账户。

1. 营业外收入

营业外收入账户属于损益类账户，是用来核算营业外收入取得情况的账户。其贷方登记增加额，借方登记减少额（转入本年利润），结转后，期末无余额。取得营业外收入时，记入"营业外收入"账户的贷方，同时记入"银行存款"等账户的借方。期末结转时，记入"营业外收入"账户的借方，同时记入"本年利润"账户的贷方。

"营业外收入"账户结构如下：

借	营业外收入	贷
本期减少额		本期增加额
本期减少额合计（本期发生额）		本期增加额合计（本期发生额）
	0	

会计分录如下。

（1）取得收入时

借：银行存款

　　贷：营业外收入

（2）期末结转时

借：营业外收入

　　贷：本年利润

2. 营业外支出

营业外支出账户属于损益类账户，是用来核算和监督营业外支出各项目的发生情况的账户。其借方登记增加额，贷方登记减少额（转入本年利润），结转后期末无余额。当发生各项营业外支出时，记入"营业外支出"账户的借方，同时记入"银行存款"等账户的贷方。期末结转时，记入"本年利润"账户的借方，同时记入"营业外支出"账户的贷方。

"营业外支出"账户结构如下：

借	营业外支出	贷
本期增加额		本期减少额
本期增加额合计（本期发生额）		本期减少额合计（本期发生额）
	0	

会计分录如下。

（1）发生营业外支出时

借：营业外支出

　　贷：银行存款等

（2）期末结转时

借：本年利润

　　贷：营业外支出

（二）业务举例

例33 12月30日，企业收到其他企业赔款5 000元。

会计分录为：

借：银行存款　　　　　　　　　　　　　　　　　　　　　　5 000

　　贷：营业外收入　　　　　　　　　　　　　　　　　　　　　5 000

例34 12月30日，企业开出支票赞助某歌星演出出场费80 000元。

借：营业外支出　　80 000

　　贷：银行存款　　80 000

（三）过账

过账过程如图4-8所示。箭头表示对应关系。

图4-8　营业外收支过账实例图

三、利润及分配业务

（一）内容概述

企业将一定时期内所取得的收入和所发生的费用（除所得税外）全部转入"本年利润"账户后，计算出的差额是企业生产经营的所得，它被称为财务成果。如果是贷方数额则为盈利；如果是借方数额则为亏损。不论是盈利还是亏损，年末都应将"本年利润"的差额从该差额的反方转入"利润分配——未分配利润"账户，结转后"本年利润"账户应无余额。如果是亏损，按无利不分的原则，无需向外分配利润；如果是盈利（计算交纳所得税之后）需要在投资者之间进行分配。因而，企业的利润分配是指企业将实现的净利润按照政策计提盈余公积和按董事会的决议在投资者各方之间进行分配的过程。

企业利润分配是对净利润进行的分配，而不是对利润总额的分配。净利润是指企业利润总额扣除所得税后的剩余部分。在利润分配时，依据国家财务制度规定，首先要按当年净利润的10%提取法定盈余公积金，按当年净利润的5%～10%提取法定公益金。提取两金后的余额加年初未分配利润为可向投资者分配的利润，按董事会的决议向投资者分配。若有剩余，为年末未分配利润，可并入下年继续向投资者分配。

在利润分配过程中，账务处理基本顺序为：

（1）将本期收入、费用转入"本年利润"账户；

（2）计算借贷方的差额，按25%计算应交所得税（有贷方差额时）；

（3）将所得税费用转入到"本年利润"账户借方；

（4）将扣除所得税后的差额，即净利润结转到"利润分配——未分配利润"账户；

（5）按规定提取法定盈余公积金；

（6）向投资者分配利润。

（二）应设置的账户

对企业的财务成果及利润分配情况进行核算，应设置"本年利润"、"所得税费用"、"利润分配"账户。"利润分配"账户还应设置"提取法定盈余公积金"、"应付股利"和"未分配利润"三个明细账户，分别核算净利润的分配情况和未分配利润的结存情况。

1.本年利润

本年利润账户属于所有者权益类账户，是用来核算企业在一定时期内实现的生产经营财务成果的账户。贷方登记由收入类账户转入数额，借方登记由费用类（包括所得税费用）账户转入数额。期末差额可能在贷方，也可能在借方。若为贷方差额表示盈利；若为借方差额表示亏损。不论是盈利还是亏损，期末时都要从反向转入"利润分配——未分配利润"账户，结转后期末无余额。

"本年利润"账户结构为：

借	本年利润	贷
由费用账户转入数（本期发生额） ： ：	由收入账户转入数（本期发生额） ： ：
差额（亏损）	差额（盈利）
转入所得税费用	净利润
转出净利润	转出亏损

0

有关会计分录如下。

（1）结转收入时

借：主营业务收入

　　其他业务收入

　　投资收益

　　营业外收入

　　贷：本年利润

（2）结转费用时

借：本年利润

　　贷：主营业务成本

　　　　营业税金及附加

　　　　其他业务成本

　　　　销售费用

　　　　管理费用

　　　　财务费用

　　　　营业外支出

说明：收入合计 − 费用合计 = 利润总额

（3）结转所得税时

借：本年利润

　　贷：所得税费用

（4）结转净利润时

借：本年利润

　　贷：利润分配——未分配利润

（5）结转亏损时

借：利润分配——未分配利润

　　贷：本年利润

2. 所得税费用

所得税费用账户属于损益类账户，是用来核算企业所得税费用的账户。其借方登记按本年利润贷方差额计提的所得税费用，贷方登记转入"本年利润"数额，结转后，期末无余额。计算出所得税费用时记入"所得税费用"账户的借方，同时记入"应交税费——应交所得税"账户的贷方；期末结转时，记入"本年利润"账户的借方，同时记入"所得税费用"账户的贷方。"所得税"账户结构为：

借	所得税费用	贷
本期增加额：计算出所得税费用	本期减少额：转入本年利润	
本期增加额合计（本期发生额）	本期减少额合计（本期发生额）	

0

会计分录如下。

（1）计算所得税费用时

借：所得税费用

　　贷：应交税费——应交所得税

（2）结转所得税费用时

借：本年利润

　　贷：所得税费用

3. 利润分配

利润分配账户属于所有者权益类账户，是用来核算企业利润分配情况的账户，也是"本年利润"账户的备抵账户（关于备抵账户见第六章账户分类）。其贷方登记由"本年利润"账户转入的净利润数额，借方登记分配出去的利润额及由"本年利润"账户转入的亏损。本账户要设置"提取法定盈余公积"、"应付股利"和"未分配利润"等明细账户进行明细分类核算。

"利润分配"账户结构如下：

借	利润分配	贷
本期减少额：1. 提取法定盈余公积 　　　　　　2. 应付股利	期初余额 本期增加额：转入净利润	
本期减少额合计（本期发生额）	本期增加额合计（本期发生额）	
期末余额：未弥补亏损	期末余额：未分配利润	

（1）如果企业当年有盈利，先将净利润从"本年利润"的借方转入"利润分配——未

分配利润"账户的贷方，其会计分录为：

借：本年利润

贷：利润分配——未分配利润

（2）按当年净利润的10%提取法定盈余公积金，按5%~10%提取公益金时，其会计分录为：

借：利润分配——提取法定盈余公积

贷：盈余公积

（3）按董事会决议向投资者分配利润时，其会计分录为：

借：利润分配——应付股利

贷：应付股利——×××

为简化核算，本书只介绍提取盈余公积金和向投资者分配利润两种情况。

（三）业务举例

利润分配具体核算过程如下。

例35 12月31日，将步宇公司12月份的收入、费用转入本年利润。

（1）结转收入时

借：主营业务收入　　　　　　　　　　　　　　　　　　1 150 000

其他业务收入　　　　　　　　　　　　　　　　　　　　3 000

营业外收入　　　　　　　　　　　　　　　　　　　　　5 000

贷：本年利润　　　　　　　　　　　　　　　　　　1 158 000

（2）结转费用时

借：本年利润　　　　　　　　　　　　　　　　　　　　833 930

贷：主营业务成本　　　　　　　　　　　　　　　　　603 980

营业税金及附加　　　　　　　　　　　　　　　　　25 000

销售费用　　　　　　　　　　　　　　　　　　　　89 120

其他业务成本　　　　　　　　　　　　　　　　　　　2 500

管理费用　　　　　　　　　　　　　　　　　　　　32 730

财务费用　　　　　　　　　　　　　　　　　　　　　　600

营业外支出　　　　　　　　　　　　　　　　　　　80 000

本年利润计算过程如下（在账户中）：

借	本年利润	贷
35.（2）833 930		35.（1）1 158 000
		差额：324 070
36.（2）81 017.5（所得税费用）		
		净利润：243 052.5

本年利润总额为324 070元。

例36 12月31日，按25%计算并结转所得税。

（1）计算所得税

所得税 = 324 070 × 25% = 81 017.5 元

会计分录为：

借：所得税费用   81 017.5

    贷：应交税费——应交所得税   81 017.5

（2）结转所得税费用

会计分录为：

借：本年利润   81 017.5

    贷：所得税费用   81 017.5

例37 12 月 31 日，按当年净利润的 10% 提取法定盈余公积金，计算出应当分给投资者的股利为 50 000 元。

在提取盈余公积和向投资者分配股利之前，应将净利润从"本年利润"账户转入"利润分配"账户，然后再将"利润分配"各明细账户的本期发生额转入"未分配利润"明细账户。其核算过程如下。

（1）结转净利润时

借：本年利润   243 052.5

    贷：利润分配——未分配利润   243 052.5

（2）分配利润，提取法定盈余公积金，并计算应付股利时

借：利润分配——提取盈余公积   24 305.25

                ——应付股利   50 000

    贷：盈余公积   24 305.25

      应付股利   50 000

（四）过账

主营业务收入、主营业务成本、营业税金及附加、其他业务收入、其他业务成本、销售费用、管理费用、财务费用、营业外收入、营业外支出、所得税账户，期末余额均为"0"，登记过程略。

利润分配过账过程如图 4-9 所示。箭头表示对应关系。

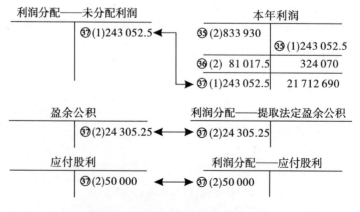

图 4-9 利润分配过账实例图

思考题

1. 对本章的主要内容进行小结。
2. 企业资金来源渠道有哪些？
3. 固定资产的原始价值包括哪些内容？
4. 购入固定资产的增值税应如何处理？
5. 采购材料共有几种形式？原材料成本包括哪些内容？
6. 采购费用有哪些？采购多种材料的运费应如何处理？
7. 常见的成本项目有哪些？
8. 何谓间接费用？期末应如何处理？
9. "生产成本"账户期末有无余额？如果有，代表什么内容？
10. 结转已销产品成本时作什么分录？其经济含义是什么？
11. 计算净利润要分几个步骤？
12. 利润分配各明细账户有无余额？应如何核算？
13. 原材料成本由几个部分组成？
14. 制造费用分配的一般步骤有几步？
15. 成本项目有几个？
16. 结转已销产品成本应编制什么分录？其经济含义是什么？

练习题

一、判断题

1. 企业购买材料支付的"应交税费——应交增值税"是企业的一项负债。　　（　　）
2. 企业向债权人筹集到的资金是指银行借款。　　（　　）
3. 企业购买材料支付的"应交税费——应交增值税"不计入材料采购成本，而购入固定资产支付的"应交税费——应交增值税"要计入固定资产的成本。　　（　　）
4. 企业外购材料支付的外地运输费等采购费用都必须按照一定的标准分配计入材料采购成本。　　（　　）
5. 制造费用的分配方法，除以生产工时为标准外，还可以生产工人工资等为标准。　　（　　）
6. "生产成本"账户期末余额的经济含义是资产，也就是在产品成本。　　（　　）
7. "预收账款"账户的期末余额表示负债。　　（　　）
8. "预付账款"账户的期末贷方余额实质是应付未付的负债。　　（　　）

9. 利润分配是指将税后净利润在投资者之间进行分配。（　　）

10. 为管理和组织本单位的生产经营活动所花费的支出、支付的广告费用等属于企业的管理费用。（　　）

11. 过账是指将经过审核无误的会计凭证（记账凭证和原始凭证）上所记录的金额登记到对应账户的有关栏目内。（　　）

12. 材料验收入库时的成本包括买价、采购费用和支付的增值税进项税额。（　　）

13. 购入不需要安装的生产设备等固定资产时，按实际支付的价款和运输、保险费用等借记"固定资产"；按增值税专用发票上注明的增值税借记"应交税费——应交增值税（进项税额）"，按价税合计贷记"银行存款"。（　　）

14. 所有者权益是指投资者投入企业的投资额。（　　）

15. 企业支付给职工的工资和职工福利应当计入生产成本的"直接人工"成本项目。（　　）

16. 销售商品取得收入一定能使所有者权益增加。（　　）

17. 结转已销产品的销售成本这笔业务的经济含义是将资产变为为取得收入而事先垫支的费用。（　　）

18. 产品成本与期间相联系，管理费用、销售费用、财务费用与一定种类数量的产品相联系。（　　）

19. 销售商品取得收入会使资产增加或负债减少。（　　）

20. 向投资者分配利润时，借方为"应付利润"。（　　）

21. 生产产品发生的制造费用都必须经过分配后才能计入产品成本。（　　）

22. "主营业务成本"账户用来核算已经销售的产品成本，是成本类账户。（　　）

23. "生产成本"和"制造费用"属于成本计算的账户。（　　）

二、填空题

1. ＿＿＿＿＿是与权责发生制相对应的。

2. 依据配比原则，应将收入与其相关的＿＿＿＿＿、＿＿＿＿＿相互配比。

3. 按照＿＿＿＿＿原则的要求，通常对可能发生的费用或损失，应当合理预计，并予以入账，对可能取得的收入，则不能提前入账。

4. 生产费用按其计入产品成本的方法，可分为＿＿＿＿＿、＿＿＿＿＿两大类。

5. 企业发生的营业外收入和营业外支出，直接计入＿＿＿＿＿＿＿，是影响企业利润的因素之一。

6. "所得税费用"按性质分属于＿＿＿＿＿类账户。

7. 固定资产因使用磨损而减少的价值部分不计入"固定资产"账户的贷方，而是计入＿＿＿＿＿账户的贷方。

8. ＿＿＿＿＿是一种价外税，不计入材料采购成本。

9. 预付账款业务不多的企业，可以不设置"预付账款"账户，在支付款项时，将这部分款项计入＿＿＿＿＿账户的借方，这时"应收账款"账户可能会有＿＿＿＿＿。

10. 材料入库成本由两部分组成，即_____和_____。

11. 成本可以理解为是一种_____或_____。

12. 原材料入库成本是材料买价加_____。

13. 制造费用明细账和生产成本明细账一般采用_____。

14. 结转已销产品成本的经济含义是将一项资产转化为_____。

三、单项选择题

1. 企业购入不需要安装的固定资产，按其取得成本，借记（　　）。

    A. 在建工程   B. 固定资产

    C. 周转材料   D. 原材料

2. "材料采购"账户按经济内容属于（　　）。

    A. 资产类账户   B. 负债类账户

    C. 成本计算账户   D. 调整账户

3. 企业用来核算库存材料的账户是（　　）。

    A. 材料采购   B. 在途物资

    C. 原材料   D. 生产成本

4. "预付账款"是（　　）。

    A. 负债类账户   B. 资产类账户

    C. 成本类账户   D. 费用类账户

5. 企业在购入材料过程中发生的运杂费，应记入（　　）账户。

    A. 销售费用   B. 管理费用

    C. 材料采购   D. 生产成本

6. 企业采购人员采购材料的差旅费回来报销后应记入（　　）账户。

    A. 管理费用   B. 材料成本

    C. 销售费用   D. 生产成本

7. 企业发出材料，应贷记（　　）账户。

    A. 材料采购   B. 原材料

    C. 生产成本   D. 制造费用

8. 企业每月按工资总额的一定比例计提的职工福利，贷记（　　）账户。

    A. 应付职工薪酬   B. 应付股利

    C. 应付账款   D. 应交税费

9. 企业申请短期借款的手续费，应记入（　　）账户。

    A. 管理费用   B. 销售费用

    C. 财务费用   D. 短期借款

10. 企业销售产品、提供劳务取得的收入，记入（　　）账户的贷方。

    A. 其他业务收入   B. 主营业务收入

    C. 营业外收入   D. 投资收益

11. "预收账款" 账户是（　　）账户。

    A. 资产类   B. 负债类

    C. 所有者权益类   D. 收入类

12. 企业对外捐赠时，应借记（　　）账户。

    A. 管理费用   B. 生产成本

    C. 营业外支出   D. 其他业务支出

13. "生产成本" 的期末借方余额表示（　　）。

    A. 期末完工产品的实际成本

    B. 期末未完工产品的实际成本

    C. 本期产品的实际成本

    D. 企业库存商品的实际成本

14. 年终结转后，"利润分配" 的贷方余额表示（　　）。

    A. 本年累计已分配的利润数   B. 年终累计未分配的利润数

    C. 本年累计已实现的利润数   D. 本年净利润

15. 企业出租包装物的租金收入，应记入（　　）账户。

    A. 营业外收入   B. 产品销售收入

    C. 主营业务收入   D. 其他业务收入

16. 企业的 "制造费用" 账户期末（　　）

    A. 有余额   B. 无余额

    C. 有借方余额   D. 有贷方余额

17. 材料采购过程中的运杂费用不包括（　　）

    A. 运输费用   B. 运输途中合理损耗

    C. 入库前整理挑选费   D. 材料卖价

18. 下列各项属于其他业务收入的是（　　）

    A. 罚款收入   B. 产品销售收入

    C. 出售固定资产收入   D. 包装物租金

19. 营业外收入不包括（　　）

    A. 出售固定资产收入   B. 产品销售收入

    C. 出售无形资产收入   D. 罚款收入

20. "所得税费用" 是（　　）科目。

    A. 费用类   B. 损益类

    C. 资产类   D. 成本类

21. 一次从某地采购两种以上材料时，所发生的采购费用应当按（　　）在各种材料之间进行分配。

    A. 采购数量   B. 购买费用

    C. 货物大小   D. 路程远近

22. 制造费用明细账一般采用借方多栏式，在账页内要按照（　　）设置专栏。

    A. 生产车间　　　　　　　　　　　B. 产品品种

    C. 费用用途　　　　　　　　　　　D. 费用项目

23. 生产成本明细账一般采用（　　）的格式。

    A. 三栏式　　　　　　　　　　　　B. 多栏式

    C. 数量金额式　　　　　　　　　　D. 借方多栏式

24. 生产成本明细账账页中如果未印借贷方时，登记"结转完工产品成本"要用（　　）。

    A. 红字　　　　　　　　　　　　　B. 蓝字

    C. 正数　　　　　　　　　　　　　D. 负数

四、多项选择题

1. 企业向投资者筹集的资金不属于（　　）。

    A. 长期借款　　　　　　　　　　　B. 短期借款

    C. 债务资金　　　　　　　　　　　D. 主权资金

2. 企业取得三年期的贷款，应（　　）。

    A. 借记"银行存款"账户　　　　　B. 借记"长期借款"账户

    C. 贷记"长期借款"账户　　　　　D. 贷记"短期借款"账户

3. 企业收到作为投资的一台设备，应（　　）。

    A. 借记"固定资产"　　　　　　　B. 贷记"短期借款"

    C. 贷记"实收资本"　　　　　　　D. 贷记"应付账款"

4. 购入需要安装的设备一台，价款 10 000 元，运费 200 元，均以银行存款支付，应（　　）。

    A. 借记固定资产 10 000 元　　　　B. 借记固定资产 10 200 元

    C. 借记在建工程 10 200 元　　　　D. 贷记银行存款 10 200 元

5. 企业外购材料的实际成本包括（　　）。

    A. 材料买价　　　　　　　　　　　B. 采购材料支付的增值税

    C. 材料采购费用　　　　　　　　　D. 材料入库后的保管费用

6. 材料采购费用包括（　　）。

    A. 运输费　　　　　　　　　　　　B. 运输途中的合理损耗

    C. 入库前的挑选整理费用　　　　　D. 购入材料应负担的税金

7. 材料验收入库时，应（　　）。

    A. 借记"原材料"　　　　　　　　B. 借记"材料采购"

    C. 贷记"材料采购"　　　　　　　D. 贷记"原材料"

8. 与"应付职工薪酬"贷方相对应的账户可能有（　　）。

    A. "生产成本"　　　　　　　　　B. "制造费用"

    C. "管理费用"　　　　　　　　　D. "在建工程"

9. "营业税金及附加"核算企业日常活动应负担的（　　）。

A. 营业税   B. 城市维护建设税

C. 消费税   D. 教育费附加

10. 企业的其他经济业务主要有（   ）。

    A. 销售材料   B. 销售商品

    C. 代购代销   D. 包装物出租

11. 下列属于企业营业外收入的有（   ）。

    A. 固定资产盘盈   B. 出售无形资产净收益

    C. 罚款净收入   D. 处理固定资产净收益

12. "利润分配"账户一般应设置的明细账有（   ）。

    A. 提取法定盈余公积   B. 提取法定公益金

    C. 应付利润（股利）   D. 未分配利润

13. 计算并结转"所得税费用"时可能涉及的科目有（   ）。

    A. 本年利润   B. 银行存款

    C. 应交税费——应交所得税   D. 所得税

14. 以下属于期间费用的是（   ）。

    A. 制造费用   B. 财务费用

    C. 管理费用   D. 销售费用

15. 过账时应将记账凭证上的（   ）逐项登记到相关账户内。

    A. 经济业务金额   B. 经济业务内容摘要

    C. 凭证种类号数   D. 经济业务日期

16. 分配结转制造费用的关键是计算制造费用分配率，计算制造费用分配率时可用作分配标准的可以是（   ）。

    A. 工资总额   B. 基本生产工人工资

    C. 生产工时   D. 机器工时

    E. 设备台时

17. 分配结转制造费用时正确的记账方向和科目是（   ）。

    A. 借：制造费用   B. 贷：制造费用

    C. 借：生产成本   D. 贷：生产成本

    E. 借：管理费用

18. 已销产品的销售成本=销售数量×单位制造成本，但各批完工产品的单位成本可能不同，应选择适当的方法计算发出产品的成本，以下属于发出产品计价方法的是（   ）。

    A. 先进先出   B. 后进先出

    C. 加权平均   D. 移动加权平均

    E. 个别认定

五、简答题

1. 企业的基本生产经营活动分为几个环节？每个环节涉及哪些经济业务？

2. 企业的基本经营活动之外还有哪些经济业务？

3. 有人说采购费用属于材料入库成本的一项内容，所以在发生时都应直接计入所购材料的成本；而制造费用属于间接费用，所以应分配计入各种产品成本。这一说法正确吗？

4. 何谓结转？在工业企业生产经营过程中共有哪些具体结转分录？为什么？

5. 增值税进项税额是购买材料必须支付的税金，为何不计入材料采购成本？增值税销项税额是销售产品时收回的税金，为何不算作企业的销售收入？

六、核算题

（一）目的：以工业企业主要经营活动为例，练习会计分录的编制。

（二）资料：兴业公司的业务如下。

1. 筹资业务

（1）兴业公司收到大宇公司投资的设备一台，价值 200 000 元。

（2）兴业公司收到宏大公司投入的货币资金 300 000 元已存入银行。

（3）向银行申请取得为期 9 个月的贷款 100 000 元并已存入银行。

（4）收到某人捐赠的汽车一辆，价值 30 000 元。

（5）以银行存款偿还到期的短期借款 50 000 元。

2. 生产准备业务

（1）从本地购入 A 材料 2 000 千克，单价为 5 元／千克。该企业为增值税一般纳税人，增值税税率为 17％。款项已付，材料尚未验收入库。

（2）以现金支付上述材料的运杂费 600 元。

（3）上述材料验收入库。

（4）兴业公司以银行存款购入运输汽车一辆，共支付款项 150 000 元。

（5）3 月 5 日，兴业公司以银行存款购入需要安装的设备一台，价款 100 000 元，同时支付增值税进项税额 17 000 元，运输保险等费用 25 000 元，设备已运到，正投入安装。

（6）本月 5 日投入安装的设备领用库存 A 材料 3 000 元，发生安装工人工资 10 000 元，安装完毕交付使用。

（7）采购员报销差旅费 300 元，原借支 350 元，差额收回现金。

（8）企业从上海第三钢厂购入 B 材料，价款为 40 000 元，增值税专用发票注明的进项税额为 6 800 元，运费 5 000 元，所有款项均以银行存款支付，材料已验收入库。

（9）从攀枝花钢铁公司购入 A 材料 18 000 千克，单价为 5 元／千克，B 材料 32 000 千克，单价 6.5 元／千克，增值税专用发票上注明的进项税额为 50 660 元，材料未运到，款项尚未支付。

（10）上述两种材料均已运到，同时收到运输费用发票一张，注明运输等费用 14 000元，按采购量分配。用银行存款支付运费，材料已验收入库。

（11）收到远大集团公司订购产品的汇款 50 000 元并存入银行。

（12）为购买材料开出转账支票 80 000 元给立丰工厂。

3. 产品生产业务

（1）本月材料耗用汇总如下：

耗用材料费用分配表单位：元

	A 材料	B 材料	合计
甲产品耗用	60 000		60 000
乙产品耗用	25 000	50 000	75 000
车间一般耗用	8 000	300	8 300
公司管理部门耗用	2 000		2 000
合计	95 000	50 300	145 300

（2）开出转账支票支付广告费 20 000 元。

（3）开出现金支票金额 1 800 元购买办公用品，其中生产车间用 800 元，管理部门 1 000 元。

（4）本月工资汇总计算如下：

本月生产总工时 25 000 小时，其中：甲产品 15 000 工时，乙产品 10 000 工时。按生产工时比例分配基本生产工人工资。

产品生产工人工资	80 000 元
车间管理人员工资	9 000 元
销售人员工资	6 000 元
公司行政管理人员工资	28 000 元
合计	123 000 元

（5）开出现金支票提取现金 123 000 元，以备发放工资。

（6）按工资总额的 14％计提应付职工福利。

（7）为职工王丽报销医药费 300 元，以现金支付。

（8）计提本月固定资产折旧 40 000 元，其中车间生产设备折旧 25 000 元，管理部门厂房等折旧 15 000 元。

（9）以银行存款支付水电费 15 000 元，其中生产车间耗用 10 000 元，管理部门耗用 5 000 元。

（10）生产车间修理机器领用 A 材料 8 140 元。

（11）将本月制造费用转入甲、乙两种产品成本，分配标准为生产工时。

（12）甲乙两种产品全部完工并验收入库，结转完工产品成本，并计算产品单位成本，甲产品产量为 400 件，乙产品产量为 500 件。

4. 产品销售业务

（1）销售商品一批，价款为 300 000 元，增值税销项税额为 51 000 元，款项尚未收到。

（2）以银行存款支付商品展销摊位租赁费 1 500 元，管理部门负担 500 元。

（3）销售甲产品一批，价款为200 000元，乙产品一批，价款为300 000元，企业开出的增值税专用发票上注明销项税额为85 000元，货税款已收回存入银行。

（4）收到宜轩公司预付购货款30 000元。

（5）收回高天工厂前欠的购货款175 500元。

（6）开出转账支票给本市电视台，金额为100 000元，用途为广告费。

（7）以银行存款支付销售产品应负担的运输费5 000元。

（8）按规定计算出本月应交的消费税50 000元，教育费附加8 000元。

（9）结转已销产品成本275 000元，其中甲产品成本125 000元，乙产品成本150 000元。

（10）出售多余材料取得收入25 000元，增值税金额为4 250元；该批材料成本15 000元。

5. 期间费用和利润业务

（1）开出一张50 000元转账支票捐赠给公益性部门。

（2）收到某企业包装物押金3 000元。

（3）因超标排污被罚款12 000元。

（4）以现金123 000元发放工资。

（5）收到罚款收入20 000元存入银行。

（6）将本月取得的产品销售收入650 000元，其他业务收入25 000元，营业外收入15 000元结转入"本年利润"账户。

（7）将本月发生的主营业务成本280 000元、营业税金及附加58 000元、销售费用120 000元、管理费用50 000元、财务费用800元、其他业务支出15 000元、营业外支出25 000元结转入"本年利润"账户。

（8）计算并结转本月应交所得税，税率为25%。

（9）将"本年利润"账户的余额结转入"利润分配——未分配利润"账户。

（10）按本年税后净利润的10%提取法定盈余公积金。

（11）按规定将当年税后净利润中的20 000元分配给投资者。

6. 制造费用核算

企业某月份某车间发生如下经济业务。

（1）5日，修理机器领用配件5 000元。

（2）8日，领用办公用品800元。

（3）15日，发放劳动保护用品12 000元；

（4）30日，车间管理人员工资3 000元，同时按14%的比例计提职工福利。

（5）30日，支付一般用水费680元。

（6）30日，支付照明用电费1 400元。

（7）基本生产工人工资为250 000元，其中甲产品工人工资为110 000元，乙产品工人工资为140 000元。

制造费用明细账

月	日	摘要	工资福利费	办公费	修理费	水费	电费	劳保费	合计

制造费用分配表

产品	分配标准（工资）	分配率	应分配金额
甲产品			
乙产品			
合计			

7. 生产成本核算

某企业基本生产车间同时生产 A、B 两种产品，期初余额、期末余额及产量资料如下表。

产品相关资料

项目		直接材料	直接人工	制造费用	合计
期初余额	A 产品	40 000	25 000	15 000	80 000
	B 产品	50 000	30 000	20 000	100 000
期末余额	A 产品	30 000	23 000	12 000	65 000
	B 产品				0
完工产品产量	A 产品（件）				1 000
	B 产品（件）				2 500

本月生产产品共发生如下费用。

（1）领用原材料 235 000 元，其中 A 产品耗用 110 000 元，B 产品耗用 125 000 元。

（2）人工费用为 180 000 元，其中 A 产品工人工资 80 000 元，B 产品工人工资 100 000 元。

（3）按工资总额的 14% 计提职工福利费。

（4）分配转入的制造费用，其中 A 产品 65 000 元，B 产品 86 000 元。

（三）要求：

（1）根据资料 1～5 所发生的经济业务编制会计分录。

（2）根据资料 6 中的经济业务编制会计分录并根据资料登记制造费用明细账，以生产工人工资比例为标准分配制造费用并结转制造费用。

（3）根据资料7中的经济业务编制会计分录并登记A、B产品基本生产成本明细账，编制成本计算单。

A产品生产成本明细账

月日	凭证	摘要	直接材料	直接人工	制造费用	合计
（略）	（略）	期初余额				
		生产领用材料				
		计算结转工资				
		计提职工福利				
		结转制造费用				
		本月生产费用合计				
		全部生产费用合计				
		结转完工产品成本				
		期末余额				

B产品生产成本明细账

月日	凭证	摘要	直接材料	直接人工	制造费用	合计
（略）	（略）	期初余额				
		生产领用材料				
		计算结转工资				
		计提职工福利				
		结转制造费用				
		本月生产费用合计				
		全部生产费用合计				
		结转完工产品成本				
		期末余额				

完工产品成本计算单

20×× 年 × 月 × 日

成本项目	A 产品（1 000 件）		B 产品（2 500 件）	
	总成本	单位成本	总成本	单位成本
直接材料				
直接人工				
制造费用				
合计				

第五章 权责发生制和账项调整

学习目标与要求

通过对本章的学习，了解账项调整的前提，即会计期间的划分及记账基础——权责发生制与收付实现制，掌握权责发生制下有关期末账项调整的具体内容，包括待摊费用和预提费用的调整、应计收入与预收收入的调整、固定资产折旧的提取、销售税金的计提及坏账准备、存货跌价准备的提取等内容。

第一节 会计期间和记账基础

一、会计期间

会计核算的基本前提之一是会计分期，通过会计分期人为地将连续的经济活动分为不同的会计期间，以便分期结算账目和编制财务会计报告。定期及时地提供会计信息。会计期间分为年度、半年度、季度和月度。年度、半年度、季度和月度均按公历起讫日期确定。半年度、季度和月度均称为会计中期，期末和定期是指月末、季末、半年末和年末。

会计分期划分的意义在于，将会计主体持续不断的经营活动按照一定的时间间隔，在一定的时日进行确认和报告，确认和报告的只是本会计期间的经营活动，而非其他会计期间，这也有助于管理当局将不同会计期间的经营活动状况及结果进行比较分析，从而改善经营管理，提高经济效益。另外，由于一个会计期间内资产和负债的变动与现金收付常常不一致，便产生了权责发生制和收付实现制两种可供选择的记账基础（我国采用权责发生制）。最后，会计年度的确定也为资产和负债的分类确定了时间标准，同时也为进一步改善企业的财务状况提供了前提。

二、记账基础

由于对企业的经营活动实行会计分期，使企业能够正确衡量各个会计期间的损益，会计核算中也才有本期与非本期的区分，也才有权责发生制与收付实现制两种不同的记账基础，会计工作是在各个会计期间内进行的，由于收入和费用的实际收付期间与收入和费用的实际应归属期间有时一致，有时不一致。在会计核算过程中，只有将本期的收入与取得本期收入所支付的费用置于同一会计核算期间，才能正确计算当期损益。这就需要我们先明确收入和费用的实际归属期与实际收付期的问题。

收入和费用的实际归属期是指企业实现收入和应承担费用的会计期间，而这里所说的实现收入不一定是真正收到了款项，应承担费用也不一定是真正支付了款项。

收入和费用的实际收付期是指企业实际收到款项或实际支付款项的会计期间。

收入和费用的实际归属期和实际收付期的关系有以下三种情况。

（1）收入和费用的实际归属期和实际收付期是一致的。

在这种情况下，企业本期实际收到的款项就属于本期所实现的收入；本期付出的款项也就是本期所应承担的费用。例如，销售产品一批，价款为 10 000 元，货款收到并存入银行。本期销售了产品，收入属于本期，即 10 000 元的收入归属本期，款项也同时在本期收到，实际收付期与实际归属期在同一个会计期间。再如，购入办公用品一批，价款为 5 000 元，款项用银行存款支付。本期购买了办公用品，费用归属于本期，款项也在本期支付，即费用的实际发生期和实际支付期在同一个会计期间。企业的大部分收入和费用属于这种情况。

（2）收入和费用的实际收付期在本期，但应归属期不在本期而在以后会计期间。

在这种情况下，本期收付款项不是本期实际的收入和费用。例如，6 月份企业收到下半年（8－12 月份）出租房屋的租金 6 000 元。这 6 000 元的款项虽然在 6 月份收到，但它并不属于 6 月份的收入，而属于 8－12 月份。再如，6 月份，企业支付银行存款 1 200 元，订阅下半年（8－12 月份）报刊杂志。这 1 200 元款项虽然在 6 月份支付了，但其并不属于 6 月份的费用，即其归属期在 8－12 月份。以上收入和费用的实际收付期在前，实际归属期在后，收入和费用的实际收付期与其实际归属期不一致，即二者不在同一个会计期间。

（3）收入和费用的实际归属期在本期，但实际收付期不在本期，而在以后的会计期间。

在这种情况下，收入和费用已在本期实现或发生，但其相应的款项并没有在本期收到或支付。例如，前例中销售产品一批，价款为 10 000 元，款项在下月收回。这项业务企业的收入已在本期实现，但款项尚未在本期收到。再如，四月份企业计算出第二季度银行借款利息为 900 元，银行规定每季度末收取利息。这笔业务中，四月份企业应承担 300 元利息费用，但这 300 元款项四月份并未支付。这属于收付期在后，实际归属期在前，实际收付期和实际归属期不在同一个会计期间。

上述收入和费用的实际归属期和实际收付期只有第一种情况是一致的，第二和第三种情况实际归属期与实际收付期不一致。这样，就需采用一定的记账基础进行会计处理，调整实际归属期与实际收付期不一致的情况。

所谓记账基础是指会计上确认收入和费用归属期间的标准。常用的标准有权责发生制和收付实现制。

第二节　权责发生制和收付实现制

一、权责发生制

权责发生制下，确认本期收入和费用以应当收款的权利和应当付款的责任为标准，依实际归属期确认当期的收入和费用，而不依实际收付期确认当期的收入和费用。也就是说，凡是属于本期的收入和费用，不论款项是否在本期收到或付出，均应作为本期的收入和费用处理；凡是不属于本期的收入和费用，即使款项在本期收到或付出，也不能作为本期的收入和费用处理。在权责发生制记账基础下，前述三种不同情况中，第一种情况由于实际归属期与实际发生期一致，因此，不需要调整，第二和第三种，由于实际归属期与实际收付期不一致，所以需要调整。采用权责发生制，须按归属期对收入和费用进行账项调整。这种记账基础，会计处理手续较繁琐，但它较科学、合理，能使各会计期间的收入和费用合理地进行配比，正确反映各个会计期间的财务状况和经营成果。因此我国《企业会计准则》规定，会计核算应当以权责发生制为基础。

二、收付实现制

收付实现制下，确认本期的收入和费用以款项的实际收到或支付为标准，即依实际收付期而不是依实际归属期确认收入和费用。也就是说，凡是在本期收到或支付款项的收入和费用，不论其是否归属于本期，均作为本期的收入和费用处理；凡是没有在本期收到款项的收入和付出款项的费用，即使其归属期属于本期，也不能作为本期的收入和费用处理。在收付实现制记账基础下，由于实际收付期就是其实际归属期，因此不存在期末账项调整的问题，采用收付实现制，虽然不能将各期收入与费用实现合理配比，但由于收付实现制强调了企业现金的实际流入与流出，因此，有助于人们进行现金流量分析及判断企业实际现金支付能力。

下面我们分别采用权责发生制和收付实现制这二种不同的记账基础对下列收入和费用进行比较。

例1　资料：某企业20××年6月份发生的部分经济业务如下。

（1）销售产品一批，收入100 000元，款项已存入银行。

（2）销售产品一批，收入50 000元，款项尚未收回。

（3）收到上月销售产品的收入30 000元，款项存入银行。

（4）支付本月材料费20 000元，用银行存款付讫。

（5）用银行存款600元支付下半年报刊订阅费。

（6）用银行存款3 300元支付本季度银行借款利息。

（7）预收产品销售款项 80 000 元，存入银行。

（8）用现金 35 000 元支付本月工资费用。

（9）预付下月水电费 4 500 元，用银行存款付讫。

根据上述业务分别用权责发生制和收付实现制确认的收入、费用及利润如下。

从下表中可以看出，同样的经济业务，采用不同的记账基础，其收入与费用各不相同，利润也不同。

需要注意的是，权责发生制和收付实现制只是会计上认定营业收入和费用支出的标准。

业务	权责发生制		收付实现制	
	收入	费用	收入	费用
1	100 000		100 000	
2	50 000			
3			30 000	
4		20 000		20 000
5				600
6		1 100		3 300
7			80 000	
8		35 000		35 000
9				4 500
合计	150 000	56 100	210 000	63 400
利润	93 900		146 600	

第三节　期末账项调整

在权责发生制下，企业在会计期末需要对实际归属期与实际收付期不一致的业务进行调整，通过调整，使应归属于本期的收入与归属于本期的费用在同一会计期间内确认，以正确计算当期损益。

一、预付费用和应计费用的调整

1. 预付费用的调整

预付费用是指企业已经支出，但应由本期和以后各期受益并负担的各项费用，如低值易耗品摊销、预付保险费、固定资产修理费用以及一次购买印花税票和一次交纳数额较大需分摊的印花税等预付费用，这些预付费用支付期在前，归属期在后。预付费用的特点是支付在先，受益在后，习惯上称之为待摊费用。企业可通过"预付账款"、"长期待摊费用"

等账户反映预付费用，账户的借方登记实际支出但尚未受益的预付费用，贷方登记实际收益并确认的费用。会计上对预付费用的调整一般通过"预付账款"和"长期待摊费用"账户进行。企业发生各项预付费用时，借记"预付账款"或"长期待摊费用"，贷记"银行存款"等科目。这些费用应按费用项目的受益期限分期摊销。按受益期限分期摊销时，借记"制造费用"、"销售费用"、"管理费用"等科目，贷记"预付账款"科目。"预付账款"科目的期末借方余额，反映企业各种已经付出但尚未摊销的费用。在企业经营过程中，一定期间内实际支付的费用若能在当期收益，应该确认为当期费用；如果后续期间受益，那么这笔支出应该作为预付费用先确认为企业的资产，等到资产耗用或收益后，再把实际耗用或收益的部分转为费用确认，其余尚未耗用或收益的预付费用，递延到以后的受益期间确认。因此，预付费用又被称为递延费用。

例2 某公司 20×× 年 12 月份以银行存款 1 200 元支付下年度报刊订阅费。

这项费用虽然在本期（12 月份）支付，但其归属期并不属于本期，而应属于下年度 1-12 月份，因此属于预付账款。企业在支付此项费用时，

借：预付账款   1 200
     贷：银行存款   1 200

下年度 1-12 月份，每期承担 1/12，分摊该项费用时，

借：管理费用   100
     贷：预付账款   100

例3 某企业 20×× 年 1 月份预付本年度 1-12 月份设备等财产保险费 3 600 元。

该项费用虽然在本月（1 月份）支付，但其归属期并不完全属于本期，而是属于本期及以后各期，本月只应负担 1/12，因此这项费用属于待摊费用。企业在支付此项费用时，

借：预付账款   3 600
     贷：银行存款   3 600

1-12 月份各期摊销应由本期承担的那部分费用时，

借：制造费用   300
     贷：预付账款   300

2. 应计费用的调整

应计费用是指企业按照有关规定从成本费用中预先提取但尚未支付的费用，即本期并未实际支付、但已经耗用或受益，应由本月负担的费用，如预提的租金、保险费、借款利息、固定资产修理费用等。应计费用属于归属期在前、支付期在后的费用。对于此类应计费用的调整，通过"应计费用"账户进行。一方面在相关成本费用账户借方反映，另一方面由于尚未支付款项，应在"应付账款"、"应付利息"、"应交税费"、"其他应付款"等账户的贷方反映，确认为一笔负债。

企业按规定预提计入本期成本费用的各项支出，借记"制造费用"、"营业费用"、"管理费用"、"财务费用"等科目，贷记"应计费用"科目；实际支出时，借记"应计费用"科目，贷记"银行存款"等科目。

例4 某企业预计第一季度短期借款利息为 1 500 元（银行 3 月份收取该季度利息）。

此项业务说明，该企业 1 - 3 月份各月预计应承担借款利息 500 元，属于应计费用，因此 1 - 3 月份各月计算出本月应承担的利息费用时，作如下调整处理。

（1）1 月份：

借：财务费用   500

    贷：应付利息   500

（2）2 月份：

借：财务费用   500

    贷：应付利息   500

（3）3 月份

根据银行计算出的利息费用，实际真正支付时，有可能与各月预提的数额有差异，将差异调整到本季度的最后一个月。例如，3 月份银行计算并收取本季度利息费用为 1 560 元，则 3 月份企业作如下调整处理：

借：应付利息   1 000

    财务费用   560

    贷：银行存款   1 560

若银行计算出本季度利息费用为 1 450 元，则 3 月份企业应作如下调整：

借：应付利息   1 000

    财务费用   450

    贷：银行存款   1 450

例5 某企业设备大修理采用预提的方式进行核算，半年大修一次。1 - 6 月份每月预提应由本月承担的大修理费 400 元。

（1）1-5 月份，每月预提该项费用时

借：制造费用   400

    贷：其他应付款   400

（2）6 月份，大修理完毕，实际支付此项费用时

按实际支付数额调整 6 月份应承担的大修理费用。若实际共支付大修理费 2 600 元，则 6 月份支付时，

借：其他应付款   2 000

    制造费用   600

    贷：银行存款   2 600

若 6 月份实际支付大修理费 2 250 元，则 6 月份支付时，

借：其他应付款   2 000

    制造费用   250

    贷：银行存款   2 250

二、应计收入与预收收入的调整

1. 应计收入

应计收入是指本期已经实现但本期尚未收到款项的各项收入，即收入的归属期在本期，但实际收付期不在本期，而是在以后会计期间，如企业出租房屋、设备等收到的租金、应计银行存款利息收入等。这些收入大多数情况下并不是按月收取，有的是按季收取，有的按双方合同协议每半年收取一次等。在这种情况下，收入的款项尚未收到，平时并没有记账，在月末时就应将归属于本期的收入调整记入本期。

例6 企业预计一季度银行存款利息 900 元。

银行结算利息一般按季度进行，也即一季度结算一次，划入企业存款户，但企业应按月计算属于当月的利息收入，计入当月损益。

上述业务所作的会计处理如下。

（1）1 月份

借：其他应收款   300

　　贷：财务费用   300

（2）2 月份

同上。

（3）3 月份

依实际收到的利息收入，调整 3 月份利息收入，若银行计算并划入企业存款户的利息收入为 950 元。

则企业应作如下处理：

借：银行存款   950

　　贷：其他应收款   600

　　　　财务费用   350

若 3 月份银行计算并划入企业存款户的本季度利息收入为 830 元，则企业 3 月份应作如下处理：

借：银行存款   830

　　贷：其他应收款   600

　　　　财务费用   230

例7 某企业 1 月份出租某项闲置设备，期限半年，按双方协议，每月租金 500 元，6 月 28 日收取全部租金 3 000 元。

（1）1 月份，企业作如下会计处理：

借：应收账款   500

　　贷：其他业务收入   500

（2）2 月份至 5 月份也应编制相同的会计分录，确认应收属于当期的收入。

（3）6 月份，收到租金时，一方面银行存款增加，另一方面意味着原先记入"应收账款"的债权已收回，同时确认当月的出租资产收入。

借：银行存款　　　　　　　　　　　　　　　　　　　　　　　3 000
　　贷：其他应收款　　　　　　　　　　　　　　　　　　　　　　　2 500
　　　　其他业务收入　　　　　　　　　　　　　　　　　　　　　　　500

2. 预收收入

预收收入是指企业尚未提供商品或劳务之前，先收取的款项，一般表现为企业在提供产品或劳务前按合同或协议预先收取的定金或劳务费。这些款项所代表的收入归属于以后会计期间，即以后会计期间随着商品或劳务的提供而实现，如企业预收的销货款、预收的出租包装物租金、预收的出租固定资产租金等。

企业预收货款业务应在"预收账款"账户进行核算，预收货款业务不多的企业，可以不设"预收账款"账户，在"应收账款"账户中进行核算；而对于其他业务的预收款项，可在"其他应付款"账户进行核算。

例 8　某企业 5 月份预收销货款 2 000 元，按合同（或协议）规定，下月提供商品（假如不考虑增值税）。

（1）企业 5 月份收到预收货款 2 000 元时

借：银行存款　　　　　　　　　　　　　　　　　　　　　　　2 000
　　贷：预收账款（或应收账款）　　　　　　　　　　　　　　　　　2 000

（2）6 月份发出商品后

借：预收账款（或应收账款）　　　　　　　　　　　　　　　　　2 000
　　贷：主营业务收入　　　　　　　　　　　　　　　　　　　　　　2 000

例 9　企业 6 月份收到下半年出租房屋租金 2 400 元，款项存入银行。

借：银行存款　　　　　　　　　　　　　　　　　　　　　　　2 400
　　贷：其他应付款　　　　　　　　　　　　　　　　　　　　　　　2 400

7—12 月份，每月将应归属于本期的收入调整计入当期，因此，7—12 月份，每月均作如下会计调整：

借：其他应付款　　　　　　　　　　　　　　　　　　　　　　　400
　　贷：其他业务收入　　　　　　　　　　　　　　　　　　　　　　　400

三、其他账项调整

（一）固定资产折旧

1. 固定资产及其折旧

固定资产是指同时具有下列特征的有形资产：

（1）为生产商品、提供劳务、出租或经营管理而持有的；

（2）使用寿命超过一个会计年度，单位价值较高。

企业的固定资产可长期参加生产经营而保持其原有的实物形态，但其价值将随着固定资产的使用而逐渐转移到生产的产品成本中，或构成了企业的费用。固定资产折旧，即是对固定资产由于磨损和损耗而转移到产品成本或构成企业费用的那一部分价值的补偿。

企业应当根据固定资产的性质和消耗方式，合理地确定固定资产的预计使用年限和预计净残值，并根据科技发展、环境及其他因素，选择合理的固定资产折旧方法。

2. 影响固定资产计提折旧的因素

影响因素主要包括下列几项。

（1）折旧的基数，即固定资产的原始价值或固定资产的账面净值。

（2）固定资产的净残值，这是指预计的固定资产报废时可以收回的残余价值扣除预计清理费用后的数额。

（3）固定资产的使用年限。

3. 固定资产折旧的计算方法

固定资产折旧的方法有多种，企业应当根据固定资产的有关经济利益的预期实现方式，可以选择年限平均法、工作量法、年数总和法、双倍余额递减法等折旧方法。固定资产折旧方法一经确定，不得随意变更，如需变更，应将变更的内容及原因在变更当期会计报表附注中说明。这里，我们只介绍其中最基本的方法——年限平均法。

年限平均法又称直线法，就是将固定资产使用过程中所损耗的价值，平均分摊到其所使用的各个会计期间。采用这种方法计算的每期折旧额是相等的。

计算公式是：

固定资产年折旧额 =（固定资产原值 - 预计净残值）/ 预计使用年限

其中，预计净残值为预计残值减去预计的清理费用。

或者：

固定资产年折旧额 = 固定资产原值（1- 预计净残值率）/ 预计使用年限

会计操作实务中，固定资产折旧一般是按月计算提取的。其计算公式如下：

固定资产年折旧率 =（1- 预计净残值率）/ 预计使用年限

固定资产月折旧率 = 固定资产年折旧率 /12

固定资产月折旧额 = 应计折旧固定资产月初原值 × 月折旧率

例 10 某公司的一台机器设备原价为 100 000 元，预计使用寿命为 5 年，预计净残值率为 4%，按年限平均法计算折旧。

年折旧率 =（1-4%）/5=19.2%

月折旧率 = 19.2% /12 = 1.6%

月折旧额 = 100 000 × 1.6% = 1 600（元）

4. 固定资产折旧的账务处理

企业按月计提的固定资产折旧，根据用途，借记"制造费用"、"营业费用"、"管理费用"、"其他业务成本"等科目，贷记"累计折旧"科目。"累计折旧"科目期末贷方余额，反映企业提取的固定资产折旧累计数。企业"固定资产"账户借方余额减去"累计折旧"贷方余额，即为固定资产净值。

例 11 某企业 6 月份计提固定资产折旧情况如下：甲车间厂房计提折旧 25 000 元，

机器设备计提折旧 30 000 元，管理部门房屋建筑物计提折旧 30 000 元，运输工具计提折旧 15 000 元，销售部门房屋建筑物计提折旧 12 000 元，运输工具计提折旧 8 000 元。本月新购置一台机器设备，价值为 60 000 元，预计使用寿命 10 年。

车间计提折旧额 =25 000+30 000=55 000（元）

管理部门计提折旧额 =30 000+15 000=45 000（元）

销售部门计提折旧额 =12 000+8 000=20 000（元）

本月新增加的固定资产本月不提折旧，下月起计提。

这项业务的会计分录为：

借：制造费用   55 000

    管理费用   45 000

    销售费用   20 000

    贷：累计折旧   120 000

（二）坏账准备的调整

坏账，是指企业由于种种原因而无法收回的应收款项。也就是说，企业的坏账是由于企业有应收款项的存在而有可能有收不回的款项。应收款项中到底有多少有可能收不回来，事先无法准确确定且各个会计期间实际发生多少也无法作出准确判断。但是，坏账的存在是客观的，这就需要定期对企业的坏账作出估计，并依估计的金额记入账户，以体现谨慎性原则。

企业应当在资产负债表日，对应收账款账面价值进行全面检查，有客观证据表明该项资产发生减值的，应当确认减值损失，并计提坏账准备。

坏账损失的核算方法主要有直接转销法和备抵法，同时规定企业只能采用备抵法核算坏账损失。备抵法又有应收账款余额百分比法、账龄分析法和销货百分比法等，具体采用何种方法由企业自行确定。坏账准备提取方法一经确定，不得随意变更，如需变更，应按照管理权限，经有关机构批准，并报送有关各方备案，同时在会计报表附注中予以说明。

坏账准备可按以下公式计算：

当期应提取的坏账准备 ＝当期按应收账款计算应提坏账准备金额 －（或＋）本科目的

贷方余额（或借方余额）

当期按应收款项计算应提坏账准备金额大于"坏账准备"账户的贷方余额，应按其差额提取坏账准备；如果当期按应收款项计算应提坏账准备金额小于"坏账准备"账户的贷方余额，应按其差额冲减已计提的坏账准备；如果当期按应收账款计算应提坏账准备金额为零，应将"坏账准备"账户的余额全部冲回。

企业提取坏账准备时，借记"资产减值损失"科目，贷记"坏账准备"科目。

本期应提取的坏账准备大于其账面余额的，按其差额提取；应提取数小于账面余额的，按差额冲回，借记"坏账准备"科目，贷记"资产减值损失"科目。

企业对于确实无法收回的应收款项，经批准作为坏账损失，冲销提取的坏账准备，借记"坏账准备"科目，贷记"应收账款"科目。

企业已确认并转销的坏账，如果以后又收回，按实际收回的金额，借记"应收账款"科目，贷记"坏账准备"科目，同时，借记"银行存款"科目，贷记"应收账款"科目。

例 12 某企业 20×× 年 12 月份"坏账准备"期初贷方余额为 1 500 元。本月份发生坏账损失 350 元。另外，本月又收回已确认并已转销的坏账损失 400 元并存入银行。月末，"应收账款"账户金额为 500 000 元。该企业坏账准备提取比例为 4‰。

依上述业务，企业本月作如下会计处理。

（1）发生坏账损失 350 元时

借：坏账准备   350

　　贷：应收账款   350

（2）收回已转销坏账 400 元时

借：应收账款   400

　　贷：坏账准备   400

同时，

借：银行存款   400

　　贷：应收账款   400

（3）月末，依"应收账款"账户余额，计提坏账准备时

坏账准备期末余额为：1 500−350 + 400 = 1 550（元）

应提坏账准备金额为：500 000×4‰ = 2 000（元）

则应补提：2 000−1 550 = 450（元）

会计分录为：

借：资产减值损失   450

　　贷：坏账准备   450

（三）计算应计税金

依有关税法规定，企业在生产经营过程中，应向国家交纳营业税、消费税、城市维护建设税及教育费附加等商品流转税。

企业按照规定计算出应由主营业务负担的税金及附加，应设置"营业税金及附加"账户核算；计算出的企业本期应交所得税，设置"所得税费用"账户核算。

下面举例说明应计税金的会计处理。

例 13 某企业 20×× 年 7 月份按规定计算出应交消费税 1 000 元，应交城市维护建设税 350 元，应交教育费附加 150 元。

该项经济业务的会计分录为：

借：营业税金及附加   1 500

　　贷：应交税费——应交消费税   1 000

　　　　　　——应交城市维护建设税   350

　　　　　　——教育费附加   150

例 14 某企业 20×× 年 7 月份按规定计算出本期应交所得税 1 200 元。

此项业务的会计分录为：

借：所得税费用   1 200

    贷：应交税费——应交所得税   1 200

（四）计提存货跌价准备

企业应当定期或者至少于每年年度终了，对存货进行全面清查，如由于存货遭受毁损、全部或部分陈旧过时，使存货可变现净值低于其成本的部分，应当提取存货跌价准备。

可变现净值是指企业在正常生产经营过程中，以存货的估计售价减去至完工估计将要发生的成本、估计的销售费用以及相关税金后的金额。

存货跌价准备应按单个存货项目的成本与可变现净值孰低计量。对于数量繁多、单价较低的存货，可以按存货类别合并计量成本与可变现净值。

会计期末，当企业计算出存货可变现净值低于成本的差额，应按该差额，借记"资产减值损失"科目，贷记"存货跌价准备"科目；如已计提跌价准备的存货，其价值以后得以恢复，应转回已计提的存货跌价准备，借记"存货跌价准备"，贷记"资产减值损失"科目，转回的存货跌价准备应以原计提的金额为限。

例15　某企业20××年年末存货账面成本为56 000元，其可变现净值为54 000元。

该企业应计提存货跌价准备金额 =56 000−54 000 = 2 000（元）

会计分录为：

借：资产减值损失   2 000

    贷：存货跌价准备   2 000

思考题

1. 对本章的主要内容进行小结。

2. 比较权责发生制和收付实现制。

3. 何谓坏账？如何进行核算？

练习题

一、判断题

1. 收付实现制较权责发生制更符合配比原则。　　　　　　　　　　　　（　　）

2. 我国会计制度规定，会计核算可以采用收付实现制，也可以采用权责发生制。（　　）

3. 企业应当定期或于年度终了时对存货进行全面清查，对其可变现净值低于市价的部分计提存货跌价准备。　　　　　　　　　　　　　　　　　　（　　）

4. 固定资产的使用寿命是影响固定资产折旧的主要因素之一。　　　　（　　）

5. 权责发生制更有利于企业评价企业的现金流量。　　　　　　　　　　　（　　）

二、填空题

1. 我国《企业会计制度》规定，会计核算应当划分_____，分期结算账目和编制会计报表。

2. 记账基础是确认_____的标准。目前记账基础有两种，即权责发生制和收付实现制。

3. 收入和费用的实际归属期是指企业_____的会计期间；收入和费用实际收付期是指企业_____的会计期间。

4. 企业提取坏账准备时，借记_____账户，贷记_____账户。

5. 为了反映企业计提的存货跌价准备及其增减变动情况，企业应设置_____账户。

6. 企业计提固定资产减值准备时，借记_____账户，贷记"固定资产减值准备"。

7. 计提坏账准备的方法有_____、_____和赊销百分比法。

三、单项选择题

1. 关于收入和费用的实际发生期和实际收付期，下列说法正确的是（　　）。

    A. 两者一定完全一致

    B. 实际发生期早于实际收付期

    C. 实际收付期早于实际发生期

    D. 两者有可能一致，也有可能不一致

2. 收付实现制和权责发生制的区别在于（　　）。

    A. 会计期末是否要结账

    B. 是否编制会计报表

    C. 会计上是否考虑跨期收支的调整问题

    D. 是否要对各项收入和费用进行确认。

3. 预收出租包装物租金收入一般在（　　）账户中核算。

    A. 应收账款　　　　　　　　B. 其他应付款

    C. 其他应收款　　　　　　　D. 应付账款

4. 企业没有设置"预付账款"账户，当发生预付货税款时，应计入（　　）账户。

    A. 应付账款　　　　　　　　B. 其他应收款

    C. 其他应付款　　　　　　　D. 应收账款

5. 固定资产净残值是指（　　）。

    A. 报废清理时收回残值或变价处理的价值

    B. 固定资产折余价值

    C. 固定资产残值减去清理费用的数额

    D. 固定资产原值减去折余价值后的数额

6. 会计实务工作中，按月计提固定资产月折旧额时所用的"固定资产原值"指标是指（　　）。

A. 应计提折旧固定资产月末原值

B. 应计提折旧固定资产月初原值

C. 应计提折旧固定资产原值月平均余额

D. 所有固定资产原值月平均余额

7. "累计折旧"是（　　）账户。

A. 费用类账户　　　　　　　　　B. 负债类账户

C. 所有者权益类账户　　　　　　D. 资产类账户

8. 企业城市维护建设税和教育费附加的计税依据是（　　）。

A. 销售收入　　　　　　　　　　B. 各种流转税税额

C. 利润总额　　　　　　　　　　D. 税后净利

9. 预收货款不多的企业，可以不设预收账款账户，直接将预收的货款计入（　　）。

A. 应收账款账户的借方　　　　　B. 应收账款账户的贷方

C. 应付账款账户的借方　　　　　D. 应付账款账户的贷方

四、多项选择题

1. 在权责发生制下，（　　）。

A. 应设置"预付账款"、"应付利息"等账户

B. 收入和费用的认定，以其归属期作为标准

C. 企业以此计算的盈亏指标比较正确

D. 应考虑跨期收支账项的调整

2. 企业期末需要进行调整的应计账项主要包括（　　）。

A. 应计利润　　　　　　　　　　B. 应计费用

C. 应计收入　　　　　　　　　　D. 应计成本

3. 下列账户中，可能与"累计折旧"账户发生对应关系的有（　　）。

A. 管理费用　　　　　　　　　　B. 财务费用

C. 制造费用　　　　　　　　　　D. 固定资产

4. 在坏账备抵法下，企业收回原已转销的坏账损失，应编制的分录为（　　）。

A. 借：坏账准备　　　　　　　　B. 借：应收账款

　　贷：管理费用　　　　　　　　　贷：坏账准备

C. 借：银行存款　　　　　　　　D. 借：银行存款

　　贷：坏账准备　　　　　　　　　贷：应收账款

5. 属于收付期在前，而归属期在后的有（　　）。

A. 预付费用　　　　　　　　　　B. 预收收入

C. 应计费用　　　　　　　　　　D. 应计收入

6. 属于收付期在后，而归属期在前的有（　　）。

A. 预付费用　　　　　　　　　　B. 预收收入

C. 应计费用　　　　　　　　　　D. 应计收入

7. 采用直线法计提固定资产折旧，应考虑的因素有（　　）。

    A. 固定资产原价   B. 估计残值收入

    C. 估计清理费用   D. 估计使用年限

8. 会计上对坏账损失的处理方法有（　　）。

    A. 加权平均法   B. 实地盘点法

    C. 直接冲销法   D. 坏账备抵法

9. 我国的企业会计制度等明确规定会计期间分为（　　）。

    A. 年度   B. 季度

    C. 月份   D. 经营周期

10. 以收付实现制作为记账基础，（　　）。

    A. 不符合配比原则，计算出的各项损益不够完全、正确

    B. 不需要对会计账簿进行期末调整，会计处理较简单

    C. 收付实现制也称现金制

    D. 以现金、银行存款的实际收付日期作为划分收入、费用归属期的标准

五、简答题

1. 如何使用年限平均法计算年折旧率、月折旧率、月折旧额？

2. 简述权责发生制和收付实现制。

六、核算题

（一）

1. 目的：练习账项调整的有关会计分录。

2. 资料：某企业经济业务如下。

（1）7月1日，预付下半年财产保险费 3 000 元，分 6 个月摊销。

（2）计提本月银行借款利息 3 000 元，3 个月后实际支付 8 600 元。

（3）摊销应由本月份承担的设备保险费 500 元。

（4）计提本月折旧费 2 000 元，其中车间固定资产折旧 1 200 元，行政管理部门折旧 800 元。

（5）本月发生坏账 2 000 元。

（6）本月计算出应缴城市维护建设税 1 500 元，教育费附加 500 元。

（7）期末应收账款余额 600 000 元，按 4‰ 计提坏账准备。（坏账准备账户无余额）

（8）第二期期末应收账款余额为 700 000 元，按 4‰ 计提坏账准备。

（9）以前确认的坏账又有 3 000 元收回。

（10）第三期期末应收账款余额为 750 000 元，按 4‰ 计提坏账准备。

（11）某企业月初应提折旧固定资产总值 50 000 元，估计残值 1 000 元，估计清理费用 600 元。该类固定资产预计使用年限 10 年。用直线法计算固定资产折旧。

（12）某企业本月制造费用 6 800 元，该公司以产品生产工时作为制造费用的分配标准。其中，甲、乙产品生产工时分别为 3 500 工时和 4 600 工时。计算分配制造费用。

（13）某企业本月甲产品的期初在产品成本为6 300元，本月投入32 000元，期末在产品成本为5 000元。计算完工甲产品成本。

3. 要求：根据上述经济业务编制相关会计分录。

（二）

1. 目的：比较权责发生制和收付实现制。

2. 资料：某企业20××年6月份发生的部分经济业务如下。

（1）用银行存款支付上月份水电费8 000元。

（2）收到上月销售收入10 000元，存入银行。

（3）预付下半年财产保险费6 000元。

（4）支付本季度借款利息6 600元。

（5）上月预收产品销货款11 700元，本月发出商品，实现销售收入。

（6）销售产品一批，价款为20 000元，用银行存款收讫。

（7）预收产品销售款5 000元，存入银行。

（8）用现金8 500元支付本月工资费用。

（9）购买本月办公用品一批，价值600元，用银行存款付讫。

3. 要求：分别按权责发生制和收付实现制计算营业利润。

业务	权责发生制		收付实现制	
	收入	费用	收入	费用
（1）				
（2）				
（3）				
（4）				
（5）				
（6）				
（7）				
（8）				
（9）				
合计				
利润				

第六章　账户的分类

学习目标与要求

　　本章从两个方面阐述会计账户的分类，目的是使初学者在学习掌握前六章的基础上进一步认识各个账户的经济内容及其在整个账户体系中的地位和作用，了解不同账户之间的联系和区别，掌握各类账户的结构特点，从而能正确地运用账户登记经济业务，并善于利用账户提供的数据资料。

　　在第四章结合工业企业主要经济业务阐述了账户和借贷记账法的应用。虽然这些账户是在各种经济业务的核算中分别加以使用的，但它们之间并不是孤立的，而是相互联系地组成了一个完整的账户体系。为了更好地掌握和运用这些账户，有必要进一步研究账户的分类，即在认识各个账户特性的基础上，概括它们的共性，从理论上探讨账户之间的内在联系，明确各个账户在整个账户体系中的地位和作用，掌握各类账户在提供会计信息方面的规律性。

　　账户可以按不同标准，即从不同角度进行分类，但最主要的是按账户的经济内容和用途结构来分类。

第一节　账户按经济内容分类

　　账户的经济内容就是账户反映的会计对象的具体内容。账户最基本的分类是按经济内容分类，因为账户之间最根本的区别就在于其反映的经济内容不同。在我国的企业会计制度中，账户按其所反映的经济内容，分为资产类账户、负债类账户、共同类账户、所有者权益类账户、成本类账户、损益类账户六大类。

一、资产类账户

　　资产类账户是反映企业资产增减变动和结余情况的账户。按照资产的流动性分为流动资产和非流动资产两类。

　　（1）反映流动资产的账户，主要包括"库存现金"、"银行存款"、"其他货币资金"、"交易性金融资产"、"可供出售金融资产"、"应收票据"、"应收账款"、"其他应收款"、"材料采购"、"在途物资"、"原材料"、"库存商品"、"周转材料"、"待摊费用"和"预提费用"等账户。

（2）反映非流动资产的账户，主要包括"持有至到期投资"、"长期股权投资"、"固定资产"、"累计折旧"、"在建工程"、"无形资产"、"累计摊销"、"长期待摊费用"等账户。

资产类账户的特点是借方登记资产的增加数，贷方登记资产的减少数，期末如果有余额一定在借方，表示各种资产的实有数额（除"累计折旧"、"累计摊销"、"坏账准备"外）。

二、负债类账户

负债类账户是反映企业负债增减变动及结余情况的账户。按负债的偿还期限（即负债的流动性）分为流动负债和长期负债两类。

（1）反映流动负债的账户，主要包括"短期借款"、"应付票据"、"应付账款"、"预收账款"、"应付职工薪酬"、"应付股利"、"应付利润"、"其他应付款"、"应交税费"、"预提费用"等。

（2）反映长期负债的账户，主要包括"长期借款"、"应付债券"、"长期应付款"等。

负债类账户的特点是借方登记资产减少数的，贷方登记资产的增加数，期末如果有余额一定在贷方，表示各种负债的实有数额。

三、共同类账户

共同类账户主要包括"衍生工具"、"套期工具"、"被套期项目"等。

共同类账户是反映具有资产和负债双重性质的账户。按共同类账户余额的方向分为反映资产的账户和反映负债的账户。

（1）当该类账户反映资产内容时，账户的余额在借方，表示期末资产实有数。

（2）当该类账户反映负债内容时，账户的余额在贷方，表示期末负债实有数。

四、所有者权益类账户

所有者权益类账户是用来反映企业所有者权益增减变动及结余情况的账户，包括"实收资本（或股本）"和"资本公积"、"盈余公积"、"利润分配"、"本年利润"、"库存股"账户。

该类账户的特点是借方登记减少数，贷方登记增加数，期末如果有余额一定在贷方，表示各项权益的实有数额（除"库存股"外）。

五、成本类账户

成本类账户是用来对生产经营过程中发生的费用进行归集，并计算成本的账户，主要包括"生产成本"、"制造费用"、"劳务成本"、"研发支出"账户。

从某种意义上讲，成本类账户也是资产类账户，其期末借方余额属于企业的资产，如"生产成本"账户的借方余额为在产品，属于企业的流动资产。企业的资产经耗用便转化为费用、成本。

该类账户的特点是借方登记增加数，贷方登记减少数，除"生产成本"外，一般无余额。"生产成本"的期末如果有余额一定在借方，表示在产品的实际成本。

六、损益类账户

损益类账户是用来反映与损益计算直接相关的账户，其核算内容主要为企业的收入和费用。该类账户可以分为以下三类。

（1）反映营业损益的账户，如"主营业务收入"、"主营业务成本"、"营业税金及附加"、"销售费用"、"管理费用"、"财务费用"、"其他业务收入"、"其他业务成本"等账户。

（2）反映营业外收支的账户，如"营业外收入"、"营业外支出"账户。

（3）反映扣减利润总额的账户，如"所得税费用"账户。

该类账户又可以分为费用类和收入类两类账户，但该类账户期末均无余额。

费用类账户的特点是借方登记增加数，贷方登记转出数；收入类账户的特点是借方登记转出数，贷方登记增加数。

下面以工业企业为例，其主要账户按上述经济内容所作的分类如图6-1所示。

第二节　账户按用途和结构分类

账户的用途是指账户设置和运用的目的，也就是账户记录能够提供什么核算指标。账户的结构是指在账户中如何登记经济业务，包括账户借方和贷方登记什么内容，余额在哪一方，表示什么内容。

前述账户按其反映的经济内容进行分类，对于正确区分账户的经济性质，合理地运用账户，提供企业经营管理和对外报告所需要的各种核算指标，具有很重要的意义。但是，仅按经济内容对账户进行分类，还难以详细地了解各个账户的具体用途，以及如何提供管理上所需要的各种核算指标。原因如下。第一，按照经济内容划分为一类的账户，可能具有不同的用途和结构。例如，"固定资产"账户和"累计折旧"账户，按其反映的经济内容都属于资产类账户，而且都是用来反映固定资产的账户。但是，这两个账户的用途和结构又是不相同的。"固定资产"账户是按其原始价值反映固定资产增减变动及其结存情况的账户，增加记借方，减少记贷方，期末借方余额表示企业现有固定资产的原始价值。而"累计折旧"账户则是用来反映固定资产由于损耗而引起的价值的减少，即累计提取折旧情况的账户，计提折旧的增加记贷方，已提折旧的减少或注销记借方，期末余额在贷方，表示现有固定资产累计到目前为止已经提取的折旧数额。第二，按照经济内容归属于不同类别的账户，可能具有相同或相似的用途和结构，例如，"待摊费用"账户和"预提费用"账户，这两个账户按照经济内容分类，一个是资产账户，另一个是负债账户，但它们却有

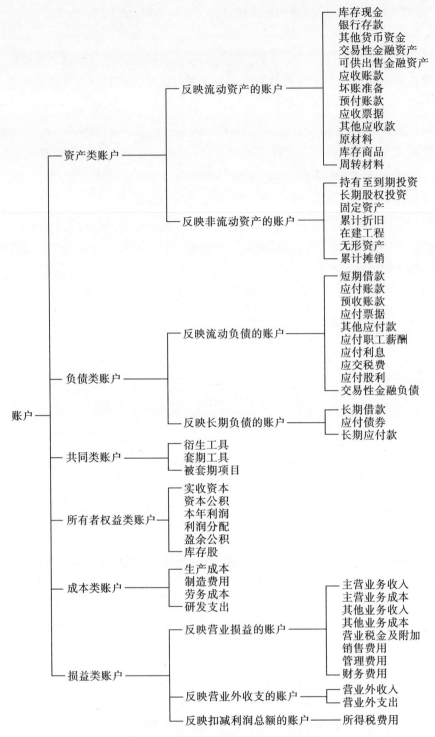

图 6-1　账户按经济内容所作的分类

着相同的用途和结构，都是根据权责发生制原则要求，为了区分各个会计期间的应记费用界限而开设的，账户结构也基本相同。

从以上分析得知，虽然账户按经济内容的分类是账户的基本分类，账户的用途和结构也是直接或间接地依存于账户的经济内容，但账户按经济内容的分类并不能代替账户按用途和结构的分类。为了深入地理解和掌握账户在提供核算指标方面的规律性，正确地开设和运用账户来记录经济业务，为决策人提供有用的会计信息，有必要在账户按经济内容分类的基础上，进一步研究账户按用途和结构的分类。这一点恰好说明了两种分类的关系：账户按经济内容分类是基本的、主要的分类；账户按用途和结构的分类，是在按经济内容分类的基础上所作的进一步分类，是对账户按经济内容分类的必要补充。

工业企业在借贷记账法下，账户按其用途和结构的不同，可以分为盘存账户、结算账户、资本和资本增值账户、集合分配账户、跨期摊提账户、成本计算账户、收入账户、费用账户、财务成果账户、调整账户和计价对比账户共计11类账户。

下面分别说明各类账户的用途和结构特点。

一、盘存账户

盘存账户是用来核算和监督各项财产物资和货币资金的增减变动及其实存数的账户。属于这类账户的有"库存现金"、"银行存款"、"交易性金融资产"、"可供出售金融资产"、"持有至到期投资"、"长期股权投资"、"原材料"、"库存商品"、"固定资产"、"在建工程"、"周转材料"等。盘存账户的借方登记各项财产物资和货币资金的增加数；贷方登记各项财产物资和货币资金的减少数；余额在借方，反映各项财产物资和货币资金的结存数。盘存账户的结构如下图。

借方	盘存账户	贷方
期初余额：各项财产物资和货币资金的期初实存数		
发生额：本期财产物资和货币资金的增加额	发生额：本期财产物资和货币资金的减少数	
期末余额：财产物资和货币资金期末结存数		

盘存类账户的特点是：（1）该类账户借方登记增加数，贷方登记减少数。

（2）除货币性资产外，都需要用实物单位进行辅助核算。

二、结算账户

结算账户是用来反映和监督企业同其他经济主体在经济往来中发生结算关系而产生的债权、债务等方面的账户。按反映债权与债务的性质，结算账户又可以分为"债权结算账户"、"债务结算账户"和"债权债务结算账户"三类。

1. 债权结算账户

债权结算账户亦称资产结算账户，是用来反映和监督企业同其他经济主体在经济往来中发生结算关系而产生的债权账户，主要包括"应收票据"、"应收账款"、"预付账款"、"其他应收款"等账户。

该类账户的结构特点是：借方登记企业债权的增加数；贷方登记债权的减少数；余额在借方，表示企业尚未收回债权的实有数。债权结算账户的结构如下。

借方	债权结算账户	贷方
期初余额：期初尚未收回的应收款或尚未结算的预付款		
发 生 额：本期财产物资和货币资金的增加额	发生额：本期财产物资和货币资金的减少数	
期末余额：财产物资和货币资金期末结存数		

2. 债务结算账户

债务结算账户是用来反映和监督企业同其他经济主体在经济往来中发生结算关系而产生的债务的账户，主要包括"应付票据"、"应付账款"、"短期借款"、"应付职工薪酬"、"应交税费"、"应付股利"、"其他应付款"、"预收账款"、"长期借款"、"应付债券"、"长期应付款"等账户。

该类账户的结构特点是：贷方登记各项债务的增加数；借方登记各项债务的减少数；余额在贷方，表示企业尚未偿还的债务的实有数。债务结算账户的结构如下。

借方	债务结算账户	贷方
	期初余额：期初未偿还的借入款、应付款或尚未结算的预收款的实有数	
发生额：本期借入款项、应付款项、预收款项的减少数	发 生 额：本期借入款项、应付款项、预收款项的增加数	
	期末余额：期末尚未偿还的借入款、应付款项或尚未结算的预收款的实有数	

3. 债权债务结算账户

债权债务结算账户又称往来结算账户，是用来反映和监督企业同其他经济主体之间的往来结算业务的账户。这类账户既反映债权结算业务，又反映债务结算业务，是双重性质的结算账户。该类账户主要包括"应收账款"、"应付账款"等账户。例如，在企业预收款项不多时，可不单设"预收账款"账户，而在"应收账款"账户中核算预收款项的增减变动及结存。此时，"应收账款"就是一个债权债务结算账户。同样，如企业不设"预付账款"账户，而在"应付账款"账户中核算预付款项的增减变动及结果，则"应付账款"账户就成为一个债权债务结算账户。

该类账户的结构特点是：借方登记企业债权的增加数和债务的减少数；贷方登记债务的增加数和债权的减少数；期末余额可能在借方，也可能在贷方，如在借方，表示尚未收回的债权净额，即尚未收回的债权大于尚未偿付债务的差额，如在贷方，表示尚未偿付的债务净额，即尚未偿付的债务大于尚未收回的债权的差额。该类账户所属明细账的借方与贷方的差额应同总账余额相等。债权债务结算账户结构图如下。

借方	债权债务结算账户	贷方
期初余额：期初债权大于债务的差额		期初余额：期初债务大于债权的差额
发 生 额：①本期债权的增加额 ②本期债务的减少额		发 生 额：①本期债务的增加额 ②本期债权的减少额
期末余额：期末债务大于债务的差额		期末余额：期末债务大于债权的差额

设置该类账户的企业应注意，该类账户的借方余额或贷方余额只是表示债权和债务增减变动后的差额，并不一定表示企业债权、债务的实际余额。编制资产负债表时，这类账户应按其所属明细账户的借方或贷方余额分别列作资产项目或负债项目。

结算类账户的特点如下。

（1）该类账户要按照债权人或债务人的名称或姓名设置明细账户进行明细分类核算。

（2）该类账户只需要使用货币计量，提供金额核算指标。

三、资本和资本增值账户

资本和资本增值账户是指用来核算和监督企业所有者权益的增减变动及其结余情况的账户，通常包括"实收资本（股本）"、"资本公积"、"盈余公积"等账户。"实收资本（股本）"是投资者投入企业的资本金；"资本公积"一般是投资者的投资不能形成资本的部分；"盈余公积"属于企业的留存收益，是企业运用企业资本从事生产经营活动而获得的资本增值部分，它也是所有者权益的一个组成部分。在借贷记账法下，资本及其增值账户的贷方反映所有者权益的增加，借方反映所有者权益的减少；余额在贷方，表示某一时点企业所有者权益的实存数。资本和资本增值账户的结构如下。

借方	资本和资本增值账户	贷方
		期初余额：期初企业所有者权益实存数
发生额：本期减少数		发 生 额：本期增加数
		期末余额：期末债务大于债权的差额

资本和资本增值账户的特点如下。

（1）为了反映各投资者对企业的实际投资情况，"实收资本"账户要按投资者分别设置明细分类账。

（2）所有资本和资本增值账户都只需使用货币计量，提供金额指标。

四、集合分配账户

集合分配账户是用来归集和分配企业生产经营过程中某个阶段所发生的应由多个成本计算对象共同负担的间接费用的账户。企业在生产经营过程中应由多个成本计算对象共同负担的间接费用，应首先通过集合分配账户进行归集（汇总），然后再按一定标准分配计入各个成本计算对象，属于这类账户的有"制造费用"账户。通常，集合分配账户的借方登记各种费用的发生数，贷方登记按照一定标准分配计入各个成本计算对象的费用分配数，除季节性生产的企业外，该类账户的借方发生额在当期要全部分配出去，所以这类账户期末无余额。因此，集合分配账户是一种过渡账户，其结构如下。

借方	集合分配账户	贷方
发生额：本期各种费用的发生数		发生额：本期各种费用的分配数

0

这类账户的最主要特点是期末无余额。

五、跨期摊提账户

跨期摊提账户是用来核算和监督应由几个会计期间共同负担的费用，并将这些费用在各个会计期间进行分摊和预提的账户。根据会计分期假设，人们把企业生产经营过程划分为较短的会计期间，以便按月定期结算账目和编制报表，但是企业在生产经营过程中所发生的一些费用是跨越多个会计期间的，为了正确计算各会计期间的损益，就必须按照权责发生制原则和配比原则严格划分费用的归属期，把应由各个会计期间共同负担的费用，合理地分摊到各受益期，为此需要设置跨期摊提账户来实现这一过程。属于这类账户的有"待摊费用"和"预提费用"账户。

1. 待摊费用账户

待摊费用账户是用来核算和监督企业已经支付款项，但应由本期和以后各期共同负担，分摊期在一年以内的各项费用的账户。其借方登记已经支付但应由本期和以后各期负担的某项费用；贷方登记按一定标准分摊的应由本期负担的某项费用数额；余额在借方，反映已经支付但尚未分摊的某项费用数额。待摊费用账户的结构如下。

借方	待摊费用账户	贷方
期初余额：以前已经支付但尚未摊销的金额		
发 生 额：本期支付的但应由本期及以后各期负担的费用		发生额：以前或本期已支付但应由本期负担的费用
期末余额：已支付尚未摊销的费用		

需要注意的是，该账户也可能出现贷方余额，这时的余额实质是预提性质的负债。

2. 预提费用账户

预提费用账户是用来核算和监督某项应由本期和以后各期共同负担，但尚未实际支付款项的账户。其贷方登记按计划提取并计入本期成本或损益的数额；借方登记本期实际支付款项的数额；余额一般在贷方，反映按计划已经预提尚待以后支付款项的费用数额，但有时"预提费用"的余额也可能在借方，这时此余额实际上成了待摊费用，这说明"预提费用"账户是个资产负债账户即双重性质账户，其结构如下。

借方　　　　　　　　预提费用账户　　　　　　　　　贷方	
	期初余额：预先提取并计入以前各期成本或损益但尚未支付款项的费用数额
发生额：本期实际支付的费用数额	发　生　额：本期提取并计入成本或损益的费用数额
	期末余额：已提取待以后支付的费用

六、成本计算账户

成本计算账户是用来反映和监督企业生产经营过程中某一阶段发生的，应计入成本的全部费用，并确定各个成本计算对象的实际成本的账户。"生产成本"、"劳务成本"等账户都属于成本计算账户。

在借贷记账法下，这类账户的借方登记应计入成本的全部费用，包括直接计入各个成本计算对象的费用和按一定标准分配计入各个成本计算对象的费用；贷方登记转出的已完成某一过程的成本计算对象的实际成本。如果有余额，一定在借方，表示尚未完工的在产品成本；成本计算账户结构如下。

借方　　　　　　　　成本计算账户　　　　　　　　　贷方	
期初余额：期初尚未结束生产或采购过程的成本计算对象的实际成本	
发　生　额：生产经营过程中某一阶段发生的应计入成本的费用	发生额：结转已完成某一过程的成本计算对象的实际成本
期末余额：尚未完成某一生产过程的成本计算对象的实际成本	

七、收入账户

收入账户是用来核算与监督企业在一定会计期间内所取得的各项收入和利得的账户，属于这类账户的有"主营业务收入"、"其他业务收入"、"营业外收入"、"公允价值变动损益"、"投资收益"等账户。

在借贷记账法下，收入类账户的贷方登记本期收入和利得的增加额；借方登记收入和利得的减少额及期末转入"本年利润"账户的收入和利得数；期末结转后期末无余额。收入类账户的结构如下。

借方	收入账户	贷方
发生额：收入和利得的减少及期末转入"本年利润"账户的收入和利得		发生额：本期收入和利得的增加额

0

八、费用账户

费用账户是用来反映和监督企业在一定会计期间内所发生的、应当计入当期损益的各种费用的账户。属于这类账户的有："主营业务成本"、"营业税金及附加"、"销售费用"、"管理费用"、"财务费用"、"其他业务成本"、"资产减值损失"、"营业外支出"、"所得税费用"等账户。在借贷记账法下，费用类账户的借方登记当期费用发生的增加额；贷方登记当期费用发生的减少额及期末转入"本年利润"账户的费用发生数额；该类账户在期末结转后期末无余额。费用类账户的结构如下。

借方	费用账户	贷方
发生额：本期费用发生的增加额		发生额：本期费用发生的减少额及期末结转"本年利润"的费用数

0

九、财务成果账户

财务成果账户是用来核算和监督企业在一定会计期间内全部生产经营活动的最终成果，并确定企业利润或亏损数额的账户。属于这类账户的有"本年利润"账户。

在借贷记账法下，财务成果账户的贷方登记期末从各收入和利得账户转入的各项收入和利得；借方登记期末从各费用账户转入的各项费用；期末如果为贷方余额，表示收入大于费用的差额，为企业本期实现的净利润；若出现借方余额，则表示本期费用大于收入的差额，为本期发生的亏损额，到了年终结算，通常要把本年实现的利润或发生的损失从"本年利润"账户转入"利润分配"账户。"本年利润"账户年终结转后应无余额。财务成果账户的结构如下。

借方	财务成果账户	贷方
（期初余额：期初的累计亏损）		期初余额：期初的累计利润
发生额：期末从各费用账户转入的各项费用		发生额：期末从各收入账户转入的各项收入
（期末余额：期末的累计亏损）		期末余额：期末的累计利润

0

十、调整账户

调整账户是用来调整被调整账户的期末余额以求出被调整账户实际余额的账户。属于调整账户的有"累计折旧"、"坏账准备"、"累计摊销"、"利润分配"、"材料成本差异"等账户。

通常调整账户密切地依存于被调整账户，如果没有被调整账户，调整账户的存在也就失去了意义。因为在会计核算中，由于经营管理或其他方面的原因，对于一些会计要素的具体内容，需要用两种数字从不同方面进行反映，这就有必要设置两个账户：一个账户反映其原始数字，另一个反映对原始数字的调整数字。将原始数字和调整数字相加或相减，即可求得调整后的实际数字，所以对于被调整账户来说，调整账户是不可缺的。

调整账户按其调整方式不同，可以分为备抵账户、附加账户和备抵附加账户三类。

1. 备抵账户

备抵账户又称抵减账户，是用来抵减被调整账户余额，以求得被调整账户实际余额的账户。其调整方式，可用下列计算公式表示：

被调整账户余额 − 调整账户余额 = 被调整账户的实际余额

所以，备抵账户的余额与被调整账户的余额必定方向相反：如果被调整账户的余额在借方（贷方），则备抵账户的余额一定在贷方（借方）。

按照被调整账户的性质，备抵账户又可以分为资产备抵账户和权益备抵账户两类。

（1）资产备抵账户

资产备抵账户是用来抵减某一资产账户（被调整账户）的余额，以求得该账户实际余额的账户。最典型的资产备抵账户是"累计折旧"账户。它对应的被调整账户是"固定资产"账户。企业的生产经营活动使固定资产不断发生损耗，其价值不断减少，但出于管理的需要，"固定资产"账户必须能够提供固定资产的原始价值指标。因此，固定资产因使用减少的价值不直接记入"固定资产"账户的贷方，冲减其原始价值，而是另外开设"累计折旧"账户，将提取的折旧记入"累计折旧"账户的贷方，用以反映固定资产由于损耗而不断减少的价值。将"固定资产"账户的借方余额减去"累计折旧"账户的贷方余额所得的差额就是现有固定资产的净值。其相互关系可用下式表示：

固定资产原值（借方余额）− 累计折旧金额（贷方余额）= 固定资产净值

属于资产备抵账户的还有"坏账准备"和"累计摊销"账户，分别是"应收账款"和"无形资产"账户的备抵账户。

（2）权益备抵账户

权益备抵账户是用来抵减某一权益账户（被调整账户）的余额，以求得该账户实际余额的账户。例如，"利润分配"账户就是"本年利润"账户的备抵账户。"本年利润"账户的期末贷方余额，反映本期累计实现的利润数，"利润分配"账户的借方余额，反映本期已累计分配的利润数，用"本年利润"账户的贷方余额减去"利润分配"账户的借方余额，得到的就是本期尚未分配的利润数。此二者的关系，可用下式表示：

本年累计实现的利润数 − 本年累计已分配的利润数 = 本年尚未分配的利润数

2. 附加账户

附加账户是用来增加被调整账户的余额，以求得被调整账户的实际余额的账户。其调整方式，可用下列计算公式表示：

被调整账户余额＋附加账户余额＝被调整账户的实际余额

因此，被调整账户的余额与附加账户的余额一定在同一方向，即如果被调整账户的余额在借（贷）方，则附加账户的余额也在借（贷）方。

不过在实际工作中，纯粹的附加账户很少见。

3. 备抵附加账户

备抵附加账户是指可以用来抵减，也可以用来附加被调整账户的余额，以求得被调整账户实际余额的账户。这是一种兼具备抵账户和附加账户功能的双重性质账户。它的调整方式，可以用下列计算公式表示：

被调整账户余额±备抵附加账户余额＝被调整账户的实际余额

在实际运用中，备抵附加账户具备何种功能要取决于该账户余额与被调整账户的余额方向是一致还是相反，当二者的方向相同时，该账户所起的作用就是附加账户的作用；当二者方向不同时，它起的作用就是备抵账户的作用。例如，采用计划成本核算材料的企业所使用的"材料成本差异"账户，就是"原材料"账户的备抵附加账户。当某期"材料成本差异"账户余额在借方时，它就是"原材料"账户的附加账户，反映了所发生的材料成本的超支额。当某期"材料成本差异"账户余额在贷方时，它就是"原材料"账户的备抵账户，反映了所发生的原材料成本的节约额。

综上所述，可以看出调整账户具有以下特点。

（1）调整账户与被调整账户反映的经济内容相同，但用途和结构不同。

（2）被调整账户反映会计要素的原始数字，而调整账户反映的是同一要素的调整数字。因此，调整账户不能脱离被调整账户而独立存在。

（3）调整方式是指原始数据与调整数据是相加还是相减，以求得有特定含义的数据。调整方式是相加还是相减则取决于被调整账户与调整账户的余额是在同一方向还是相反方向。

十一、计价对比账户

在企业的生产经营过程中，为了加强经济管理，对某些经济业务，如材料采购业务或产品生产业务，可以按照两种不同的计价标准计价，并将两种不同的计价标准进行对比，借以确定其差异，反映其业务成果。计价对比账户就是用来对上述业务按照两种不同的计价标准进行计价、对比，确定其业务成果的账户。按计划成本进行材料日常核算的企业所设置的"材料采购"账户和按计划成本进行产成品日常核算的企业所设置的"生产成本"账户，就属于这类账户。以"材料采购"账户为例，其结构的特点是：借方登记材料的实际采购成本（第一种计价），贷方登记入库材料的计划成本（第二种计价），将借贷两方两种计价对比，就可以确定材料采购的业务成果是超支还是节约。由于确定的材料成本差异，无论是超支还是节约，都要从"材料采购"账户转入"材料成本差异"账户，因此，当采购的材料均已全部运达企业并验收入库和材料成本差异已结转记入"材料成本差异"账户后，"材料采购"账户应无余额。如有余额一定是在借方，表示期末尚有一部分材料未运达企业，或虽已运达企业但尚未验收入库，即在途材料的实际成本。计价对比账户的结构如下。

借方	计价对比账户	贷方
发生额：核算业务的第一种计价贷差（第二种计价大于第一种计价的差额），转入差异账户的贷方		发生额：核算业务的第二种计价借差（第一种计价大于第二种计价的差额）转入差异账户的借方

账户按用途和结构分类如图 6-2 所示。

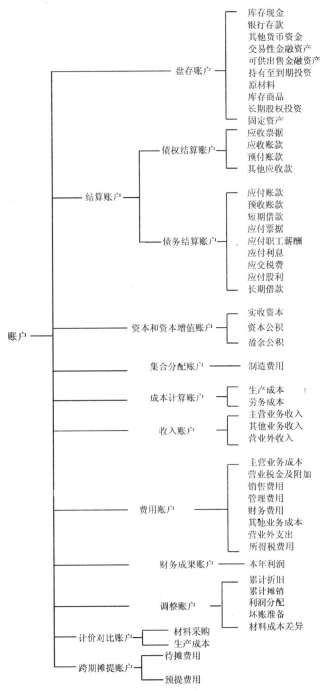

图 6-2　账户按用途和结构分类

思考题

1. 对本章主要内容进行小结。
2. 如何理解账户按用途和结构分类的必要性和重要性？
3. 如何理解设置调整账户的意义？

练习题

一、判断题

1. 集合分配类账户同损益类账户一样，期末应结转，结转后账户一般应无余额。（　）
2. 生产成本账户期末借方余额表示尚未完工的产品成本，其经济实质是企业的一项资产。
（　）
3. 制造费用、管理费用和本年利润都是损益类科目。（　）
4. "累计折旧"账户贷方登记本期增加额，所以属于负债类账户。（　）

二、填空题

1. 在我国的会计制度中，账户按其所反映的经济内容分为_____账户、_____账户、_____账户、_____账户、_____账户和_____账户六大类。
2. _____是用来反映与损益计算直接相关的账户，一般来说在期末时有余额。
3. 盘存类账户的借方登记各项财产物资和货币资金的_____数，贷方登记_____数。
4. 结算账户又可以分为_____结算账户、_____结算账户和_____结算账户。
5. 资本和资本增值账户通常包括_____、_____、_____等，借方反映所有者权益的_____数、贷方登记_____数。
6. 调整账户按其调整方式不同，可以分为_____账户、_____账户和_____账户。

三、单项选择题

1. （　）是损益类账户。
   A. 生产成本　　　　　　　B. 长期待摊费用
   C. 制造费用　　　　　　　D. 财务费用
2. 企业在不单独设置"预付账款"账户的情况下，可用（　）账户代替。
   A. 应收账款　　　　　　　B. 预收账款
   C. 应付账款　　　　　　　D. 应收票据
3. 制造费用账户按用途结构分类属于（　）账户。
   A. 资产类　　　　　　　　B. 费用类
   C. 成本计算类　　　　　　D. 集合分配类
4. "管理费用"属于（　）账户。

A. 资产类　　　　　　　　B. 负债类

C. 所有者权益类　　　　　D. 损益类

5. 按照账户的用途和结构分类，累计折旧属于（　）账户。

　　A. 资产　　　　　　　　B. 损益

　　C. 集合分配　　　　　　D. 调整

6. 反映企业收益情况的账户是（　）。

　　A. 本年利润　　　　　　B. 营业外收入

　　C. 利润分配　　　　　　D. 盈余公积

7. 反映企业所有者权益的账户是（　）。

　　A. 利润分配　　　　　　B. 长期借款

　　C. 累计折旧　　　　　　D. 主营业务收入

四、多项选择题

1. 以下属于备抵账户的有（　）。

　　A. 利润分配　　　　　　B. 坏账准备

　　C. 存货跌价准备　　　　D. 累计折旧

2. 下列账户中与资产类账户结构完全相反的是（　）。

　　A. 负债　　　　　　　　B. 费用

　　C. 收入　　　　　　　　D. 所有者权益

3. 反映流动资产的账户有（　）。

　　A. 固定资产　　　　　　B. 累计折旧

　　C. 原材料　　　　　　　D. 库存商品

4. 一般需要设置明细分类账的总分类账户有（　）。

　　A. 累计折旧　　　　　　B. 生产成本

　　C. 利润分配　　　　　　D. 银行存款

5. 反映负债的账户有（　）。

　　A. 预收账款　　　　　　B. 预付账款

　　C. 应收账款　　　　　　D. 应付账款

6. 反映所有者权益情况的账户有（　）。

　　A. 长期借款　　　　　　B. 实收资本

　　C. 本年利润　　　　　　D. 利润分配

7. 下列账户中属于费用账户的有（　）。

　　A. 所得税费用　　　　　B. 制造费用

　　C. 管理费用　　　　　　D. 主营业务成本

五、简答题

1. 试述为什么要设置债权债务结算账户，其结构如何。

2. 试述跨期摊提账户的概念、用途、结构及内容。

第七章 会计凭证

学习目标与要求

通过对本章的学习，理解会计凭证的意义和种类，了解原始凭证和记账凭证的取得过程、记载的内容以及传递和保管工作，掌握原始凭证和记账凭证的填制、审核要求和方法。

第一节 会计凭证概述

一、会计凭证的概念及意义

会计凭证是记录经济业务、明确经济责任的书面证明，是登记账簿的依据。

会计凭证是最重要的会计证据资料，取得和填制会计凭证是会计工作的初始阶段和基本环节。任何企事业单位对所发生的每一项经济业务都必须按照规定的程序和要求，由经办人员填制和取得会计凭证，列明经济业务的内容、数量和金额，并在凭证上签名或盖章，对经济业务的可靠性负责。例如，在购买材料或商品时，应由供货单位开出销售发票，列明该项经济业务的内容，并由供货方的业务人员签名盖章，以明确经济责任。另外，为保证会计记录的真实性，任何会计凭证都要经过有关人员审核，只有经过审核无误的会计凭证，才能作为登记账簿的依据。

正确填制和严格审核会计凭证，对实现会计职能和完成会计工作具有重要意义。

（1）提供了经济活动的原始资料。会计凭证中详细地记录经济业务发生的具体内容，反映经济业务的发生、执行及完成情况，使其成为反映经济业务内容的原始资料。通过对会计凭证中的原始资料进行整理，可以获得详细的会计信息。

（2）可以真实地反映各种经济业务。通过填制会计凭证，可以将日常发生的大量的、各种各样的经济业务真实、及时地记录和反映出来，为进一步完成会计核算提供了可靠的依据。

（3）可以检查经济业务的合法性。通过对会计凭证的审核，可以监督和检查各项经济业务是否符合国家有关政策、法令、制度和计划的规定，可以发现经济管理中存在的问题和漏洞，从而可以对经济业务的合法性和合理性进行具体监督，发挥会计监督的职能，加强经济管理，提高经济效益。

（4）可以明确经济责任。会计凭证不仅记录了经济业务的内容，而且应由有关部门和经办人员签名盖章，要求有关人员及部门对经济活动的真实性、正确性、合理性、合法性负责，增强有关人员的责任感。通过会计凭证的传递，经办人员和部门之间可以相互监督和牵制，发现问题及时追查，明确经济责任。

二、会计凭证的种类

会计凭证的种类很多，按其填制的程序和用途可以分为原始凭证和记账凭证两大类。

（一）原始凭证

原始凭证，是指在经济业务发生时由经办人员直接取得或填制的，用以载明经济业务的具体内容，表明某项经济业务已经发生和完成，明确有关经济责任，具有法律效力的书面证明。原始凭证是填制记账凭证和登记账簿的依据，是重要的会计核算资料。

原始凭证主要起证明经济业务实际发生和完成情况的作用。因此，不能证明经济业务已经完成的经济合同、派工单、请购单等不能作为原始凭证，而只能作为原始凭证的附件。

各单位在经济业务发生时，不但必须取得或填制原始凭证，还应及时将原始凭证送交本单位会计机构或在职会计人员，以保证会计工作的及时顺利进行。

原始凭证可以按取得的来源不同分为外来原始凭证和自制原始凭证。

（1）外来原始凭证是指在同外单位发生经济业务往来时，由业务经办人员在业务发生或完成时从外单位取得的凭证，如供应单位的增值税专用发票、普通发货票、银行收账、付账通知等。

（2）自制原始凭证是指在经济业务发生或完成时，由本单位内部经办人员或部门填制的凭证，如收料单、入库单、出库单、限额领料单、领料登记簿、材料费用分配表、成本计算单等。

自制原始凭证按填制的方法不同分为一次性原始凭证、累计原始凭证、汇总原始凭证等。

（1）一次性原始凭证是指对一项或若干项同类经济业务，一次完成填制手续，不能重复使用的原始凭证。所有的外来原始凭证和大部分自制原始凭证都属于一次性原始凭证，如收料单、入库单、收款收据等。

（2）累计原始凭证是指对某些在一定时期内不断重复发生的同类经济业务，在规定期限内多次地连续地加以记录的原始凭证，如限额领料单、领料登记簿、费用限额卡等。

（3）汇总原始凭证是指会计人员为简化核算手续，根据同一时期多张同一类业务凭证加以整理后重新编制的汇总原始凭证，如发出材料汇总表、产成品入库汇总表、工资汇总表等。

（二）记账凭证

记账凭证，又称传票，是由会计人员根据审核无误的原始凭证加以归类整理而编制的，用来确定会计分录，作为登记账簿直接依据的会计凭证。

在日常经济核算过程中，因经济业务纷繁复杂，反映各种经济业务的原始凭证也多种多样、千差万别，并且原始凭证所记录的经济内容，不能直接体现会计要素的变动与走向，无法依据原始凭证确定记入账户的名称和借贷方向，不能满足会计核算的需要，因而无法根据原始凭证登记会计账簿。为此，必须在对原始凭证审核无误的基础上对其进行归类整理，然后填制记账凭证。在记账凭证中，应写明应借应贷会计科目及金额，这样便于根据记账凭证登记会计账簿。原始凭证是记账凭证的重要附件和填制依据，它们之间存在着依据和制约关系。

记账凭证可按不同标准进行分类。

1. 按使用范围分类

记账凭证按使用范围不同，可分为通用记账凭证和专用记账凭证。

（1）通用记账凭证是一种适合于所有经济业务的记账凭证，其格式见表7-11。

（2）专用记账凭证是按经济业务的某种特定属性定向使用的，只适用于某一类经济业务的凭证。通常按其是否反映货币资金收付业务，分为收款凭证、付款凭证和转账凭证三种。

①收款凭证是用来记录库存现金或银行存款收入业务的记账凭证。收款凭证根据其借方科目具体内容又可分为现金收款凭证和银行存款收款凭证，其格式可参见第二节中的表7-8。

②付款凭证是用来记录库存现金或银行存款支付业务的记账凭证。付款凭证根据其贷方科目的具体内容又可分为现金付款凭证和银行存款付款凭证，其格式可参见第二节中的表7-9。

③转账凭证是用来记录与现金和银行存款收付业务无关的业务的记账凭证。凡是不涉及现金和银行存款收付业务的其他经济业务，均为转账业务，要据以编制转账凭证。例如，材料验收入库，结转产品成本，结转制造费用，销售商品货款未收，购入材料物资货款未付等，均需编制转账凭证，其格式可参见第二节中的表7-10。

2. 按是否需要汇总分类

按记账凭证是否经过汇总，可分为汇总记账凭证和非汇总记账凭证两种。

（1）汇总记账凭证是根据非汇总记账凭证，按一定的方法汇总填制的记账凭证，如科目汇总表，汇总记账凭证具体格式请参见第十章有关内容。

（2）非汇总记账凭证是没有经过汇总的记账凭证，如前述的通用记账凭证，收款、付款、转账凭证等。

3. 按记账凭证的填制方式分类

按记账凭证的填制方式分为复式记账凭证和单式记账凭证两种。

（1）复式记账凭证是将一项经济业务所涉及的应借、应贷的各个会计科目，都集中填制在一张记账凭证上的记账凭证，如前述通用记账凭证、收款凭证、付款凭证和转账凭证都是复式记账凭证。其优点是可以集中反映科目的对应关系，便于了解经济业务的来龙去脉，可以减少记账凭证的张数；缺点是不便于汇总计算每一会计科目的发生额，不便于分工记账。

（2）单式记账凭证，是将一项经济业务所涉及的每一个会计科目分别填制记账凭证。

其优点是便于汇总计算每一会计科目的发生额，便于分工记账；缺点是不能在一张凭证上反映一项经济业务的全貌，不便于查账，记账凭证数量多、工作量大，单式记账凭证格式见表 7-1。

表 7-1　单式记账凭证

年　　月　　日　　　　　　　凭证编号第　　号

摘要	会计科目		金额									记账符号
	总账科目	明细科目	百	十	万	千	百	十	元	角	分	

附原始凭证 × 张

会计主管：　　　　记账：　　　　复核：　　　　出纳：　　　　制单：

第二节　会计凭证的填制和审核

一、原始凭证的填制和审核

（一）原始凭证的基本内容

企业经济业务具有多样性和复杂性，致使取得或填制的原始凭证种类繁多，格式不同，但为了能够客观地反映经济业务的发生或完成情况，表明经济业务的性质，无论何种原始凭证都必须具备下列基本内容。这些内容通常称为凭证的要素，一般包括以下要素。

（1）原始凭证的名称。

（2）填制凭证的日期。

（3）填制凭证单位的名称或者填制人姓名。

（4）接受凭证单位的名称。

（5）经济业务所涉及的内容、数量、单价和金额。

（6）经办部门和人员签名或盖章。

除此以外，对一些特殊的原始凭证，除应具备上述内容外，还应具备一些其他相关内容。

（二）原始凭证填制的基本要求

原始凭证是进行会计核算工作的原始资料和重要依据，是有效提供会计信息的基础。因此原始凭证填制是一项严肃、重要的工作，填制时，必须符合以下基本要求。

（1）真实可靠，即应如实反映经济业务内容，不弄虚作假，不涂改、刮擦、挖补。

（2）内容完整，即所填写的项目要逐项填写（接受凭证时应逐项检查），不可缺漏，尤其需要注意的是年、月、日要按照填写原始凭证的实际日期填写；名称要写齐全，不能写简称；内容、品名、用途要填写明确，不准含糊不清；有关人员的签名和盖章必须齐全。

（3）填制及时，即当每一项经济业务发生或完成时，都要立即填制原始凭证，做到不积压，不误时，不事后补填。

（4）书写清楚，书写的字迹端正，易于辨认，做到书写符合会计上的技术要求，文字工整，不草、不乱、不造字，复写的凭证要不串格、不串行、不模糊。

（5）顺序使用，即记载收付款项或实物的凭证要按顺序或分类编号，在填制时按照编号的次序使用，跳号的凭证应加盖"作废"戳记，不得撕毁。

另外会计核算中数字的书写要符合规范。

（1）汉字大写数字的书写。汉字大写数字一律用"零、壹、贰、叁、肆、伍、陆、柒、捌、玖、拾、佰、仟、万、亿"等，不得用"0、一、二、三、四、五、六、七、八、九、十"等代替。大写金额数字元或角以下没有分的，可在元或角后面写一"整"字，若角以下有分的，分后不得写"整"字。大写金额前未印有货币名称的，应当加填货币名称，货币名称与金额数字之间不得保留空格，小写数字金额中有连续几个"0"的，大写金额只写一个"零"；小写金额数字元位是"0"，或者数字尾部连续几个"0"，元位也是"0"，但角分位不是"0"时，大写金额可只写一个"零"字或者不写"零"字。例如￥8 605、￥8 500、￥8 500.94，用大写金额表示，分别为：人民币捌仟陆佰零伍元整、人民币捌仟伍佰元整、人民币捌仟伍佰零玖角肆分或者人民币捌仟伍佰玖角肆分。

（2）小写数字的书写。小写数字分位书写时，要求字体高度一致，宽度相同，字头一律向右倾斜，角度为55～60。字体高度只占本横格的二分之一，并且要一个一个书写，不能连笔。人民币符号与最高位数字之间不得留有空格，小写金额一律写到分位；无角分位的，角位和分位可写"00"或者符号"-"；有角无分的，分位应写"0"而不得用"-"代替，人民币符号为"￥"。

（三）几种常用原始凭证的填制

1. 收料单

收料单是在外购的材料物资验收入库时填制的凭证，一般一式多联：一联验收人员留存，一联交仓库保管人员据以登记明细账，一联连同发票交财会部门办理结算。其格式见表7-2。

表7-2　收料单

20××年12月6日

材料编号	材料名称	材料规格	单位	数量	实际价格	金额	计划价格	金额	备注
	机物料		千克	500	16	8 000			
	合计								

材料会计：　　　　保管：　　　　制单：

2. 领料单

领料单是生产部门为了生产产品等而领用材料时填制的凭证。为便于管理,领料单要"一料一单"填制,即一种材料填制一张领料单。领用原材料需经领料车间负责人批准后方可填制领料单;车间负责人、收料人、仓库保管员和发料人均需在领料单上签名或盖章。其格式见表7-3。

第七章 会计凭证

表7-3 领料单

20××年12月6日

材料类别	材料编号	材料名称	计量单位	数量		单价	金额	
				请领	实发			记账联
		A材料	千克	200	200			

领料人:　　　　　　　领料部门主管:　　　　　　发料:　　　　　　记账:

3. 限额领料单

限额领料单是一种一次开设、多次使用,领用限额已定的累计凭证。有效期最多一个月。在该期限内只要领用数量累计不超过限额就可以继续使用,其具体格式见表7-4。

表7-4 限额领料单

20××年12月

材料编号	材料名称	规格	计量单位	计划投产量	单位消耗定额	领用限额	实领		
							数量	单价	金额
108	螺纹钢	P5	千克	20	6	120	120	80	9 600
领料	领用				退料				限额结余
日期	数量	领料人	发料人		数量	退料人	收料人		
1	40	李四	张三						6 400
10	40	李四	张三						3 200
20	40	李四	张三						0

4. 发料凭证汇总表

工业企业在生产过程中领发料比较频繁。业务量大,种类、性质相同的凭证较多。为简化核算手续，可编制发料凭证汇总表。编制时间根据业务量大小确定，可每5天、10天、半个月或一个月汇总编制一次。汇总时要根据实际成本计价的发料凭证按领用部门及用途分类进行，其具体格式见表7-5。

表7-5　发料凭证汇总表

20××年12月

领料单位	材料名称	用途	单位	数量	单价	总成本
一车间	甲材料	A产品	千克	4 000	25	100 000
二车间	乙材料	B产品	千克	3 000	37	111 000
管理部门	丙材料	一般耗用	千克	200	50	10 000
辅助车间	甲材料	一般耗用	千克	100	25	2 500
维修车间	乙材料	维修机器	千克	150	37	5 550
合计						229 050

主管：　　　　　审核：　　　　　保管：　　　　　制表：

5. 产品入库单

产品入库单是根据完工入库的产品数量填制的凭证。一般应每一种产品填制一张入库单，其具体格式见表7-6。

表7-6　产成品入库单

20××年12月6日

产品编号	产成品名称	型号规格	计量单位	送检数量	检查结果		实收数量	备注
					合格	不合格		
	B产品		件	500	500		500	

记账联

领料人：　　　　　领料部门主管：　　　　　发料：　　　　　记账：

6. 增值税专用发票

增值税专用发票是一般纳税人于销售货物时开具的销售发票。发票一式四联，销售单位与购货单位各两联。其中留销售单位两联，一联存放于有关业务部门，一联作会计机构的记账凭证；交购货单位两联，一联作购货单位的结算凭证，一联为税款抵扣凭证。购货单位向一般纳税人购货，应索取增值税专用发票。增值税专用发票与普通发票的主要区别是增值税金额单列栏目反映，其格式见表7-7。

表 7-7　增值税专用发票

开票时间：20××年12月24日　　　　　　　　　　　　　　　　　　　No.×××

购货单位	名称	华新厂							纳税人登记号			×××					
	地址电话	×××							开户银行及账号			×××					

货物或应税劳务名称	计量单位	数量	单价	金额								税率(%)	税额							
				十	万	千	百	十	元	角	分		十	万	千	百	十	元	角	分
B 产品	件	700	140		9	8	0	0	0	0	0	17			1	6	6	6	0	0	0
合计				￥	9	8	0	0	0	0	0		￥	1	6	6	6	0	0	0
税价合计（大写）		⊗佰壹拾壹万肆仟陆佰陆拾元零角零分										￥114660.00								
销货单位	名称	步宇公司							纳税人登记号			××××					
	地址电话	××××							开户银行及账号			××××					

收款人：×××　　　　　　　　　　　　　　开票单位（未盖章无效）：

（四）原始凭证的审核

为了保证原始凭证记录的内容真实可靠，会计人员必须履行会计监督职能，对原始凭证的合法性、完整性、正确性进行审核。在会计核算工作中只有审核无误的原始凭证才能作为编制记账凭证的依据。因此，审核原始凭证是会计人员的一项重要工作，是保证会计核算资料合法、真实、正确的基础。原始凭证的审核主要包括合法性、完整性、正确性和合理性四个方面。

1. 合法性

合法性的审核是指审核原始凭证中反映的经济业务是否符合国家有关法规和制度，有无违法违纪行为。对于违规的原始凭证，会计人员应拒绝受理，在审核中如发现弄虚作假、营私舞弊、伪造涂改原始凭证等违法乱纪行为，应立即扣留凭证，及时向上级有关人员汇报，以便严肃查处。

2. 完整性

完整性审核是指审核原始凭证中的项目是否填列齐全，手续是否齐备，有关经办人员是否都已签名或盖章，主管人员是否审核批准。在审核中如发现原始凭证项目不全，手续不齐备，签名或盖章有遗漏或不清晰，主管人员未批准等情况，会计人员应将该原始凭证退还经办人员，待其补办完整后再予受理。

3. 正确性

正确性审核是指会计人员在审核原始凭证时，应确认凭证的简要说明和数字是否填写清楚正确，数量、单价、金额等数据的计算是否正确，大、小写金额是否相符等。对于填写金额不正确的原始凭证应退还给经办人员进行更正后再予以办理。

4.合理性

合理性审核是指审核所发生的经济业务是否符合企业生产经营活动的需要，是否符合有关计划和预算等。如有违反上述原则的情况，则该凭证不能作为合理的原始凭证。

（五）原始凭证审核后的处理

会计人员按照国家统一会计制度的规定对原始凭证审核后，应根据不同的审核结果进行不同的处理。

（1）对于完全符合要求的原始凭证，应及时办理会计手续，据以填制记账凭证，并作为附件粘于记账凭证后面，作为记账凭证的原始证据。

（2）对于真实、合法、合理但记载不完整、不准确的原始凭证，应暂缓办理会计手续，退回业务经办单位或人员，责成其改正凭证记录的错误。内容不完整的应补填齐全，手续不完备的应补办；填写内容错误，则应当由开具单位重开或更正；金额错误时，不得在原始凭证上更正，只能由原开具单位重新开具。由经办单位与有关人员更正错误后，重新对改正凭证进行复审，确定无误后才能准予办理会计手续。

（3）对于不真实、不合法的原始凭证，会计机构、会计人员有权不予接受，并向单位负责人报告。

二、记账凭证的填制和审核

记账凭证是会计人员根据合法的原始凭证或汇总原始凭证，按照经济业务的内容加以归类，并据以确定会计分录从而填制的直接作为登记账簿依据的凭证。。

由于原始凭证来自各个方面，其格式设计不尽相同，不便于填列应借、应贷会计科目及其金额，也不便于记账和查账。因此，为了便于记账和查账，避免记账出现错误，就需要编制会计凭证。

（一）记账凭证的基本内容

在不同的记账方法下，记账凭证有不同的格式，即使在同一种记账方法下，记账凭证的格式也不尽相同。但是，为了满足会计核算的基本要求，作为经济业务分类和账簿登记依据的记账凭证，都必须包括以下基本内容。

（1）填制单位的名称。

（2）记账凭证的名称。

（3）填制凭证的日期和编号。

（4）经济业务的内容摘要。

（5）应借应贷的账户名称（包括总分类账户和明细分类账户）和金额。

（6）所附原始凭证张数。

（7）制单、审核、记账、会计主管等有关人员的签名或盖章，收付款凭证还应有出纳人员的签名或盖章。

（二）记账凭证的填制要求

1.记账凭证填制的基本要求

记账凭证是登记账簿的依据，正确填制记账凭证，是保证账簿记录正确的基础。填制记账凭证时的基本要求如下。

（1）审核无误。要在对原始凭证审核无误的基础上填制记账凭证，这是内部牵制制度的一个重要环节。

（2）内容完整。记账凭证应该包括的内容要齐备，不能有遗漏。另外，应注意记账凭证的日期一般是编制记账凭证当天的日期。按权责发生制原则计算收益，分配费用，结转成本、收入，计算利润等调整分录和结账分录的记账凭证，虽然需要到下个月才能编制，但仍应填写当月月末的日期，以便正确地登记在当月有关账簿内。

（3）分类正确。要根据经济业务的内容，正确区分不同类型的原始凭证，正确运用会计科目编制相应记账凭证。记账凭证可以根据每一张原始凭证填制或者根据若干张同类原始凭证汇总填制，也可以根据原始凭证汇总表填制，但不能将不同内容和类别的原始凭证汇总填制在一张记账凭证上。

（4）连续编号。记账凭证应连续编号。这有利于分清会计事项处理的先后顺序，便于记账凭证与会计账簿之间的核对，确保记账凭证的完整。

2.记账凭证填制的具体要求

（1）除结账和更正错账外，记账凭证必须附有原始凭证并注明原始凭证的张数。与记账凭证中的经济业务记录有关的每一张证据，都应当作为记账凭证的附件。一张原始凭证涉及几张记账凭证的，可以将该原始凭证附在一张主要的记账凭证后面，在其他记账凭证上注明该主要记账凭证的编号并附上该原始凭证的复印件。

（2）一张原始凭证所列支出需要由两个以上单位共同负担时，应当由保存该原始凭证的单位开具给其他应负担单位"原始凭证分割单"。原始凭证分割单必须具备原始凭证的基本内容，包括凭证的名称、填制凭证的日期、填制凭证单位的名称或填制人的姓名、经办人员的签名或盖章，接受凭证单位的名称，经济业务内容、数量、单价、金额和费用的分担情况等。

（3）记账凭证必须连续编号，以便分清会计事项处理的先后顺序，便于记账凭证与会计账簿核对，确保记账凭证完整无缺。编号方法很多，可以按收款凭证、付款凭证、转账凭证三类编号，也可以按现金收款、现金付款、银行存款收款、银行存款付款和转账五类编号，还可以按通用记账凭证统一编号，一笔经济业务需要填制两张或以上记账凭证的，应采用分数编号法，如第八号凭证需编三张记账凭证，则可编成 $8\frac{1}{3}$ 号、$8\frac{2}{3}$ 号、$8\frac{3}{3}$ 号。每月最后一张记账凭证的编号旁边，可以加注"全"字，以免凭证丢失。

（4）简明填写"摘要"栏。记账凭证的摘要栏是对经济业务的简要说明，必须针对不同性质的经济业务的特点，考虑登记账簿的需要，正确填写，不得漏填或错填。

（5）正确使用会计科目。填制会计凭证必须按照会计制度统一规定的会计科目填写在规定的借方或贷方，正确编制会计分录，以保证核算口径一致。除明细科目外，企业不得自己擅自开设会计科目。

（6）按规定方法更正错误凭证。填制会计凭证后如发现有错误，应根据发现错误的时间和错误类型，采用正确的方法进行更正。

（7）空行的处理。记账凭证填制完成后，如仍留有空行，应当自最后一笔金额数字下的空行处至合计数上的空行处划线注销，以严密会计核算手续，堵塞漏洞。

（8）记账凭证填制完成后，应进行复核和检查，有关人员均应签字盖章。出纳人员根据收、付款凭证收入款项或付出款项时，应在凭证上加盖"收讫"或"付讫"的戳记，以免重收重付、漏收漏付。

（9）只涉及银行存款与现金之间相互划转的，只编付款凭证，不编收款凭证，以免重复。

（10）实行会计电算化的单位，采用的机制记账凭证应当符合记账凭证的一般要求，打印出来的机制记账凭证要加盖有关人员印章或签字，以加强审核，明确责任。

（11）记账凭证所填金额要同原始凭证或原始凭证汇总表一致，并保持借贷平衡，即借贷方金额相等。

（三）记账凭证的填制方法

（1）专用记账凭证的填制

①收款凭证的填制。收款凭证是根据现金和银行存款收款业务的原始凭证填制的记账凭证。凡是涉及现金和银行存款增加的都必须填制收款凭证。收款凭证左上方的"借方科目"应填写"现金"和"银行存款"，右上方填写凭证编号。"摘要"栏内填写经济业务的内容梗概。"贷方科目"应填写对应的总账、明细账科目。"金额"栏应填写实际收到的现金或银行存款数额。"记账符号"栏供记账员在根据收款凭证登记有关账簿以后做记号用，表示该笔金额已经计入有关账簿，以避免重记或漏记。收款记账凭证格式见表7-8。

（企业名称）
表7-8 收款记账凭证

借方科目：银行存款　　　　20××年12月24日　　　　　　　银收字第3号

摘要	总账科目	明细科目	百	十	万	千	百	十	元	角	分	记账符号
收回货款	应收账款	向阳公司		5	0	0	0	0	0	0	0	
合计			¥	5	0	0	0	0	0	0	0	

会计主管：　　　记账：　　　复核：　　　出纳：　　　制单：

附原始凭证×张

②付款凭证的填制。付款凭证是根据现金和银行存款付款业务的原始凭证填制的记账凭证。凡涉及现金、银行存款付出业务的，都要填制付款凭证。其填制方法与收款凭证大体相同，区别在于左上方应填列贷方科目。付款凭证的格式见表7-9。

（企业名称）

表7-9　付款凭证

贷方科目：库存现金　　　　　　　　20××年12月8日　　　　　　　现付字第5号

摘要	借方科目		金额									记账符号
	总账科目	明细科目	百	十	万	千	百	十	元	角	分	
困难补助	应付职工薪酬	王六					8	0	0	0	0	
合计						¥	8	0	0	0	0	

会计主管：　　　　　记账：　　　　　复核：　　　　　出纳：　　　　　制单：

附原始凭证×张

③转账凭证的填制。转账凭证是根据不涉及现金和银行存款收付业务的转账原始凭证填制的记账凭证。凡不涉及现金和银行存款增加或减少的业务都必须填制转账凭证。转账凭证所涉及的科目没有固定的对应关系，因此要在凭证中按"借方科目"和"贷方科目"分别填列"总账科目"和"明细科目"，其格式见表7-10。

（企业名称）

表7-10　转账凭证

20××年12月10日　　　　　　　　　　　　　　　　　转字第82号

摘要	借方科目		贷方科目		金额									记账符号
	总账科目	明细科目	总账科目	明细科目	百	十	万	千	百	十	元	角	分	
材料入库	原材料	甲材料				1	5	0	0	0	0	0	0	
			材料采购	甲材料		1	5	0	0	0	0	0	0	
合计					¥	1	5	0	0	0	0	0	0	

会计主管：　　　　　记账：　　　　　复核：　　　　　出纳：　　　　　制单：

附原始凭证×张

（2）通用记账凭证的填制

通用记账凭证的名称为"记账凭证"或"记账凭单"，它是集收款、付款和转账凭证于一身，适用于所有业务类型的记账凭证，其格式见表7-11。

（企业名称）

表 7-11 通用记账凭证

20××年12月10日　　　　　　　　　　　　　　　　　　　　第 21 号

摘要	借方科目		贷方科目		金额									记账符号
	总账科目	明细科目	总账科目	明细科目	百	十	万	千	百	十	元	角	分	
购料	材料采购	乙材料					5	0	0	0	0	0	0	附原始凭证×张
	应交税费	增（进）						8	5	0	0	0	0	
			银行存款				5	8	5	0	0	0	0	
合计						¥	5	8	5	0	0	0	0	

会计主管：　　　　　记账：　　　　　复核：　　　　　出纳：　　　　　制单：

（四）记账凭证的审核

为了使记账凭证的填制符合记账要求，正确反映经济业务的内容，登记账簿前必须由专人对记账凭证进行审核。记账凭证的审核是在对原始凭证审核基础上进行的再审核，要着重审核记账凭证的填制是否正确，是否符合规定要求，审核的主要内容有以下几方面。

（1）审核是否根据审核无误的原始凭证填制记账凭证，所记录的内容与所附的原始凭证是否一致，金额是否相等；所附原始凭证的张数是否与记账凭证所列附件张数相等。

（2）审核记账凭证应借、应贷的会计科目（包括一级科目、明细科目）和金额是否正确；借贷双方的金额是否平衡；明细科目金额之和与相应的总账科目金额是否相等。

（3）审核记账凭证摘要是否填写清楚，日期、凭证编号、所附张数以及有关人员签章等各个项目填写是否齐全。

若发现记账凭证的填制有差错或者填列不完整，签章不齐全，应查明原因，责令更正、补充或者重填。只有经过审核无误的记账凭证，才能据以登记账簿。

第三节 会计凭证的传递与保管

一、会计凭证的传递

会计凭证的传递是指会计凭证在从取得、填制到归档保管的整个过程中，在本单位内部各有关部门和人员之间的传递程序和传递时间。

合理地组织会计凭证的传递，对于及时、正确地反映并有效监督企业经济活动，明确经济责任具有重要意义。

各单位会计凭证的传递程序应当科学、合理，具体办法由各单位根据会计业务的需要自行规定。会计凭证的传递是会计核算能够正常、有效进行的前提，科学合理的传递程序应能保证会计凭证在传递过程中的安全、及时、准确和完整，科学的传递时间有利于会计工作正常、及时、顺利地进行。

二、会计凭证的保管

会计凭证的保管是指会计凭证登账后的整理、装订、归档和存查。

会计凭证是重要的经济档案和历史资料，本单位及相关部门在发生贪污、盗窃、违法乱纪行为以及其他事件时需要查阅会计凭证，以此作为处理有关事件的有效证据。因此，任何单位必须对会计凭证妥善整理和保管，不得丢失和任意销毁，做到既安全和完整，又便于凭证的事后调阅和查找。会计凭证的保管分为平时保管和归档保管，保管期满报经批准，方可销毁。

思考题

1. 对本章的主要内容进行小结。
2. 什么是会计凭证？会计凭证有哪些种类？
3. 如何对原始凭证进行审核？
4. 原始凭证的基本内容包括哪些？
5. 记账凭证的基本内容包括哪些？
6. 如何填制收款凭证、付款凭证和转账凭证？

练习题

一、判断题

1. 会计凭证是登记账簿的依据。 （　）

2. 会计凭证是明确经济责任的书面证明，也是登记账簿的依据。 （　）

3. 适合于所有经济业务的记账凭证是通用记账凭证。 （　）

4. 在填写原始凭证时，大小写金额应当一致，并且要在大写金额后面加"整"字。
（　）

5. 材料入库单、领料单、制造费用分配表等属于自制原始凭证。 （　）

6. 银行收账通知、各种车船票以及各种发票都是外来原始凭证。 （　）

7. 现金和银行存款相互划转业务要分别编制收款凭证和付款凭证。（　）

8. 业务员出差回来报销差旅费，原借 1 500 元，报销 1 800 元，补付现金 300 元，只填制一张转账凭证即可。 （　）

二、填空题

1. 会计凭证是记录_____，明确_____的书面证明，也是_____的依据。

2. 原始凭证是在经济业务发生或完成时取得或填制的，用以记录或证明经济业务的发生或完成情况，并作为登账_____的一种会计凭证。

3. 外来原始凭证是指在经济业务发生或完成时，从_____取得的凭证。

4. 自制原始凭证是指在经济业务发生或完成时，由_____经办部门或人员填制的会计凭证。

5. 一次凭证是指只反映_____或同时记录_____经济业务的原始凭证。

6. 汇总原始凭证是根据一定时期内反映_____的多张原始凭证汇总编制一张_____。

7. 累计凭证是指在一定时期内_____记录_____经济业务的原始凭证。

8. 记账凭证是会计人员根据_____的原始凭证及_____，按照经济业务的内容加以归类，并确定_____而填制的，_____的凭证。

9. 收款凭证是用来记录_____的记账凭证。

10. 付款凭证是用来记录_____的记账凭证。

11. 转账凭证是用来记录与_____的_____记账凭证。

12. 单式记账凭证是将一项经济业务所涉及的_____分别填制记账凭证，即每张凭证只填_____会计科目。

13. 复式记账凭证是将经济业务所涉及的_____都集中填列在一张凭证上。

三、单项选择题

1. 填制和审核会计凭证的方法，属于会计方法中的（　）。

　　A. 会计核算方法　　　　　　　　　　B. 会计分析方法

C. 会计监督方法   D. 会计检查方法

2. 会计凭证分为原始凭证和记账凭证, 其分类标准是 (　　)。

    A. 按其填制的方法不同   B. 按其反映的经济内容不同

    C. 按其填制的程序和用途不同   D. 按其取得的来源不同

3. 原始凭证按其取得的来源不同可以分为 (　　)。

    A. 收款凭证、付款凭证和转账凭证

    B. 外来原始凭证和自制原始凭证

    C. 一次凭证和累计凭证

    D. 单式记账凭证和复式记账凭证

4. 限额领料单属于 (　　)。

    A. 外来原始凭证   B. 累计凭证

    C. 一次凭证   D. 汇总原始凭证

5. 下列各项不能作为登账依据的是 (　　)。

    A. 借款单   B. 发货票

    C. 入库单   D. 经济合同

6. 将现金存入银行这笔业务, 按规定应编制 (　　)。

    A. 现金收款凭证   B. 现金付款凭证

    C. 转账凭证   D. 银行存款收款凭证

7. (　　) 属于外来原始凭证。

    A. 工资汇总表   B. 入库单

    C. 出库单   D. 银行收账通知

8. 销售产品一批, 货款尚未收到, 这笔业务应编制 (　　)。

    A. 汇总凭证   B. 收款凭证

    C. 转账凭证   D. 累计凭证

9. 原始凭证如果出现填写错误, 正确的处理方法是 (　　)。

    A. 红字更正法   B. 划线更正法

    C. 补充登记法   D. 作废重填

10. 销售产品取得收入捌万陆仟零伍角, 在填制原始凭证时, 其小写金额的正确书写方法是 (　　)。

    A. ￥86 000.50 元   B. 86 000.50

    C. ￥86 000.50   D. ￥86 000.5

11. 一笔业务需要填制多张记账凭证时, 应采用 (　　) 编号法。

    A. 整数   B. 连续

    C. 分数   D. 尾数

12. 收款凭证左上角 "借方金额" 后应填写 (　　) 科目。

    A. 材料采购   B. 主营业务收入

C. 其他业务收入　　　　　　　　　　D. 银行存款或库存现金

13. 会计凭证的传递是指（　　），在单位内部各有关部门人员之间的传递程序和传递时间。

　　A. 会计凭证从取得到编制成记账凭证时止

　　B. 从取得原始凭证到登记账簿时止

　　C. 从填制记账凭证到编制会计报表时止

　　D. 会计凭证从取得、填制到归档保管整个过程中

14. 外来原始凭证都是（　　）。

　　A. 一次凭证　　　　　　　　　　　B. 汇总凭证

　　C. 累计凭证　　　　　　　　　　　D. 复式凭证

15. 将记账凭证分为专用记账凭证和通用记账凭证，其标准是（　　）。

　　A. 填制方法不同　　　　　　　　　B. 适用的经济业务不同

　　C. 反映的经济内容不同　　　　　　D. 取得的来源不同

四、多项选择题

1. 会计凭证按其填制程序和用途，可以分为（　　）。

　　A. 原始凭证　　　　　　　　　　　B. 记账凭证

　　C. 外来原始凭证　　　　　　　　　D. 自制原始凭证

2. 下列原始凭证中，属于自制原始凭证的是（　　）。

　　A. 购货发票　　　　　　　　　　　B. 入库单

　　C. 领料单　　　　　　　　　　　　D. 制造费用分配表

3. 原始凭证按其取得的来源不同，可以分为（　　）。

　　A. 一次凭证　　　　　　　　　　　B. 外来原始凭证

　　C. 累计凭证　　　　　　　　　　　D. 自制原始凭证

4. 以下属于汇总原始凭证的是（　　）。

　　A. 限额领料单　　　　　　　　　　B. 工资汇总表

　　C. 现金收入汇总表　　　　　　　　D. 发料凭证汇总表

5. 各种原始凭证必须具备的基本内容包括（　　）。

　　A. 原始凭证的名称和填制日期　　　B. 填制和接受单位的名称

　　C. 应借应贷会计科目　　　　　　　D. 经济业务的内容、数量、单价和金额

　　E. 所附原始凭证的张数

6. 原始凭证审核的主要内容是（　　）。

　　A. 正确性　　　　　　　　　　　　B. 合理性

　　C. 合法性　　　　　　　　　　　　D. 完整性

7. 专用记账凭证按其所记录的经济业务是否与现金、银行存款的收付有关分为（　　）。

　　A. 收款凭证　　　　　　　　　　　B. 付款凭证

　　C. 转账凭证　　　　　　　　　　　D. 复式凭证

8. 记账凭证按其填制方式不同，可以分为（　　）。

　A. 复式记账凭证　　　　　　　　　　B. 单式记账凭证

　C. 专用记账凭证　　　　　　　　　　D. 通用记账凭证

9. 记账凭证必须具备的基本内容包括（　　）。

　A. 填制凭证的日期　　　　　　　　　B. 凭证编号及经济业务内容摘要

　C. 会计科目和记账金额　　　　　　　D. 所附原始凭证的张数

　E. 接受凭证单位的名称

10. 收款凭证的贷方科目可能是（　　）。

　A. 主营业务收入　　　　　　　　　　B. 应收账款

　C. 银行存款　　　　　　　　　　　　D. 管理费用

11. 付款凭证的借方科目可能是（　　）。

　A. 库存现金　　　　　　　　　　　　B. 原材料

　C. 应付账款　　　　　　　　　　　　D. 待摊费用

12. 下列经济业务应编制转账凭证的是（　　）。

　A. 领用材料　　　　　　　　　　　　B. 计提折旧

　C. 支付运费　　　　　　　　　　　　D. 购入材料货款未付

13. 记账凭证按其适用的经济业务不同分为（　　）。

　A. 单式记账凭证　　　　　　　　　　B. 复式记账凭证

　C. 专用记账凭证　　　　　　　　　　D. 通用记账凭证

14. 记账凭证的审核，主要审核（　　）。

　A. 内容是否真实　　　　　　　　　　B. 科目和金额是否正确

　C. 项目是否齐全　　　　　　　　　　D. 书写是否正确

15. 下列经济业务应编制收款凭证的是（　　）。

　A. 收到出租包装物押金　　　　　　　B. 收到支票存入银行

　C. 支付货款　　　　　　　　　　　　D. 收到现金

16. 下列经济业务应编制付款凭证的是（　　）。

　A. 支付前欠货款　　　　　　　　　　B. 将现金存入银行

　C. 修理机器领用材料　　　　　　　　D. 职工预借差旅费

五、简答题

1. 简述会计凭证的作用。

2. 简述会计凭证的种类。

3. 简述单式记账凭证和复式记账凭证的优缺点。

4. 简述原始凭证的基本内容。

5. 填制原始凭证应满足哪些要求？

6. 原始凭证审核的内容有哪些？

7. 简述记账凭证的基本内容。

8. 填制记账凭证的要求有哪些?

9. 记账凭证审核的内容有哪些?

六、核算题

目的: 掌握会计凭证的编制方法。

资料: 某公司 2009 年 9 份发生如下经济业务, 据此填制会计凭证。

（1）1 日向银行借入 6 个月的款项 60 000 元, 同时存入银行。

（2）3 日归还前欠某公司货款 80 000 元。

（3）5 日李文出差预借差旅费 3 000 元。

（4）5 日收到某公司前欠货款 100 000 元。

（5）8 日支付广告费 50 000 元。

（6）10 日购入材料的价款为 40 000 元, 增值税税额为 6 800 元, 货款已付。

（7）12 日从银行提取现金 60 000 元, 以备临时开支。

（8）13 日生产领用材料 50 000 元, 用于生产甲产品。

（9）20 日支付水电费 8 000 元, 其中生产车间 2 500 元, 管理部门 5 500 元。

（10）25 日李文出差归来报销差旅费 3 200 元, 所欠部分以现金付讫。

（11）26 日销售产品一批, 价款为 80 000 元, 增值税税额为 13 600 元, 货款已收到。

（12）26 日购买材料一批, 价款为 30 000 元, 增值税税额为 5 100 元, 款项尚未支付。

（13）28 日销售产品一批, 价款为 100 000 元, 增值税税额为 17 000 元, 货款尚未收到。

（14）30 日销售库存多余材料一批, 价款为 20 000 元, 增值税税额为 3 400 元, 款已收到。

（15）30 日产品完工验收入库 200 000 元。

要求: 根据以上业务编制记账凭证。

第八章　会计账簿

学习目标与要求

　　通过对本章的学习，明确账簿的概念和设置账簿的意义，了解账簿的种类，掌握日记账、明细分类账、总分类账的记账规则和登记方法，理解对账和结账的内容和方法，掌握错账更正的三种方法。

第一节　会计账簿概述

一、账簿的意义

（一）账簿的含义

　　会计账簿是根据会计科目开设账户并由具有一定格式、相互联接的账页组成，以会计凭证为依据，序时和分类记录经济业务的簿籍。账簿的概念包括两个方面：一是从其外表形式上看，它是具有专门格式而又由相互联接的若干账页组成簿记；二是从其记录的内容上看，账簿是对各项经济业务进行分类和序时记录的簿记。根据会计凭证，将所有的经济业务的相关信息、内容按其发生的时间顺序，分门别类地记入有关账簿的方法就是登记账簿，简称记账。

　　在会计核算过程中，对每一项经济业务，都必须取得和填制会计凭证，这样固然可以反映和监督经济业务的发生和完成情况，但是，会计凭证数量很多，零星分散，只能反映一笔或若干笔相同性质经济业务的情况，不能系统、完整地反映和监督某一类经济业务的情况，更不可能反映企业全部经济业务的活动情况，而且会计凭证容易散失，也不便于资料的查找。因而，有必要借助于设置和登记账簿这一专门的会计核算方法，把分散在会计凭证上的大量会计信息加以集中归类整理，使之系统化、条理化，从而提供全面、系统的会计信息来满足经济管理和编制会计报表的需要。所以，设置账簿是会计工作的一个重要环节。

（二）建账

　　建账分为新设建账和年初建账。

1. 新设建账

　　当一个企业从无到有新组建时，应于领取营业执照后 15 日内建立各种会计账簿，并报主管财、税机关备案。方法是按财政部核发的会计科目表开设总分类账，按预计的经济业务繁简程度及自身核算的要求开设明细分类账。

2. 年初建账

一个企业开始经营后，每年年初都要重新开设各种账簿（个别账户除外）。方法是将各资产、负债、所有者权益类账户上年末的期末余额过入本年新开设的账户所对应的余额栏，并在摘要栏内填写"期初余额"，而没有期末余额的成本类、损益类账户则直接按会计科目开设账簿。

（三）会计账簿的意义

（1）账簿可以为经济管理提供连续、系统、完整的会计核算信息。

通过登记账簿，对经济业务进行全面、系统、连续的记录和反映，不但可以提供序时的明细核算资料，而且可以提供总括的核算资料，为经济管理提供信息。

（2）账簿是编制会计报表的依据。

通过设置和登记账簿，将分散的会计凭证归类、汇总，既可以提供各类经济业务的总括和明细的核算资料，还可以提供反映期末资产、负债、所有者权益、本期收入、费用和利润的动、静态核算资料，会计人员将这些资料按一定的方法加工整理后可以编制会计报表。因此，账簿是编制会计报表的主要直接依据，因而账簿记录是否正确、完整就显得尤为重要。

（3）账簿是重要的经济档案。

账簿是会计档案的主要资料，也是经济档案的重要组成部分。账簿中登记储存的会计资料，可供有关管理部门和人员日后使用、查考。因此，会计账簿也是保存会计数据资料的重要工具。

（4）账簿是进行经济监督的依据。

把企业各类经济业务的发生和完成情况都记录在账簿中后，就为企业内部会计、审计部门及外部审计部门检查和监督企业经济活动的合法性、合理性及会计核算是否正确、完整提供了直接依据；通过检查和监督可以促使企业建立健全各种财产物资的使用、保管制度，从而有效地保护了企业财产物资的安全、完整；也可以据以发现经营管理中存在的问题并分析原因，促使企业加强经济核算，改善经营管理，提高经济效益。

二、账簿的种类

在实际工作中，账簿的种类和格式是多种多样的，通常可按其用途和外表形式进行分类。

（一）按账簿的用途分类

账簿的用途是指某一账簿用来登记什么经济内容及如何登记。账簿按用途可以分为序时账簿、分类账簿和备查账簿。

1. 序时账簿

序时账簿又称日记账，是对各项经济业务按其发生的时间先后顺序逐日逐笔进行登记的账簿。

在实际会计核算中，序时账簿是根据会计部门收到会计凭证的先后顺序（按记账凭证的编号顺序）逐日逐笔进行登记的，并且每日结出余额（日清）。序时账簿可以用来及时、详细地反映经济业务的发生和完成情况，能提供连续、系统的会计资料，而且可以用来和分类账的有关账户进行相互核对。序时账簿按其记录经济业务范围的不同，可以分为普通日记账和特种日记账。

普通日记账是用来序时记录全部经济业务的完成情况的账簿。这种账簿的特点是将每日发生的全部经济业务按其发生的先后顺序，根据原始凭证在账簿中逐笔编制会计分录，因而也称通用日记账、分录日记账或分录簿。采用这种账簿，要求在一本账中逐日逐笔登记全部经济业务，而在会计实务中由于经济业务的复杂多样性，这显然是比较困难的，也不便于分工操作，故在现实中很少采用。这种账簿只适合于经济业务不多的小规模企业。其格式见表 8-1 和表 8-2。

特种日记账是用来记录某一类经济业务的完成情况的账簿。这种账簿的特点是对某一类重要的、发生频繁的经济业务进行序时登记，可提供该类经济业务详细、及时的会计信息。该类日记账通常有库存现金日记账和银行存款日记账两种。

2. 分类账簿

分类账簿又称分类账，是对各项经济业务按照账户进行分类登记的账簿。分类账簿按其反映经济内容的详尽程度不同又可分为总分类账簿和明细分类账簿。

总分类账簿，简称总账，是根据总分类科目开设账户，用来分类登记全部经济业务，提供总括核算资料的分类账簿。

明细分类账簿，简称明细账，是根据明细分类科目开设账户，用来分类登记某一类经济业务，提供明细核算资料的分类账簿。

分类账簿可以提供各项资产、负债、所有者权益、收入、费用及利润的总括和明细核算资料，是编制会计报表的重要依据。

3. 备查账簿

备查账簿又称辅助账簿，是对某些在序时账簿和分类账簿等主要账簿中不能记录或记录不全的经济业务进行补充登记的账簿，目的是为某些经济业务的内容提供必要的参考资料，如租入固定资产登记簿、受托加工来料登记簿等。备查账簿没有固定的格式，各单位可根据自己的实际需要灵活设置。备查账簿的记录与会计报表无直接关系，是一种表外账簿。

（二）按账簿的外表形式分类

账簿的外表形式是指将组成账簿的账页固定地装订成册，还是采取散页方式不予固定。账簿按外表形式分为订本式账簿、活页式账簿和卡片式账簿。

1. 订本式账簿

订本式账簿简称订本账，是在启用前就将编有顺序页码的账页装订成册的账簿。其优点是可以避免账页散失和任意抽换账页，从而能保证账簿资料的安全完整；其缺点是同一本账簿在同一时间内只能由一人登记，不便于分工记账；因账簿页数固定，不能根据需要增减，因此必须预先估计每一个账户的页数预留账页，如果预留过多，会造成浪费，如果预留不足，则会影响账簿记录的连续性。订本式账簿一般适用于重要事项的登记，如库存现金日记账、银行存款日记账和总分类账等。

2. 活页式账簿

活页式账簿简称活页账，是将分散的账页装存在账夹内而不固定，可以随时增减账页的账簿。其优点是可以随时加入空白账页，便于分工记账，可提高工作效率。其缺点是账页容易散失和被抽换，不便于保管。因此，为保证账簿资料的安全与完整，在使用时应注意顺序编号，并在账页上加盖有关人员图章，以防产生弊端。在月末和年终结账后，应装订成册妥善保管。活页账一般适用于各种明细分类账的登记。

3. 卡片式账簿

卡片式账簿简称卡片账，是由许多具有账页格式的卡片组成的账簿。卡片账簿在使用前不加装订，根据需要随时增添卡片数量，为便于保管，通常将卡片存放于卡片箱中，其优缺点与活页账相同。为防止散失和抽换，应顺序编号，并由有关人员在卡片上签章，由专人保管，使用完毕更换新账后应予以封扎妥善保管。卡片账主要适用于财产明细账的登记，如材料卡片、固定资产卡片等。

第二节　账簿的设置和登记方法

一、账簿设置的原则

账簿的设置应力求科学严密，各个单位都要按照会计制度和《会计基础工作规范》的基本要求，结合本单位经济业务的特点和管理要求设置账簿体系，一般说来，设置账簿应遵循如下几项原则。

（1）账簿的设置应能保证连续地、系统地、全面地反映和监督各项经济业务，为管理工作提供全面、系统的会计信息。

（2）账簿的设置应在满足管理要求的前提下，尽可能节约人力、物力，防止重复设置账簿。

（3）账簿设计的种类和格式，要根据有用性原则，按照经济业务的内容和实际需要，力求简明实用，避免繁琐复杂。

二、账簿的内容

各单位均应按照国家统一会计制度的规定和本单位会计业务的需要设置会计账簿。尽管账簿种类很多，格式各异，用途不同，但一般都应包含以下基本内容。

（1）封面。封面上主要写明账簿的名称和企业单位的名称，如××总分类账、××明细分类账、××日记账等。

（2）扉页。扉页上应附账簿启用和经管人员一览表及账户目录，其格式见表9-23。

（3）账页。账页是账簿的主体，用来具体记录经济业务。其格式因记录的经济业务内容不同而有所不同，但一般都应包括如下内容：①账户名称；②记账日期栏；③记账凭证的种类和号数栏；④摘要栏；⑤金额栏；⑥总页次和分户页次等。

三、日记账的设置与登记

各单位根据业务需要，可以设置普通日记账和特种日记账。

（一）普通日记账的设置与登记

1. 两栏式普通日记账的设置与登记

两栏式普通日记账一般只有借方和贷方两个金额栏，格式见表8-1。

（1）日期栏：登记经济业务发生的日期。年度记入日期栏上端，月、日分两小栏登记。只有在更换账页或年度、月份变动时才重新填写年度和月份。

（2）摘要栏：简要说明经济业务的内容。文字要简洁，能概括经济业务全貌。

（3）账户名称：登记会计分录的应借应贷的账户名称（会计科目）。

（4）金额栏：将经济业务金额登记到借方、贷方栏内。

（5）过账栏：每天根据日记账中应借应贷账户及其金额过入分类账后，在过账栏内注明"√"符号，表示已经过账。

（6）总账页数：每日应根据日记账中的会计分录登记总分类账，并将总分类账的账页记入本栏。

表8-1　普通日记账（两栏式）

第　　页

20××年		摘要	账户名称	借方	贷方	过账	总账页数
月	日						
3	2	向银行借款	银行存款	50 000		√	
			短期借款		50 000	√	
	5	购入办公用品	管理费用	3 000		√	
			银行存款		3 000		

2. 多栏式普通日记账的设置与登记

如果企业在经营过程中有许多经济业务经常重复发生，则可在日记账中设置一些专栏，把同类业务在专栏里汇总，然后一次性过入分类账，这样可大大简化登账工作。

多栏式普通日记账是指在日记账中分设专栏，把经常重复的经济业务分栏登记，并将汇总的发生额一次过入分类账的一种普通日记账，格式见表8-2。

表8-2　普通日记账（多栏式）

年		摘要	账户名称	借方			贷方		
月	日	摘要	账户名称	库存现金	管理费用	……	银行存款	短期借款	…….

（二）特种日记账的设置与登记

这类日记账是用来记录某一类经济业务的。企业为加强对货币资金的管理，一般都应设置库存现金日记账和银行存款日记账，用以序时反映现金和银行存款收入的来源、支出的去向或用途以及每日结存金额。根据各单位需要，可设三栏式和多栏式。

1. 三栏式库存现金日记账和银行存款日记账

三栏式日记账是指其格式设有"借方"、"贷方"和"余额"三个金额栏的日记账。

（1）库存现金日记账

库存现金日记账是用来登记库存现金的收入、支出和结存情况的账簿。它是出纳员根据审核无误的现金收款、付款凭证和银行存款付款凭证（记录从银行提取现金的业务），逐日逐笔顺序登记的，每日终了，应结出现金日记账的账面余额，并将其与库存现金实存数额相核对，做到账实相符。库存现金超过银行核定的库存限额的部分，应及时送存银行。其格式见表8-3。

库存现金日记账的登记方法如下。

①日期栏：登记现金收、付业务发生的实际日期。

②凭证栏：登记收、付款凭证的种类和编号。

③摘要栏：登记经济业务简要说明。

④对方科目栏：登记现金收入或支出的对应账户名称。

⑤金额栏：登记收入或支出现金的金额。收入记借方，支出记贷方，每日终了应计算当日现金收入及现金支出的合计数及本日余额（日清）。

⑥借或贷：表明余额的方向。借方余额写"借"字，贷方余额写"贷"字。

⑦余额栏：在登记每笔现金收入或现金支出金额后，应逐日结出当日现金余额。其格式见表8-3。

表 8-3　库存现金日记账（三栏式）

第　　页

20××年		凭证		摘要	对方科目	借方	贷方	借或贷	余额
月	日	字	号						
2	1			期初余额				借	1 200
	1	现付	1	变卖废品收入	营业外收入	850			
	1	银付	1	提取现金备用	银行存款	1 000			
	1	现付	2	李兵借差旅费	其他应收款		800		
	1	现付	3	购买办公用品	管理费用		375		
	1			本日合计		1 850	1 175	借	1 875
				⋮					
	28			本日合计		2 000	1 650	借	1 520
	28			本月合计		47 600	47 280	借	1 520

（2）银行存款日记账

银行存款日记账是用来登记银行存款的存入、支出及结余情况的账簿，也是由出纳员根据审核无误的银行存款收款、付款凭证和现金付款凭证（记录将现金存入银行业务），逐日逐笔顺序登记的。每日终了，应分别计算银行存款收入、支出的合计数并结出当日余额，以便于检查监督各项收支款项，定期同银行送来的对账单逐笔核对。其具体格式见表 8-4。

银行存款日记账的登记方法与库存现金日记账的登记方法基本相同，需要说明的是，"支票号码栏"指所记录的经济业务如果是以支票结算的，应在对应栏内填写现金支票或转账支票的号数，以便与银行对账。

库存现金日记账和银行存款日记账必须采用订本式账簿，并按每一张账页顺序编号，防止账页散失和随意抽换，也便于日后查阅。其格式见表 8-4。

表 8-4　银行存款日记账（三栏式）

第　　页

20××年		凭证		摘要	现金支票号码	转账支票号码	对方科目	借方	贷方	借或贷	余额
月	日	字	号								
1	1			上年结余						借	278 460
	1	银收	1	收到货款		258	主营业务收入	120 000			
	1	现付	1	现金存入	136		库存现金	35 000			

(续表)

20××年		凭证		摘要	现金支票号码	转账支票号码	对方科目	借方	贷方	借或贷	余额
月	日	字	号								
	1	银付	1	偿付货款		26	应付账款		58 000		
	1	银收	2	收到投资		39	实收资本	800 000			
	1			本日合计				955 000	58 000	借	1 175 460
	31			本日合计				925 000	60 000	借	1 267 800
	31			本月合计				28 350 000	27 351 660	借	1 267 800

2. 多栏式库存现金日记账和银行存款日记账

多栏式日记账，就是将收入（借方）栏和支出（贷方）栏分别按照对应科目设置若干专栏的账簿，即把收入栏按贷方科目设若干专栏，支出栏按借方科目设若干专栏。当企业的收、付款凭证数量较多时，采用多栏式日记账可以减少收款凭证和付款凭证汇总编制的工作量，简化总分类账簿的登记工作，而且可以清晰地反映账户的对应关系，从而了解货币资金的每项收支的来源或用途。其格式见表 8-5。

表 8-5　库存现金（银行存款）日记账（多栏式）

第　页

年		凭证		摘要	收入（贷记下列科目）		收入增加合计	支出（借记下列科目）		收入减少合计	余额
月	日	字	号								

在会计实务中，如果采用多栏式日记账，确实能简化记账工作。但如果对应的账户较多，则账页篇幅会过大，使登记、保管不便，同时还容易发生错栏、串行的错误。为解决这一问题，可以分别设置库存现金收入日记账、银行存款收入日记账、库存现金支出日记

账和银行存款支出日记账，即将前述多栏式日记账一分为二。

由于多栏式日记账各科目发生额可以作为登记总分类账的依据，而根据内部牵制原则，钱、账必须分管，故应采取相应的监督和控制措施，保证会计人员登记的总分类账的正确性和可靠性。在具体操作时，先由出纳人员根据审核后的收款、付款凭证逐日逐笔顺序登记现金和银行存款的收入与支出，并结出当日账面余额；然后会计人员对多栏式库存现金日记账和银行存款日记账的记录进行审核，并负责在月末根据多栏式库存现金日记账和银行存款日记账各专栏的合计数分别登记总分类账的有关账户。这样做既可以简化日常核算工作，又可以起到监督检查的作用。

四、分类账的设置和登记

（一）总分类账的设置和登记

为了全面总括地反映经济活动情况，并为编制会计报表提供核算资料，任何单位都应设置总分类账。在总分类账中，应按照一级会计科目的编码顺序分设账户，并为每个账户预留若干账页，以便集中登记属于各账户的经济业务及其发生的增减变动情况。总分类账核算只运用货币度量，因而只采用三栏式和多栏式两种格式。

1. 三栏式总分类账

三栏式总分类账是指其格式设有"借方"、"贷方"和"余额"三个金额栏的账簿。三栏式总分类账一般有两种：一种是对某一账户只设"借方"、"贷方"、"余额"三栏，不反映对方科目；另一种是在"借方"、"贷方"两栏内分别设置"对方科目"栏，以便使账户间的对应关系能清晰地反映出来。具体格式分别见表 8-6 和表 8-7。

表 8-6　总分类账（不设对方科目的三栏式）

会计科目：　　　　　　　　　　　　　　　　　　　　　　　　　　　第　页

年		凭证		摘要	借方	贷方	借或贷	余额
月	日	字	号					

2. 多栏式总分类账

多栏式总分类账是将所有的总账科目合并设在一张账页上。典型的多栏式总分类账是一种序时账与分类账相结合的联合账簿，也称日记总账。其具体格式见表 8-8。

总分类账的登记，可以直接根据各种记账凭证逐笔登记，也可根据将一定时期的各种记账凭证汇总编制的科目汇总表或汇总记账凭证定期登记。具体登记方法取决于企业所采用的会计核算形式（具体内容见第十章）。但无论采用哪一种方式，会计人员都应将全月已发生的经济业务全部登记入账，并于月末结出总分类账各账户的本期发生额和期末余额，以此作为编制会计报表的依据。

表 8-7　总分类账（设对方科目的三栏式）

会计科目：　　　　　　　　　　　　　　　　　　　　　　　　　　第　页

年		凭证		摘要	借方		贷方		借或贷	余额
月	日	字	号		对方科目	金额	对方科目	金额		

表 8-8　总分类账（多栏式）

第　页

年		凭证		摘要	科目		科目		科目	
月	日	字	号		借方	贷方	借方	贷方	借方	贷方

（二）明细分类账的设置与登记

为了详细地反映经济活动情况并为编制会计报表提供详细的核算资料，各单位应在设置总分类账的基础上，根据经济管理的需要设置明细分类账。明细分类账应按二级科目或明细科目开设账户，用以分类、连续地记录有关资产、负债、所有者权益、收入、费用和利润的详细资料。明细分类账的设置对加强财产物资的收发和保管、资金的管理和使用、收入的取得、往来款项的结算以及费用的开支等经济活动的监督起着非常重要的作用。

各单位应根据经营管理的需要为各种财产物资、债权债务、收入、费用及利润等有关总分类账户设置各种明细分类账。明细账一般采用活页账，也有的采用卡片账，如固定资产卡片账。明细分类账的格式应根据它所反映经济业务内容的特点以及实物管理的不同要求来设计，一般有三栏式、数量金额式和多栏式。

1. 三栏式明细分类账

三栏式明细分类账的格式与三栏式总分类账的格式基本相同，在账页内只设有"借方"、"贷方"和"余额"三个金额栏。这种明细分类账适用于那些只需要进行金额核算的资本、债权、债务等账户，如"预收账款"、"应收账款"、"实收资本"、"应付账款"等账户。具体格式见表 8-9。

表8-9 三栏式明细分类账

应付账款明细账

明细科目：华宇公司 第 页

年		凭证		摘要	借方	贷方	借或贷	余额
月	日	字	号					

2. 数量金额式明细分类账

数量金额式明细分类账的格式，是在收入、发出、结存栏内分别设有数量、单价、金额三小栏。这种格式的明细账适用于既需要进行金额核算，又要进行实物数量核算的各种财产物资科目，如"原材料"、"库存商品"等账户。具体格式见表8-10。

表8-10 数量金额式明细分类账

原材料明细账

第 页

类别：钢材料计量 单位：千克

品名规格：螺纹钢 存放地点：1号库 编号：0018

年		凭证		摘要	收入			发出			结存		
月	日	字	号		数量	单价	金额	数量	单价	金额	数量	单价	金额

3. 多栏式明细分类账

多栏式明细分类账是根据经济业务的特点和管理的需要，在一张账页内按某一总账科目所属的明细科目或明细项目分设若干专栏，用以在同一张账页上集中反映某一总账科目所属各有关明细科目或明细项目的核算资料。多栏式明细账适用于只需要进行金额核算而不需要进行数量核算，并且管理上要求反映项目构成情况的成本费用、收入、利润等科目，如"制造费用"、"管理费用"、"财务费用"、"生产成本"、"主营业务收入"、"本年利润"等账户。其格式设计及登记方法根据科目类别及核算内容不同可分为三种情况。

（1）借方多栏式明细分类账

借方多栏式明细分类账适用于借方需要设置多个明细科目或明细项目的账户，如"生产成本"、"制造费用"、"管理费用"、"销售费用"等成本费用类账户，用以反映成本费用的构成。发生相关成本费用时，记入借方相关项目栏内。如发生冲减事项，则在借方栏内用红字登记。月末，将借方发生额合计数从贷方一笔转出，记入有关账户。具体格式见表8-11。

表8-11　借方多栏式明细分类账

管理费用
第　　页

20××年		凭证		摘要	借方（项目）						贷方	余额
月	日	字	号		工资	水电费	劳保费	办公费	折旧费	合计		
6	4	现付	5	买办公用品				3 000		3 000		3 000
	26	银付	5	付水电费		2 800				2 800		5 800
	31	转	22	分配工资	4 000					4 000		9 800
	31			月末转出							9 800	0

上述管理费用借方多栏式明细分类账的登记是以20××年6月某公司发生的如下经济业务为例。

①6月4日，用现金3 000元购买办公用品。

②6月26日，开出支票支付水电费2 800元。

③6月31日，计算应付管理人员工资4 000元。

根据业务编制记账凭证，我们以下面会计分录代替。

①借：管理费用　　　　　　　　　　　　　3 000
　　贷：库存现金　　　　　　　　　　　　　3 000（现付字5号）

②借：管理费用　　　　　　　　　　　　　2 800
　　贷：银行存款　　　　　　　　　　　　　2 800（银付字5号）

③借：管理费用　　　　　　　　　　　　　4 000
　　贷：应付职工薪酬　　　　　　　　　　　4 000（转字22号）

（2）贷方多栏式明细分类账

贷方多栏式明细分类账适用于贷方需要设置多个明细科目或明细项目的账户，如"主营业务收入"、"营业外收入"等收入类账户，用以反映收入的构成。当取得相关收入时登记在相关项目栏内。如发生冲减有关收入的事项，在贷方栏内用红字登记。月末将贷方发生额合计数从借方一笔转出，记入有关账户。具体格式见表8-12。

表 8-12　贷方多栏式明细分类账

主营业务收入

第　页

20××年		凭证		摘要	借方	贷方（项目）				余额
月	日	字	号			甲产品	乙产品	丙产品	合计	

（3）借方贷方多栏式明细分类账

借方贷方多栏式明细分类账适用于借、贷双方都要设多栏来登记各明细科目或明细项目的本月借、贷方发生额，如"本年利润"、"利润分配"账户，最后以借、贷方发生额数额相抵，再一笔从反方转出。具体格式见表 8-13。

表 8-13　借方贷方多栏式明细分类账

本年利润

第　页

年		凭证		摘要	借方（项目）		贷方（项目）		借或贷	余额
月	日	字	号			合计		合计		

各明细分类账的登记方法应根据各个单位业务量的大小、经营管理的需要以及所记录的经济业务内容加以确定。登记明细分类账的依据主要是原始凭证和记账凭证。一般情况下，应逐笔登记经济业务，个别情况也可定期汇总登记。经济业务发生后，要按平行登记的原则，在总分类账及其所属明细分类账上分别登记，并对总分类账和所属明细分类账进行核对，以保证记录结果准确无误。

（三）总分类账和明细分类账的平行登记

总分类账和明细分类账所记录的经济业务的内容相同，登记的依据相同，所不同的只是提供核算资料的详细程度的差别。总分类账提供的是总括核算资料，对其所属明细分类账起着统驭的作用，对其进行控制；而明细分类账提供的是详细核算资料，对总分类账起着补充说明的作用。

因此，在会计核算中，为了便于进行账户记录的核对，保证核算资料的完整性和正确性，总分类账与其所属的明细分类账必须采取平行登记的方法。

所谓平行登记，就是每一项经济业务发生之后，一方面要在有关的总分类账户中进行登记，另一方面必须在其所属的明细分类账中进行登记。平行登记的要点可概括如下。

（1）登记的依据相同

每项经济业务发生以后，都要根据审核无误的会计凭证，一方面记入有关的总分类账，另一方面记入该总账所属的明细分类账中。

（2）登记的方向一致

总分类账及其所属明细分类账登记的方向必须一致。如果在总分类账中登记借方，则在其所属明细账中也应登记在借方；如果在总分类账中登记贷方，则在其所属明细账中也应登记在贷方。

（3）登记的金额相等

对每一项经济业务，记入总分类账户的金额与记入其所属明细分类账的金额必须相等。如果同时涉及几个明细分类账户，则记入总分类账的金额与其所属的几个明细分类账的金额之和应当相等。总分类账和明细分类账平行登记之后可产生如下数量关系：

总分类账户本期发生额 = 所属明细分类账户本期发生额合计数

总分类账户期末余额 = 所属明细分类账户期末余额合计数

在会计核算过程中，通常利用这种数量相等关系来检查总分类账和明细分类账记录的完整性和正确性。

下面以"原材料"和"应收账款"为例，说明总分类账和明细分类账平行登记的方法。

以第四章中例7、例8、例10、例12、例13、例24、例25共七笔经济业务为例，登记"原材料"和"应付账款"两个总分类账户及其所属的明细分类账户，并分别计算本期发生额和期末余额。

登账结果分别见表8-14至表8-20。

表8-14　原材料总分类账

20××年		业务号	摘要	借方	贷方	借或贷	余额
月	日						
12	1		期初余额			借	230 000
	8	7	安装设备领用		5 000		
	8	8	购入	100 000			
	12	10	购入	280 000			
	12	12	购入	50 000			
	13	13	生产领用		342 000		
	31		本期发生额及余额	430 000	347 000	借	313 000

表 8-15 原材料明细分类账

材料名称：钢材

20××年		业务号	摘要	收入			发出			结存		
月	日			数量（吨）	单价（元）	金额（元）	数量（吨）	单价（元）	金额（元）	数量（吨）	单价（元）	金额（元）
12	1		期初余额							25	2 000	50 000
	8	7	安装设备领用				2.5	2 000	5 000	22.5	2 000	45 000
	8	8	购入	50	2 000	100 000				72.5	2 000	145 000
	12	13	生产领用				49	2 000	98 000	23.5	2 000	47 000
	31		本期发生额及余额	50	2 000	100 000	51.5	2 000	103 000	23.5	2 000	47 000

表 8-16 原材料明细分类账

材料名称：甲材料

20××年		业务号	摘要	收入			发出			结存		
月	日			数量（吨）	单价（元）	金额（元）	数量（吨）	单价（元）	金额（元）	数量（吨）	单价（元）	金额（元）
12	1		期初余额							1 800	50	90 000
	12	10	购入	2 000	50	100 000				3 800	50	190 000
	12	12	购入	1 000	50	50 000				4 800	50	240 000
	13	13	生产领用				2 000	50	100 000	2 800	50	140 000
	31		本期发生额及余额	3 000	50	150 000	2 000	50	100 000	2 800	50	140 000

表 8-17 原材料明细分类账

材料名称：乙材料

20××年		业务号	摘要	收入			发出			结存		
月	日			数量（吨）	单价（元）	金额（元）	数量（吨）	单价（元）	金额（元）	数量（吨）	单价（元）	金额（元）
12	1		期初余额							1 500	60	90 000
	12	10	购入	3 000	60	180 000				4 500	60	270 000
	12	13	生产领用				2 400	60	144 000	2 100	60	126 000
	31		本期发生额及余额	3 000	60	180 000	2 400	60	144 000	2 100	60	126 000

表 8-18　应收账款总账

20××年		业务号	摘要	借方	贷方	借或贷	余额
月	日						
12	1		期初余额			借	110 000
	30	24	销货	378 400			
	30	25	销货	479 700			
	31		本期发生额及余额	858 100		借	968 100

表 8-19　应收账款明细分类账

公司名称：华翔公司　　　　　　　　　　　　　　　　　　　　　　　　单位：元

20××年		业务号	摘要	借方	贷方	借或贷	余额
月	日						
12	1		期初余额			借	40 000
	30	24	销货	378 400		借	414 400
	31		本期发生额及余额	378 400		借	418 400

表 8-20　应收账款明细分类账

公司名称：宇力公司　　　　　　　　　　　　　　　　　　　　　　　　单位：元

20××年		业务号	摘要	借方	贷方	借或贷	余额
月	日						
12	1		期初余额			借	70 000
	30	25	销货	479 700		借	549 700
	31		本期发生额及余额	479 700		借	549 700

　　在根据平行登记方法登记总分类账及其所属明细分类账之后，为了检查账户记录是否正确，应当对总分类账和明细分类账登记的结果进行核对。主要是核对总分类账及其所属明细分类账的发生额和余额是否相等，以便及时发现和更正错账，保证账簿记录的正确性。

　　下面就以上述"原材料"和"应收账款"总分类账及其所属明细分类账平行登记的结果，说明总分类账与明细分类账核对的方法。具体见表 8-21 和表 8-22。

表 8-21　原材料总账与明细账的核对

原材料账户	计量单位	期初余额		本期发生额				期末余额	
				收入（借方）		发出（贷方）			
		数量	金额	数量	金额	数量	金额	数量	金额
钢材	吨	25	50 000	50	100 000	51.5	103 000	23.5	47 000
甲材料	吨	1 800	90 000	3 000	150 000	2 000	100 000	2 800	140 000
乙材料	吨	1 500	90 000	3 000	180 000	2 400	144 000	2 100	126 000
总分类账			230 000		430 000		347 000		313 000

表 8-22　应收账款总账与明细账的核对

应收账款账户	期初余额		本期发生额		期末余额	
	借方	贷方	借方	贷方	借方	贷方
华翔公司	40 000		378 400		418 400	
宇力公司	70 000		479 700		549 700	
总分类账	110 000		858 100		968 100	

第三节　账簿的登记规则

会计账簿作为重要的会计资料，企业会计人员必须认真记录。为保证会计资料的可靠性，规范账簿的登记，各单位在登记账簿时必须遵循如下基本规则。

一、账簿启用规则

会计账簿应当由专人负责登记。为保证账簿记录的合法性和完整性，明确记账责任，在账簿启用时，应当在账簿封面上写明单位名称和账簿名称，填写账簿扉页上的"账簿启用和经管人员一览表"。一览表的具体内容包括：单位名称、账簿名称、账簿编号、启用日期、账簿册数、账簿页数加盖的单位公章及会计主管和记账人员名章。"账簿启用和经管人员一览表"格式见表 8-23。

表 8-23　账簿启用和经管人员一览表

账簿名称：　　　　　　　　　　　　　单位名称：

账簿编号：　　　　　　　　　　　　　账簿册数：

账簿页数：　　　　　　　　　　　　　启用日期：

会计主管：　　　　　　　　　　　　　记账人员：

移交日期			移交人		接管日期			接管人	
年	月	日	姓名	盖章	年	月	日	姓名	盖章

记账人员或者会计机构负责人、会计主管人员调动工作时，应当在"经管人员一览表"中注明交接日期、接办人员和监交人员姓名，并由交接双方人员及监交人员签名或盖章，以明确有关人员的责任，增强有关人员的责任感。一般会计人员办理交接手续，由会计机构负责人（会计主管人员）监交；会计机构负责人（会计主管人员）办理交接手续，由单位负责人监交，必要时主管单位可以派人会同监交。

二、账簿的登记规则和要求

（1）为了保证账簿记录的真实性、正确性，必须根据审核无误的会计凭证登账。登记会计账簿时，应当将会计凭证日期、编号、业务内容摘要、金额和其他有关资料逐项入账，做到数字准确、摘要简洁清楚、登记及时、字迹工整。登记完毕后，要在记账凭证上签名或盖章，并注明已经登账的符号，即在记账凭证上所设的专门栏内注明"√"，表明已经记账，以免发生重记或漏记。

（2）账簿中书写的文字或数字要写在靠下方的位置，不要写满格，一般应占格距的二分之一，即在其上方留有空格，一旦发现登记错误时能比较容易地进行改正，同时也方便查账工作。

（3）为了使账簿记录保持清晰、耐久，便于长期备考使用和防止涂改，登记账簿要用蓝黑墨水或碳素墨水书写，不得用铅笔或圆珠笔（银行的复写账簿除外）书写。在会计上，数字的颜色是最重要的语素之一，它同数字和文字一起传递会计信息。书写的墨水颜色用错了，所传递的会计信息也必然是错误的。一般在下列情况下可以用红色墨水记账。

①按红字冲账的记账凭证，冲销错误记录。

②在不设借贷等栏的多栏式账页中登记减少数。

③在三栏式账户的余额栏前，如未印明余额方向，在余额栏内登记负数金额。

④根据国家统一会计制度的规定可以用红字登记的其他会计记录。

（4）各种账簿要按页码顺序连续登记，不得跳行、隔页。如果发生跳行、隔页，应当将空行、空页用红线对角注销，或者注明"此行空白"、"此页空白"字样，并由记账人员签名或盖章。

（5）凡需要结出余额的账户，按时结出余额后，应当在"借或贷"栏内写明"借"或

"贷"字样，表明余额的方向。没有余额的账户，应当在"借或贷"栏内写"平"字，并在余额栏的元位上写"0"。

（6）每一张账页登记完毕结转下页时，应当结出本页合计数及余额，写在本页最后一行和下页第一行，并在摘要栏内注明"过次页"和"承前页"字样，也可以将本页合计数及金额只写在下一页第一行的有关栏内，并在摘要栏内注明"承前页"字样。

（7）账簿记录出现错误，不准涂改、刮擦、挖补或用药水消除字迹等手段更正，必须使用规定的方法进行更正。

（8）实行会计电算化的单位，其会计账簿的登记、更正，应当符合国家统一会计制度的规定，总账和明细账应当定期打印。打印出来的会计账簿必须连续编号，经审核无误后装订成册，并由记账人员和会计机构负责人、会计主管人员签字或盖章。

第四节　错账的更正规则

登记账簿是一项很细致的工作。在记账过程中可能由于种种原因会使账簿记录发生错误，这种错误往往在结算、试算平衡、对账时才发现。这些错误一经查出应立即更正，并且必须根据错误的具体情况，按规定的更正方法予以更正。一般更正错账的方法有以下三种。

一、划线更正法

这种方法适用于记账凭证无错误而账簿记录有错的情况。在结账前，如果发现账簿记录有错误而记账凭证无错误，即过账时发生数字或文字上的笔误，可采用划线更正法。具体方法是：先在错误文字或数字上划一条红线予以注销，然后将正确的文字或数字写在错误文字或数字的上方，并在更正处加盖更正人员签章。应注意的是，要将错误的数字或文字全部划掉，不允许只划掉有错误的个别数字，并保持划去的字迹仍清晰可辨，以备日后查考。

例如，记账人员在根据记账凭证登记账簿时，将86 700元错误登记为87 600元。表8-24中左边为正确的更正方法，右边为错误的更正方法。

表8-24　正误更正错账对照表

正确更正法								错误更正法						
	万	仟	佰	拾	元	角	分		万	仟	佰	拾	元	角	分
	8	6	7	0	0	0	0			6	7				
	8	7	6	0	0	0	0		8	7	6	0	0	0	0

（注：数字中的"——"为红线）

最后要在更正处加盖更正人员名章以示负责。

二、红字更正法

这种方法适用于记账凭证有错误，并已记账的情况。具体又可以分为两种情况。

1. 在记账之后，如果发现记账凭证中的应借应贷会计科目有错误，可采用红字更正法。具体更正方法是：先用红字填制一张与原错误记账凭证内容完全相同的记账凭证，并在摘要栏内注明"冲销某月某日某号凭证"，并据以用红字登记入账，冲销原来错误的账簿记录；然后再用蓝字填制一张正确的记账凭证，在摘要栏内写明"更正某月某日某号凭证"，并据以登记入账。

例1 某厂支付广告费6 000元，以现金付讫。在填制记账凭证时，误编为如下会计分录并已登记入账。

（1）借：管理费用 6 000
　　　　贷：库存现金 6 000

更正时，先用红字（以□表示红字）金额编制记账凭证并据以用红字登记入账，以冲销原有错误的账簿记录。

（2）借：管理费用 6 000
　　　　贷：库存现金 6 000

然后再用蓝字金额编制正确的记账凭证，并据以登记入账。

（3）借：销售费用 6 000
　　　　贷：库存现金 6 000

表 8-25　管理费用明细账

20××年		业务号	摘要	借方	贷方	借或贷	余额
月	日						
略	略	（1） （2）	支付广告费 支付广告费更正	6 000 6 000			

表 8-26　销售费用明细账

20××年		业务号	摘要	借方	贷方	借或贷	余额
月	日						
略	略	（3）	支付广告费	6 000			

表 8-27 库存现金日记账

20××年		业务号	摘要	借方	贷方	借或贷	余额
月	日						
略	略	（1）	支付广告费		6 000		
		（2）	支付广告费更正		6 000		
		（3）	支付广告费更正		6 000		

2. 在记账之后，如果发现记账凭证和账簿中所记金额大于应记的正确金额，而原记账凭证中应借、应贷会计科目并无错误，可采用红字更正法予以更正。具体更正方法是：用红字填制一张与原错误记账凭证应借、应贷会计科目完全相同，但金额为多记金额的记账凭证，并在摘要栏注明"冲销某月某日某号凭证多记金额"，然后据以登记入账。

例 2 企业某月支付管理部门水电费 2 000 元。在填制记账凭证时误填为 20 000 元，并已登记入账。原会计分录为：

（1）借：管理费用   20 000

   贷：银行存款   20 000

该笔错账多记金额 18 000 元，更正时应用红字填制一张记账凭证，金额为 18 000 元，并据以登记入账。

（2）借：管理费用   18 000

   贷：银行存款   18 000

表 8-28 管理费用明细账

20××年		业务号	摘要	借方	贷方	借或贷	余额
月	日						
略	略	（1）	支付管理部门水电费支付	20 000			
		（2）	水电费更正	18 000			

表 8-29 银行存款日记账

20××年		业务号	摘要	借方	贷方	借或贷	余额
月	日						
略	略	（1）	支付管理部门水电费		20 000		
		（2）	支付水电费更正		18 000		

三、补充登记法

在记账之后，如果发现记账凭证中的应借、应贷会计科目无错误，但所记金额小于应记正确金额时，可以采用补充登记法。具体更正方法是：用蓝字填制一张与原错误凭证的应借、应贷会计科目完全相同但金额为少记金额的记账凭证，并在摘要栏内注明"补充某月某日某号凭证少记金额"，并据以登记入账。

例3 企业某车间当月领料 30 000 元用于生产产品。在记账时误填为 3 000 元，并据以入账。原会计分录为：

借：生产成本 　　　　　　　　　　　　　　　　　　　　　　　　　3 000
　贷：原材料 　　　　　　　　　　　　　　　　　　　　　　　　　　　　3 000

该笔错账少记金额为 27 000 元，用蓝字填制一张与原凭证应借、应贷会计科目完全相同，但金额为少记金额的会计凭证，并据以登记入账。

借：生产成本 　　　　　　　　　　　　　　　　　　　　　　　　27 000
　贷：原材料 　　　　　　　　　　　　　　　　　　　　　　　　　　27 000

表 8-30　生产成本明细账

×年		业务号	摘要	借方	贷方	借或贷	余额
月	日						
略	略	（1） （2）	生产领用原材料 生产领用原材料更正	3 000 27 000			

表 8-31　原材料明细账

×年		业务号	摘要	借方	贷方	借或贷	余额
月	日						
略	略	（1） （2）	生产领用原材料 生产领用原材料更正		3 000 27 000		

上述三种方法只适用于记账后结账前发现错账的更正。若年末结账以后发现错账，则不能用上述方法更正。

第五节　对账和结账

为保证会计账簿记录的内容准确无误，会计人员应定期和不定期地进行账簿核对工作，即对账。账簿核对无误后，应按规定于会计期末结账。

一、对账

对账是指在会计核算中，会计人员对账簿记录进行核对。通过对账，可以及时发现记账过程中的错误，以保证账簿记录的真实、完整和正确，最终为编制会计报表提供可靠的依据。各单位应当定期将会计账簿记录的有关资料与有关账簿记录、会计凭证和实物资产、货币资金、单位或个人的往来结算款项进行相互核对，保证做到账证、账账和账实相符。

（一）账证核对

账证核对，是指各种账簿记录与有关会计凭证的核对。即各种账簿记录与原始凭证、记账凭证的时间、凭证字号、内容、金额、记账方向等进行核对，看其是否一致。因原始凭证和记账凭证的种类多、数量大，账证核对一般是在日常会计核算工作中进行的，通过会计人员在编制记账凭证和登记账簿工作过程中进行核对。如果在月末发现账账不符，为查找原因，也要进行账证核对。

（二）账账核对

账账核对，是指各种账簿之间有关核算指标的核对。账账核对一般是在账证核对的基础上进行的。账账核对的具体内容包括以下几项。

（1）总分类账各账户的期末借方余额合计数与贷方余额合计数核对相符；这种核对是通过编制总账账户试算平衡进行的。

（2）总分类账中的库存现金和银行存款账户的期末余额分别与库存现金日记账和银行存款日记账的期末余额核对相符。

（3）总分类账各账户的期末余额与其所属的明细分类账的期末余额合计数核对相符。

（4）会计部门的各种财产物资明细分类账的期末余额与财产物资保管和使用部门的有关明细分类账的期末余额核对相符。

（三）账实核对

账实核对，是指各种财产物资的账面余额与实存数额进行的核对，是在账账核对的基础上结合财产清查进行的。账实核对的主要内容如下。

（1）库存现金日记账的账面余额与现金实际库存数额核对相符。

（2）银行存款日记账的账面余额与银行对账单核对相符。

（3）各种财产物资明细分类账的账面余额与其实存数额核对相符。

（4）各种应收、应付账款的明细账的账面余额与有关债权、债务单位或个人的账目核对相符。

如果核对后发现账实不符，应按规定采用专门方法调整账簿记录。调账方法参见第九章。

二、结账

结账，是指在把一定时期（月份、季度、年度）内所发生的全部经济业务登记入账的基础上，结算出各种账簿的本期发生额和期末余额。

为了将持续不断的经济活动按照会计期间进行分期汇总和报告，反映一定会计期间的财务状况和经营成果，并为编制会计报表提供依据，各单位必须在会计期末按照有关规定进行结账。为了做好结账工作，在结账前应做好以下几项准备工作。

第一，必须将本期内发生的经济业务，无一缺漏地全部登记入账。

第二，必须做好对账工作，在核对无误的基础上才能结账。

第三，为了保证会计资料真实、可靠，不得提前或推迟结账。

结账工作是在会计期末（月末、季末、年末）进行的。在会计实务中大都采用划线结账的方法进行结账。月结、季结的时候划通栏单红线，年结时划通栏双红线。具体方法如下。

（一）资产、负债、所有者权益类账户

（1）需要结出本日发生额合计数时，应在当日最后一笔业务发生额下行摘要栏内注明"本日合计"，结出借、贷方发生额的合计数和余额，在"本日合计"行下划通栏单红线。

（2）月结：每月终了，应结出各账户本月发生额和期末余额（若无余额，则在"借或贷"栏内写"平"字，在余额栏内写"0"），并在摘要栏内注明"××月份发生额及期末余额"或"本月合计"，然后在下面划一条通栏单红线。

（3）季结：方法与月结相同。

（4）年结：年度终了，应在12月份月结数和第四季度季结的数字下，结算填列全年12个月的月结数字的合计数，并在摘要栏内注明"××年度发生额及余额"或"本年合计"字样，然后在"本年合计"栏下划通栏双红线，表示封账，并将该账户余额直接记入下一年度新建有关会计账簿的第一行余额栏内，并在摘要栏注明"上年结转"字样。具体格式见表8-32。

凡账页内每月只记录一笔账的，在记录下划通栏单红线，无须结计"本月合计"；借、贷某一方有两笔以上记录，应按月结计或累计结计发生额的，均按上述方法办理。

（二）损益类账户

每月结出本期发生额，并在摘要栏内注明"本期发生额"或"本月合计"字样。因该类账户期末无余额，所以在"借或贷"栏内写"平"字，在余额栏的元位上写"0"。如果是月结，在其下面划一条通栏红线；如果是年结，划通栏双红线。具体格式见表8-33。

表 8-32　原材料总账

20××年		凭证		摘要	借方	贷方	借或贷	余额
月	日	字	号					
1	1			年初余额			借	3 726 380
	3			购入材料	250 000			
	5			生产领料		130 000		
	7			生产领料		29 000		
				⋮	⋮	⋮		⋮
	31			本月合计	1 286 000	2 900 000	借	2 112 380
2	1			⋮	⋮	⋮		⋮
	28			本月合计	780 000	630 000	借	2 262 380
3	1			⋮	⋮	⋮		⋮
	31			本月合计	938 200	692 700	借	2 507 880
	31			本季合计	3 004 200	4 222 700	借	2 507 880
				⋮	⋮	⋮		⋮
12	31			本月合计	1 083 000	892 000	借	3 829 600
	31			本季合计	48 260 000	3 504 280	借	3 829 600
	31			本年合计	14 782 670	14 679 450	借	3 829 600
				结转下年			借	3 829 600

表 8-33　主营业务收入总账

20××年		凭证		摘要	借方	贷方	借或贷	余额
月	日	字	号					
1	8			销售产品		370 000	贷	370 000
	15			销售产品		692 000	贷	1 062 000
	28			销售产品		520 000	贷	1 582 000
	31			本月合计		1 582 000	贷	1 582 000
	31			转入本年利润	1 582 000		平	0
				⋮	⋮	⋮	⋮	⋮
12	31			本月合计		2 000 000	贷	2 000 000
	31			转入本年利润	2 000 000		平	0
	31			本年合计	42 600 000	42 600 000	平	0

第六节　会计账簿的保管

会计账簿包括总分类账簿、各种日记账和明细分类账，是各单位重要的经济资料，为此必须建立归档、管理制度，妥善保管，以备日后查阅。账簿管理分平时管理和归档管理两部分。

一、平时账簿管理的具体要求

各种账簿要分工明确，指定专门人员负责。账簿经管人员既要负责记账、对账、结账等工作，又要负责保证账簿的安全。会计账簿未经单位领导和会计负责人或有关人员批准，非经管人员不能随意翻阅查看。会计账簿除需要与外单位核对外，一般不能携带外出，对携带外出的账簿，一般应由经管人员或会计主管人员指定专人负责。会计账簿不能随意交与其他人员管理，以防止任意涂改账簿等问题发生，保证账簿资料的安全。

二、归档保管

年度终了更换并启用新账后，对更换下来的旧账要整理装订，造册归档保存。

1. 归档前旧账的整理

整理内容包括检查和补齐应办手续，如改错盖章、注销空行空页、结转余额等。活页账应撤出未使用的空白账页再装订成册，并将各账页连续编号。

2. 旧账装订

活页账一般按账户分类装订成册，一个账户订一册或数册。某些账户账页较少，也可以合并装订成一册。装订时应检查账簿扉页的内容是否填写齐全。装订后应由经办人员、装订人员、会计主管在封口处签名或盖章。

3. 旧账归档

旧账装订完毕后应编制目录并编写移交清单，然后按期移交档案部门保管。

各种账簿同会计凭证和会计报表一样，都是重要的经济档案，必须按照制度统一规定的保存年限妥善保管，不得丢失和任意销毁。保管期满后，应按照规定的审批程序报经批准后才能销毁，销毁时应派人监销。

企业和其他组织会计档案保管期限参见第十二章中的有关内容。

思考题

1. 对本章的主要内容进行小结。

2. 什么是账簿？账簿是如何分类的？

3. 日记账有哪些格式？如何进行登记？

4. 总分类账的格式和登记方法如何？

5. 简述明细分类账的格式及其适用范围。

6. 何谓总分类账和明细分类账的平行登记？要点是什么？

7. 对账的主要内容是什么？

8. 什么是结账？如何结账？

9. 错账更正有哪几种方法？各适用于什么情况？如何运用？

练习题

一、判断题

1. 账簿是编制会计报表的唯一依据。 （ ）

2. 库存现金、银行存款日记账属于普通日记账。 （ ）

3. 企业除设置法定的会计账簿外，也可以另立会计账册。 （ ）

4. 库存现金和银行存款日记账，至少每天登记一次。 （ ）

5. 登记账簿既可以用蓝黑墨水或者碳素墨水书写，也可以用红色墨水书写。 （ ）

6. 多栏式明细分类账适用于所有账簿。 （ ）

7. 原材料明细账一般采用三栏式。 （ ）

8. 凭证错导致的账簿错误，一般采用划线更正法。 （ ）

9. 账账核对就是总分类账和库存现金日记账及银行存款日记账核对。 （ ）

10. 账实核对就是总分类账和各类明细分类账核对。 （ ）

11. 只要到会计期末，就必须结账，不管本期业务是否全部登记入账。 （ ）

二、填空题

1. 账簿是由相互联系的具有专门格式的_____组成的，并以_____为依据，用以全面、连续、科学地序时或分类记录经济业务的簿籍。

2. 特种日记账，主要包括_____和_____账。

3. 三栏式总分类账是指其格式设有_____、_____和_____三个金额栏的账簿。

4. 数量金额式明细账的格式，是在收入、发出、结存栏内分别设有_____、_____和_____三小栏。

5. 划线更正法适用于_____无误，而账簿记录有误的情况。

三、单项选择题

1. 下列记账凭证中，不能据以登记库存现金日记账的是（   ）。

    A. 银行存款收款凭证   B. 银行存款付款凭证

    C. 现金收款凭证   D. 现金付款凭证

2. 银行存款日记账每一页登记完毕结转下页时，结计"过次页"的合计数应是（ ）的发生额合计数。

    A. 本月   B. 自本月初起至本页末止

    C. 本页   D. 自本年初起至本页末止

3. 某企业用银行存款 8 000 元支付短期借款利息，会计人员编制的付款凭证为借记管理费用 6 000 元，贷记银行存款 6 000 元，并已登记入账。当年发现记账错误，更正时应采用的更正方法是（ ）。

    A. 重编正确的付款凭证   B. 划线更正法

    C. 补充登记法   D. 红字更正法

4. 关于结账，下列说法中不正确的是（ ）。

    A. 银行存款日记账应按月结出本月发生额和月末余额

    B. 应付账款明细账在每次记账后随时结出余额

    C. 总账账户应按月结出本月发生额和月末余额

    D. 总账账户年终应结计全年发生额和年末余额

5. 记账凭证上记账栏目中的"√"记号表示（ ）。

    A. 已经登记入账   B. 不需登记入账

    C. 此凭证作废   D. 此凭证编制正确

6. 对某些在序时账簿和分类账簿中未能记载的经济事项进行补充登记的账簿是（ ）。

    A. 联合账簿   B. 备查账簿

    C. 三栏式账簿   D. 数量金额式账簿

7. 总分类账和库存现金、银行存款日记账一般采用（ ）。

    A. 活页式   B. 卡片式

    C. 订本式   D. 任意外表形式

8. 库存商品明细账一般采用（ ）账簿。

    A. 三栏式   B. 数量金额式

    C. 卡片式   D. 多栏式

9. 管理费用明细账一般采用（ ）账簿。

    A. 订本式   B. 多栏式

    C. 数量金额式   D. 三栏式

10. 会计凭证无误，账簿记录中所记金额大于应记金额，适用于（ ）。

    A. 划线更正法   B. 补充登记法

    C. 红字更正法   D. 蓝字更正法

11. 下列说法正确的是（ ）。

    A. 结账前，应将本期全部经济业务全部入账

    B. 可以提前或推后结账

    C. 必须结出期末余额，本期发生额可结可不结

D.最后一笔账下面划双红线

12.没有余额的账户,应在"借或贷"栏内写( )。

A."借" B."贷"

C."平" D."0"

13.每一账页登记完毕结转下页时,应当结出本页合计数及余额,并在摘要栏内注明( )。

A."承前页" B."过次页"

C."本页合计" D."本页累计"

四、多项选择题

1.库存现金日记账和银行存款日记账的登记要求主要包括( )。

A.由出纳人员负责登记

B.以审核无误的收、付款凭证为依据

C.应逐日逐笔顺序登记

D.必须逐日结出余额

2.下列情况中,在会计处理中可以使用红色墨水的有( )。

A.冲销错账

B.在未印明余额方向的余额栏内登记负数余额

C.划结账线

D.在未分设借贷栏的多栏式账页中,登记减少数

3.下列账簿,可以采用多栏式账簿的有( )。

A.实收资本明细账 B.营业外收入明细账

C.管理费用明细账 D.原材料明细账

4.任何会计主体都应设置的账簿有( )。

A.日记账 B.总分类账簿

C.明细分类账簿 D.备查账

5.适用于数量金额式明细账的账户有( )。

A.原材料 B.库存商品

C.材料采购 D.生产成本

6.账簿启用和经管人员一览表应载明的事项有( )。

A.启用日期 B.经管人员的姓名

C.加盖公章 D.会计科目名称

7.明细分类账的格式有( )。

A.三栏式 B.数量金额式

C.多栏式 D.订本式

8.对账的内容主要有( )。

A.账证核对 B.账账核对

C. 账表核对　　　　　　　D. 账实核对

9. 错账更正的方法有（　　）。

A. 红字更正法　　　　　　B. 补充登记法

C. 划线更正法　　　　　　D. 挖擦刮补法

10. 下列属于登记账簿要求的是（　　）。

A. 账簿书写的文字和数字要留适当空距，一般留二分之一

B. 不得用圆珠笔、铅笔

C. 可以跳行隔页

D. 登账后，要在记账凭证"记账符号"栏内画"√"

11. 结账按时间分，一般可分为（　　）。

A. 月结　　　　　　　　　B. 年结

C. 季结　　　　　　　　　D. 日结

12. 账簿按用途分，可以分为（　　）。

A. 序时账簿　　　　　　　B. 分类账簿

C. 备查账簿　　　　　　　D. 卡片式账簿

五、简答题

1. 总分类账和明细分类账平行登记的要点是什么？

2. 明细分类账常用的格式有哪些？

3. 错账的更正方法有哪几种？适用范围如何？

六、核算题

（一）

1. 目的：练习登记库存现金日记账。

2. 资料：宝宁公司 2002 年 3 月份发生下列经济业务。

（1）2 日，提取现金 2 000 元备用。

（2）3 日，业务员张明借支差旅费 800 元，以现金支付。

（3）3 日，提取现金 30 000 元，备发工资。

（4）3 日，发放工资 30 000 元。

（5）3 日张明报销差旅费 650 元，余款交回。

要求：根据上述资料，先编制会计分录，再登记库存现金日记账（3 月 1 日库存现金期初余额为 15 000 元）。

（二）

1. 目的：练习登记银行存款日记账。

2. 资料：某工业企业 1998 年 12 月 31 日资产总额为 756 186 元（其中银行存款 45 460 元），负债总额为 175 000 元，所有者权益总额为 581 186 元。1999 年 1 月 1－5 日发生以下经济业务。

（1）1 日，开出转账支票一张，支付上月购料欠款 15 600 元（支票号码为 411）。

（2）1日，预收大华公司货款5 668元，款项已存入银行。

（3）1日，开出现金支票一张，提取现金1 200元（支票号码为256）。

（4）2日，以现金350元支付购买材料的运杂费。

（5）5日，收到红光公司投入货币资金10万元，存入银行。

（6）5日，开出转账支票一张，交纳上月应交税费950元（支票号码为412）。

要求：根据上述所给资料，先编制会计分录，再登记银行存款日记账。

（三）

1. 目的：练习总分类账和明细分类账的平行登记。

2. 资料：某企业2006年5月1日"应收账款"、"库存商品"总分类账及所属明细分类账的余额如下。

（1）总分类账余额：

应收账款：88 000元（借方）

库存商品：385 000元（借方）

（2）明细分类账余额：

应收账款——A公司58 000元（借方）

   ——B公司30 000元（借方）

库存商品——甲产品200件，单位成本650元，共计130 000元

   ——乙产品300件，单位成本850元，共计255 000元

本月发生业务如下。

（1）3日，销售给A公司甲产品100件，每件售价800元，销项税额13 600元，款项尚未收回；同时结转甲产品的销售成本，每件650元。

（2）8日，收到B公司偿还的货款7 000元。

（3）15日，完工甲产品200件，验收入库，产品单位成本650元。

（4）18日，收到A公司偿还的上月货款20 000元。

（5）23日，销售给B公司乙产品200件，每件售价1 000元，销项税额34 000元，款项已通过银行收回。同时结转乙产品的销售成本，每件850元。

3. 要求：

（1）设立"应收账款"、"库存商品"总账及明细账。

（2）根据以上业务编制会计分录。

（3）采用平行登记的方法登记"应收账款"、"库存商品"总账及明细账。

（4）将总账与其所属明细账进行核对。

（四）

1. 目的：练习错账更正的方法。

2. 资料：

（1）2日，用银行存款支付前欠某单位的货款200 000元。根据记账凭证登记的账簿记录如下。

银行存款		应付账款	
期初余额1 500 000			期初余额800 000
	2日20 000	2日20 000	

（2）15日，以现金直接支付车间设备修理费500元。根据记账凭证登记的账簿记录如下。

库存现金		管理费用	
期初余额2 000	15日500	15日500	

（3）16日，收回上月的销货款5 000元。根据记账凭证登记的账簿记录如下。

银行存款		应收账款	
16日50 000			16日50 000

（4）20日，开出支票购入一台需要安装的设备，价值180 000元。会计人员编制的记账凭证为：

借：在建工程　　　　　　　　　　　　　　　　　　　　　　　　180 000

　　贷：银行存款　　　　　　　　　　　　　　　　　　　　　　　　180 000

根据记账凭证登记的账簿记录如下。

银行存款		在建工程	
	20日18 000	20日18 000	

3.要求：写出所采用的错账更正方法、编制更正分录并记入相关的"T"型账户。

第九章　财产清查

学习目标与要求

通过对本章的学习，了解财产清查的意义、财产清查的步骤和财产清查的分类，理解财产物资的盘存制度，重点掌握财产清查的方法、银行存款余额调节表的编制和财产清查结果的账务处理。

第一节　财产清查的意义

一、财产清查的意义

财产清查是根据有关账簿记录，对企业的各项财产进行盘点和核对，确定账存数与实存数是否相符的一种方法。

（一）财产清查的原因

会计核算的对象是企业实际发生的经济业务，在核算过程中如果严格遵循规范的程序和方法进行记录和核算，账簿记录就能够真实反映企业财产物资的增减变动和结余。但是在实际工作中通常会出现下列一些主观与客观的原因，致使账簿记录结存数与实存数不一致。

（1）保管人员在收发中发生计算或登记上的差错。

（2）会计人员记账中出现差错。

（3）因管理不善或责任人失职等情况，造成物资变质、短缺、毁损等损失。

（4）不法分子贪污盗窃、营私舞弊造成的损失。

（5）财产物资在保管过程中，会发生自然损耗，如挥发、破损、霉烂等。

（6）由于计量、检验器具不准确，造成财产物资收发时出现数量上的计量误差。

（7）遭受了自然灾害，如水灾、火灾等，使财产物资发生损失。

因此，为了保证会计核算资料的客观真实性，明确经济责任，无论出现上述哪一种情况，都应该而且必须要进行财产清查。

（二）财产清查的意义

财产清查的意义主要表现在以下几个方面。

（1）保证会计核算资料真实准确。

通过财产清查，能查明各项财产物资的实存数额，通过与账面数额进行核对，可以确定账存数与实存数是否相符。对确认的盘亏、盘盈财产物资及时进行处理，调整账簿记录，保证会计账簿记录的真实、准确。由于财产清查是在编制会计报表之前进行，因此又可以保证会计报表的各项数据准确可靠，为单位的生产经营管理提供正确、有效的信息，避免预测和决策的失误。

（2）不断完善财产物资管理制度。

通过财产清查，对某些财产物资账实不符的原因进行分析，能够及时发现财产物资管理制度中存在的薄弱环节，有针对性地建立、健全和不断完善财产物资管理制度和内部控制制度；进一步明确经济责任，提高财产物资的管理水平，保证财产物资管理质量。

（3）提高财产物资的管理效率。

通过财产清查，能够使有关人员具体了解单位各项财产物资的使用、储存状况和质量构成，及时发现不良资产和沉淀资产。对于已经损坏和变质，失去有效性的不良资产应及时转销，以免虚列资产和资产不实的情况出现；对于储存时间过长，将过期变质和超期积压的沉淀资产应及时处理，这样既可避免损失，又能减少资金占用，使其投入正常的经营周转，从而促进资金的有效管理。

二、存货的盘存制度

存货通常在企业财产物资中占有很大的比重，由于存货具有种类数量繁多，收发频繁，计价方法多样，对成本、利润影响较大等特点，容易发生错误和舞弊，所以应注意建立健全并实施存货内部控制制度，加强存货的会计核算，避免因存货数量及价值的确认与计量不实而影响企业当期及以后各期财务状况和经营成果的真实、准确；同时加强存货的日常管理，保证存货的安全完整。

存货核算主要涉及数量和金额两个方面。确定本单位的存货数量的实存数额与账面数额是否相符，主要采用的方法通常有实地盘存制和永续盘存制两种。确定存货金额的核心是单价。由于每次购入存货的单价有可能不同，这就有了用哪一次购入存货单价来计算发出存货成本和结存存货成本的问题。存货发出的计价方法通常有先进先出法、后进先出法、移动加权平均法、全月一次加权平均法、个别确认法等。本节仅介绍移动加权平均法和全月一次加权平均法。

（一）实地盘存制

1. 实地盘存制的概念

实地盘存制又称实地盘存法，是指期末通过实物盘点来确定存货数量，并据以计算库存存货成本和销售（发出或耗用）成本的一种存货核算方法。采用这种核算方法，财产物资明细账的登记与实物的收发不完全同步，平时只是根据会计凭证逐笔在会计账簿中登记财产物资增加的数量和金额，但对于减少的存货的数量和金额不作账面记录，也不随时结出存货的账面结存的数量和金额。到期末，通过实地盘点确定期末数量后，按下列公式计算：

$$期初库存金额 + 本期增加金额 - 期末库存金额 = 本期减少金额$$

倒挤计算本期减少额。其中，

$$期末库存金额 = 期末库存数量（实地盘点数）× 单价$$

从计算公式可以看出，采用实地盘存制，先要确定期末库存数量，然后才能计算期末库存金额和倒挤出本期减少金额。确认了库存数量，才能完成账面记录，使账实相符。

2. 期末库存数量的确定和期末存货金额的计算

（1）期末库存数量的确定，一般分为两个步骤：首先，进行实地盘点，确定盘存数量。盘存方法因存货性质不同可采用实地盘点和技术推算盘点两种方法。实地盘点是对存货堆放现场进行逐一清点或用计量仪器确定实存数的一种方法。技术推算盘点是利用技术方法，对大量成堆难以逐一清点的存货的实存数进行推算的一种方法。盘点的结果要填制"盘存单"，列明各种存货的盘存数量。其次，调整盘存数量，即如果月末有已经销售但尚未提运出库的存货或已经提运出库但尚未做销售入账的存货，都要进行调整，以确定实际库存数量。调整计算公式为：

$$实际库存数量 = 盘点数量 + 已提未销数量 - 已销未提数量$$

（2）期末存货金额的计算，按实际库存数量乘单价（进货单价或单位成本，简称单价，下同）计算。由于同一种存货每次购入单价可能不同，这就产生了用哪一批的进货单价来计算期末存货金额的问题。下面以全月一次加权平均法举例说明。

全月一次加权平均法是指发出存货和期末结存存货的单价均以本期收入数和期初结存数进行加权平均计算。计算公式如下：

$$加权平均单价 = \frac{期初存货金额 + 本期收入存货金额合计}{期初存货数量 + 本期收入存货数量合计}$$

$$期末存货金额 = 期末库存存货数量 × 加权平均单价$$

$$本期销售金额 = 本期销售存货数量 × 加权平均单价$$

例 1 甲材料期初结存和本期购进情况如表 9-1 所示。

表 9-1 原材料明细账

材料名称：甲

20×× 年		摘要	收入			发出			结余		
月	日		数量	单价	金额	数量	单价	金额	数量	单价	金额
3	1	上月结余							1 500	10	15 000
	5	购入	1 000	11.75	11 750				2 500	10.70	26 750
	17	购入	1 500	11.50	17 250				4 000	11	44 000
	31	合计	2 500		29 000	3 000	11	33 000	1 000	11	11 000

假定甲材料期末实际盘点 1 000 千克，则本期发出材料 3 000 千克（1 500+1 000+1 500-1 000）。用加权平均法计算期末库存材料和本期发出材料金额如下：

$$加权平均单价 = \frac{15\,000+29\,000}{1\,500+2\,500} = 11（元）$$

期末库存材料金额 = $1\,000 \times 11 = 11\,000$（元）

本期材料发出金额 = $3\,000 \times 11 = 33\,000$（元）

或者，

本期材料销售成本 = $15\,000+29\,000 - 11\,000 = 33\,000$（元）

采用实地盘存制，账簿登记比较简单，核算工作量较小，简化了日常核算工作。但是由于财产物资明细账的登记与实物的收发不完全同步进行，核算手续不严密，它所确定的本期销售量，是以存计销（或以存计耗）倒挤出本期的销售（发出或耗用）成本的方法计算出来的，这样会将人为的差错、损失、短缺或毁损等都作为本期正常耗用核算，容易造成物资消耗上的漏洞，不利于加强物资管理，而且平时在账面上不反映存货减少和结存，不能随时了解存货的增减变动和结存情况，不利于发挥账簿记录对存货的控制作用。因此，该方法只应用于一些价值低、品种杂、进出频繁的存货的盘点。

（二）永续盘存制

1. 永续盘存制的概念

永续盘存制又称账面盘存制，是根据账簿记录计算期末存货账面结存数的一种存货核算方法。采用这种核算方法，财产物资明细账的登记与实物的收发同步进行。每次实物的收发都要填制会计凭证，根据会计凭证逐日逐笔地在明细账上登记存货的增加和减少，要在账簿中连续加以记录，并随时结出账面结存的数量和金额。计算公式为：

期末库存金额 = 期初库存金额 + 本期增加金额 - 本期减少金额

采用这种方法，虽然能在账簿中及时反映各项存货的增减变动及结存情况，但也有可能发生账实不符的情况。因此，也需要对各项存货进行实地盘点，以查明账实是否相符，以及账实不符的原因。

2. 期末结存存货金额和发出存货金额的计算

采用永续盘存制，存货数量随时可以从明细账上取得，不必依靠期末实地盘点，这是与实地盘存制的不同点。

期末库存金额 = 期初库存金额 + 本期增加金额 - 本期减少金额

$$移动加权平均单价 = \frac{原有存货金额 + 本批收入存货实际金额}{原有存货数量 + 本批收入存货数量}$$

由于存货计价方式有多种，下面以移动加权平均法为例（见表9-2），说明期末结存存货成本和发出存货成本的计算方法。

表 9-2　原材料明细账

材料名称：甲

20×× 年		摘要	收入			发出			结余		
月	日		数量	单价	金额	数量	单价	金额	数量	单价	金额
3	1	上月结余							1 500	10	15 000
	5	购入	1 000	11.75	11 750				2 500	10.70	26 750
	10	发出				1 500	10.70	16 050	1 000	10.70	10 700
	17	购入	1 500	11.50	17 250				2 500	11.18	27 950
	25	发出				1 500	11.18	16 770	1 000	11.18	11 180
	31	合计	2 500		29 000	3 000		32 820	1 000	11.18	11 180

移动加权平均法是指每次收到存货以后，立即根据库存存货的数量和总成本，计算出新的单位成本，并对发出存货进行计价的一种方法。其计算公式为：

本批发出存货金额 = 本批发出存货数量 × 移动加权平均单价

具体计算过程如下：

10 日发出材料金额 = 发出材料数量 × 加权平均单价

　　　　　　　　 = 1 500 × 10.70

　　　　　　　　 = 16 050（元）

其中，

$$移动加权平均单价 = \frac{15\,000 + 11\,750}{1\,500 + 1\,000} = 10.70（元）$$

库存材料金额 = 库存材料数量 × 加权平均单价

　　　　　　 = 1 000 × 10.70

　　　　　　 = 10 700（元）

用同样方法计算出 25 日发出材料成本和库存材料成本分别为：

发出材料金额 = 1 500 × 11.18 = 16 770（元）

本月发出材料金额合计 = 16 050 + 16 770 = 32 820（元）

库存材料金额 = 15 000 + 29 000 − 32 820 = 11 180（元）

月末库存材料金额 = 11 180（元）

采用移动加权平均法，在每次进货时，如购进材料单价与原库存材料单价不同，就需要重新计算一次加权平均单价，并据以随时计算发出材料的成本和库存材料的成本。

采用永续盘存制，需要逐笔登记明细账，从而加大了日常核算的工作量。但由于账簿记录与实物的收发同步进行，可以通过明细账簿随时了解存货的增减变动和结存情况，手续严密，对加强存货管理十分有利。因此，在实际工作中除特殊情况外，一般都应采用永续盘存制。

第二节 财产清查的种类和方法

一、财产清查的种类

财产清查，按照清查的对象和范围，可分为全面清查和局部清查；按照清查的时间可分为定期清查和不定期清查。

（一）按照清查对象的范围分类

1. 全面清查

全面清查是指对全部财产进行盘点与核对。清查的对象是企业所有的财产物资，一般包括以下三个方面内容。

（1）货币资金，包括库存现金、银行存款等。

（2）实物资产，包括在本单位的所有固定资产、库存商品、原材料、包装物、低值易耗品等；属于本单位但在运输途中的各种在途物资；存放在本单位的代销商品、材料物资等。

（3）债权债务，包括各项应收款项、应付款项和应交款项以及银行借款等。

通过全面清查，可以准确地掌握单位各项财产物资、货币资金、债权债务等的真实情况；但全面清查范围广，参加的人员多，花费的时间长。通常在下列情况下才需要进行全面清查。

（1）年终决算前。

（2）单位撤销、合并或改变隶属关系前。

（3）中外合资、国内联营前。

（4）企业股份制改制之前。

（5）开展全面的资产评估、清产核资前。

（6）单位主要领导调离工作前。

2. 局部清查

局部清查是指根据需要对部分财产进行的清查，主要是对流动性较大的现金、存货等的清查。局部清查范围小，涉及人员少，但专业性较强，一般包括以下清查内容。

（1）库存现金，应于每日业务终了时清点核对。

（2）银行存款，每月至少同银行核对一次。

（3）库存商品、原材料、包装物等，年内应轮流盘点或重点抽查；贵重物品应每月或每季盘点一次。

（4）债权债务，每年至少应核对一次。

（二）按照清查时间分类

1. 定期清查

定期清查是指根据管理制度的规定或按照预先计划的时间安排对财产物资进行清查，可以是全面清查，也可以是局部清查。一般年末进行全面清查，季末、月末进行局部清查。

2. 不定期清查

不定期清查是指根据需要进行的临时清查，一般是局部清查，也可能是全面清查。在以下情况下需要进行不定期清查。

（1）更换出纳和财产物资保管人员。

（2）发生意外等非正常损失。

（3）财政、审计、银行等部门对本单位进行会计检查。

（4）进行临时性清产核资。

二、财产清查的工作程序

如前所述，财产清查涉及的财产物资范围较广，需要的人员较多，操作的时间较长，为了保证财产清查不走过场，确实收到实效，必须有计划、有组织、有步骤地进行清查，其一般程序如下。

（一）组织准备

财产清查必须成立清查领导小组，负责财产清查的组织和管理。特别是全面清查时范围广，任务重，应在总会计师及有关经理（厂长）领导下，成立由财会部门牵头，有生产、技术、设备、行政等部门参加的财产清查领导小组，具体负责财产清查的领导和组织工作。其主要任务如下。

（1）负责清查工作意义的宣传，提高有关人员搞好清查工作的自觉性。

（2）制订清查计划，确定清查范围，规定清查时间和步骤。

（3）配备清查人员，落实清查人员的分工和职责。

（4）协调有关部门处理清查中出现的矛盾，检查清查工作的质量，提出对清查结果的处理意见。

（二）业务准备

为了保证财产清查的质量，达到确定各项财产物资是否账实相符的目的，还必须保证清查工作的质量。为此，凡是与清查有关的工作都要在财产清查开始之前事先做好准备。准备的具体内容如下。

（1）账簿准备。这项工作由财会部门的会计人员负责。准备的具体内容是：将所有财产物资的收发凭证都登记入账，结出余额；认真核对总账和有关明细账的余额，做到计算正确、内容完整、账证相符，保证为账实核对提供正确的依据。

（2）实物准备。这项工作由财产物资使用、保管部门的人员负责。准备的具体内容是：将所有进行清查的实物整理清楚，放置整齐，码放一致，便于点数，还要挂上标签，标明实物名称、规格和结存数量，实物使用、保管部门如有明细账的，要结出明细账的余额。

（3）计量器具和登记表格的准备。①计量器具。在清查地点准备好各种计量器具，并严格检查校正度量器具，保证计量准确。②登记表格。为清查人员准备好登记用的各种表格，如盘点表、实存账存对比表等，此外还要在盘点表中预先抄写填列各项财产物资的编号、名称、规格和存放地点等。

三、财产清查的方法

（一）货币资金的清查

1. 库存现金的清查

库存现金清查采用的是实地盘点法。通过实地盘点来确定库存现金的实存数，对现金进行盘点时，为了明确责任，出纳人员必须在现场，发现盘盈或盘亏必须当场核实其数额。

清查的方法是：由出纳人员对库存现金逐张清点，清查人员在场监督，确认现金的实存数。

然后进行如下核对。

（1）将库存现金的实存数与现金日记账的余额进行核对，确定账实是否相符。

（2）将库存现金的实存数与库存限额核对，确认库存现金是否超过银行核定的库存限额。

（3）有无"白条"抵库的情况，即以未经过合法会计手续的非正式单据抵充现金，查清有无挪用现金的情况。

库存现金盘点结束后，根据清查结果直接填制现金盘点报告表，由清查人员和出纳人员共同签名盖章。

库存现金盘点报告表的一般格式如表9-3所示。

表9-3　库存现金盘点报告表

单位名称：　　　年　　月　　日　　　　　　　　　　　　　　　　单位：元

实存金额	账存金额	实存与账存对比		备注
		盘盈	盘亏	

盘点人（签章）　　　　　　　　　　　　　　　出纳员（签章）

2. 银行存款的清查

银行存款的清查，与实物和现金的清查方法不同，它是采用与开户银行的存款账户核对账目的方法进行的。在同银行核对账目之前，应先详细检查本单位银行存款日记账的正确性和完整性，发现有错误或漏记时应及时更正、补记，然后与从银行取来的对账单逐笔核对。核对的内容包括：收、付款金额，结算凭证的种类和号数，收入的来源，支出的用途，发生时间以及存款余额等。如发现本单位记账有错误，应及时更正；如发现银行记账有错误，应及时通知银行查明更正。但即使双方记账均无错误，也常常会出现银行存款日记账的余额与银行对账单的余额不一致的情况，这是由于存在未达账项所致。所谓未达账项是指由于结算凭证在双方之间传递需要一定时间，而造成一方已经入账，另一方尚未收到结算凭证尚未入账的款项，具体有以下四种情况。

（1）企业已收款入账，银行尚未收款入账。例如，企业将销售商品收到的支票送存其开户银行，根据开户银行盖章退回的"进账单"回联登记银行存款增加，而其开户银行要等款项收妥后才登记款项增加。

（2）企业已付款入账，银行尚未付款入账。例如，企业开出一张支票购办公用品，企业根据支票存根、购货发票及入库单等凭证，记银行存款减少，而持票人尚未到持票人开户银行存款，购货企业开户银行此时尚未收到付款凭证（支票）而未记款项的减少。

（3）银行已收款入账，企业尚未收款入账。例如，外地某单位给企业汇来购货款，其开户银行收到汇款后登记存款增加，而企业尚未收到其开户银行转来的收账通知，尚未记银行存款的增加。

（4）银行已付款入账，企业尚未付款入账。例如，银行受委托代企业支付电费，其开户银行已取得支付电费的凭证，已登记银行存款的减少，而企业尚未收到开户银行转来的付款通知尚未记银行存款的减少。

上述任何一种情况发生，都会使企业和银行的账簿记录出现不一致。要具体分析上述哪种情况会导致企业银行存款日记账或银行对账单哪一方余额大，哪一方余额小。因此，在核对账目时必须注意有无未达账项。如果有未达账项，应编制"银行存款余额调节表"进行检查核对，如没有记账错误，调节后的双方余额应相等。

例2　某企业20××年9月30日银行存款日记账账面余额为415 140元；银行对账单余额为431 712元。经查，发现有以下未达账项：

（1）9月28日企业送存银行一张转账支票，金额为10 904元，银行尚未入账；

（2）9月29日企业付款开出一张6 540元的转账支票，银行尚未入账；

（3）9月30日企业委托银行收取的华夏公司货款32 712元，银行已入账，企业尚未接到收款通知；

（4）9月30日支付水电费11 776元，银行已经入账，企业尚未接到付款通知。

根据以上未达账项，编制出银行存款余额调节表（见表9-4）。表9-4的编制方法是补记式，即将企业与银行作为两方，双方都在本身余额的基础上，补记对方已记账、本身未记账的未达账项。经调整后双方余额相等说明双方记账相符，否则说明记账有错误，应予以更正；调整后余额是企业当时实际可以动用的银行存款数额。

表9-4 银行存款余额调节表

20××年9月30日   单位：元

项目	金额	项目	金额
银行对账单余额	431 712	企业银行存款日记账余额	415 140
加：企业已收银行未收款	10 904	加：银行已收企业未收款	32 712
减：企业已付银行未付款	6 540	减：银行已付企业未付款	11 776
调节后存款余额	436 076	调节后存款余额	436 076

需要注意的是，对于长期存在的未达账项应及时查明原因，予以解决。"银行存款余额调节表"只起对账作用，不能作为调整银行存款账面余额的原始凭证。企业只有收到银行转来的收、付款通知时才能对"银行存款日记账"进行调整。

（二）实物的清查方法

对于各种实物资产（包括固定资产、在产品、库存商品、原材料等各种具有实物形态的财产物资），都要从数量上和质量上进行清查。由于各种财产物资的实物形态、体积大小和堆放方式等不同，对其数量清查可采用不同的盘点方法。

（1）实地盘点法。到实物的存放地点逐一点数或计量，确定实存数，适用于可以逐一点数、量尺、过磅的财产物资。还可以对清查的财产物资进行抽查，这适用于包装完整的大件财产和价值小、数量多、不便于逐一点数的财产。

（2）技术推算盘点法。通过技术推算确定实存数，适用于笨重或大堆，难以逐一点数、量尺、过磅的财产，如工业用盐或露天堆放的煤、矿石等。

对于实物资产的检查方法，可根据不同对象采用物理方法或化学方法等专业方法来清查。

为了明确经济责任，在进行盘点时，实物保管人必须在场并参加盘点工作。对盘点的结果，应如实登记"盘存单"，并由盘点人员和实物保管人员签章。"盘存单"是记录实物盘点结果的书面证明，也是反映财产物资实有数的原始凭证，其一般格式见表9-5。

表9-5 盘存单

单位名称：   盘点时间：   编号：

财产类别：   存放地点：   单位：元

序号	名称	规格型号	计量单位	实存数量	单价	金额	备注

盘点人签章：   实物保管人签章：

盘存单只反映财产物资的实存数，为了进一步查明盘点结果与账面结存余额是否一致，确定盘盈或盘亏情况，还必须根据"盘存单"和账簿记录填制"实存账存对比表"（也称盘点盈亏报告表），以确定账实是否相符。"实存账存对比表"的作用是：①分析差异产生的原因、提出处理意见的根据；②据以调整账簿记录的原始凭证。其格式见表9-6。

表9-6　实存账存对比表

单位名称：　　　年　　月　　日　　　　　　　　　　　　　　　　　　单位：元

序号	名称	规格型号	计量单位	单价	实存		账存		实存与账存对比				备注
									盘盈		盘亏		
					数量	金额	数量	金额	数量	金额	数量	金额	
金额合计													

对于委托外单位加工、保管的财产物资，可通过信件询证的办法来证实。

对代其他单位保管的物资和受托加工的物资，应认真履行受托和代管责任。在清查盘点后，对发生盘盈、盘亏情况，应分清责任，分别处理。如属于本单位造成的损失，应由本单位负责处理和赔偿；如属于对方交货时数量不实或属于自然损耗，应通知对方核实，并在有关账簿中做出相应的记录，调整有关数字，保证账实相符。

（三）往来款项的清查方法

对于往来款项的清查，采用函证核对方法，即在检查本单位各项往来结算账目登记正确、完整的基础上编制"往来款项对账单"，邮寄或送交对方单位进行核对。对账单按每一个经济往来单位编制（一式两联，其中一联作为回联单）。"往来款项对账单"一般格式和内容见表9-7。对方单位经过核对账目如果相符，在回单联上加盖公章退回，表示已核对无误；如有金额不符，对方单位应在对账单中注明情况，或另抄对账单退回本单位，企业应进一步查明原因，再进行核对。往来款项登记表格式见表9-8。

表9-7　往来款项对账单

×××单位：

　　你单位20××年10月18日在我公司购入甲材料1 000千克，货款12 800元尚未支付，请核对后将回联单寄回。

清查单位：（盖章）
20××年12月25日

沿此虚线裁开，将以下回联单寄回！

_____

往来款项对账单（回联）

×××清查单位：

　　你单位寄来的"往来款项对账单"已收到，经核对相符无误。

×××单位：（盖章）
20××年12月29日

表9-8　往来款项登记表

总账名称：　　　　　　　　　　　　年　月　日　　　　　　　　　　　　单位：元

明细账		清查结果		核对不符原因			备注
名称	账面余额	核对相符金额	核对不符金额	未达账项金额	有争议款项金额	其他	

清查人员签章：　　　　　　　　　　　　　记账人员签章：

第三节　财产清查结果的账务处理

一、财产清查结果的处理要求

在财产清查中发现的各种问题，必须以会计法规、制度和有关规定为依据妥善处理。对财产清查结果的处理工作应按如下步骤进行。

（一）提出处理办法，按规定报批

对于财产清查中确定的各项财产账实之间数量差异或质量问题，都应经过认真调查并分析后查明其产生的原因，确认其性质，明确责任，提出处理意见，并按程序呈报有关领导审批处理。

（二）及时处理积压物资，清理债权债务

对于财产清查中发现的各种超储积压物资和不需用的固定资产，在报有关领导审批后，应及时清理或外销。对于长期不结或有争议的债权债务，应指定专人负责，查明原因，限期处理。

（三）总结经验教训，提出改进措施

通过财产清查，应当认真查找财产物资管理方法存在的漏洞，总结经验，并在此基础上提出改进工作的具体措施和实施意见，同时修订和健全相关规章制度，以不断加强财产物资管理责任制，加强往来结算管理，加强会计监督职能，提高经营管理水平。

（四）调整账簿记录，保证账实相符

对于财产清查的结果，应当根据国家有关财经法规和企业有关会计制度的规定，按照会计的专门方法及时进行账务处理，将财产清查中发现的各种财产盘亏、盘盈、毁损以及往来账项的误差等，通过进行账务处理，调整账存数，使账存数与实存数一致，以保证账实相符。

财产清查后，会出现两种可能，即账实相符或不相符。如果实存数与账存数不一致，会出现两种情况：实存数大于账存数，称为盘盈；实存数小于账存数，称为盘亏。当实存数与账存数一致，但实存的财产物资有质量问题，不能按正常的财产物资使用时，称为毁损。不论是盘盈，还是盘亏、毁损，都需要进行账务处理，调整账存数，保证账存数与实存相符。财产清查结果的账务处理分两步进行。

（1）根据已查明的财产盘盈、盘亏或毁损的数额，编制"实存账存对比表"，填制记账凭证据以登记账簿，调整账簿记录。但对于应收而收不回的坏账损失，在批准前不做调整账簿记录，待批准后再作处理。在做好上述账簿调整工作后，将财产清查结果报告报送股东大会或董事会，或者经理（厂长）会议或类似机构批准。

（2）根据上述机构批复的意见编制记账凭证，登记有关账簿，并追回由于责任者个人原因造成的损失。对清查的各种财产的损溢，应在期末结账前处理完毕。

二、财产清查结果的账务处理

（一）设置的账户

为了反映和监督财产清查中查明的各种财产的盘盈、盘亏和毁损及其处理情况，应设置"待处理财产损溢"账户。其核算的内容如下。

（1）各项待处理财产物资盘盈的金额，在批准前记入该账户的贷方；批准后记入该账户的借方。

（2）各项待处理财产物资盘亏、毁损的金额，在批准前记入该账户的借方；批准后记入该账户的贷方。

为分别反映和监督企业流动资产和固定资产的盘盈、盘亏及毁损情况，应在"待处理财产损溢"账户下，设"待处理流动资产损溢"和"待处理固定资产损溢"两个明细分类账户进行明细分类核算。"待处理财产损溢"账户结构如下：

待处理财产损溢

借	贷
1. 发生待处理财产物资盘亏和毁损的金额	1. 发生待处理财产物资盘盈的金额
2. 结转已批准处理的财产物资盘盈金额	2. 结转已批准处理的财产物资盘亏和毁损金额

（二）清查结果的账务处理

财产清查结果的账务处理主要包括库存现金清查结果的账务处理、存货清查结果的账务处理、固定资产清查结果的账务处理和往来款项清查结果的账务处理。

1. 库存现金清查结果的账务处理

如果账款不符，发现的有待查明原因的现金短缺或溢余，应先通过"待处理财产损溢"科目核算。按管理的权限报经批准后，分情况处理。

（1）如为现金短缺，属于应由责任人赔偿或保险公司赔偿的部分，计入其他应收款；属于无法查明的其他原因的，计入管理费用。

（2）如为现金溢余，属于应支付给有关人员或单位的，计入其他应付款；属于无法查明原因的，计入营业外收入。

2.存货清查结果的账务处理

按照有关会计制度的规定，结转应按下列要求进行。

（1）盘盈时，存货盘盈不论什么原因，一律转入"管理费用"。

（2）盘亏或毁损时，盘亏或毁损的财产物资，应区别不同情况分别结转。①其残料按估计的价值，转入"原材料"账户的借方；②应由过失人或责任人负责赔偿的，转入"其他应收款"账户的借方；③应由保险公司负责赔偿的，也转入"其他应收款"账户的借方；④属于自然灾害造成的非常损失，扣除保险公司赔偿款和残料价值后的净损失，转入"营业外支出"账户的借方；⑤属于计量差错或定额内合理损耗等一般经营损失，转入"管理费用"账户的借方。

存货的盘盈、盘亏和毁损案例如下。

例3 某企业在财产清查中，盘盈库存商品2 000元。

（1）批准前根据"实存账存对比表"确定的库存商品盘盈数，作如下会计分录：

借：库存商品	2 000
贷：待处理财产损溢——待处理流动资产损溢	2 000

（2）上述库存商品盘盈，经查明原因，批准冲减管理费用处理。

根据批准的处理意见，作如下会计分录：

借：待处理财产损溢——待处理流动资产损溢	2 000
贷：管理费用	2 000

例4 某企业在财产清查中，盘亏库存商品3 000元、原材料1 200元。

（1）批准前根据"实存账存对比表"确定的库存商品、原材料盘亏数，作如下会计分录：

借：待处理财产损溢——待处理流动资产损溢	4 200
贷：库存商品	3 000
原材料	1 200

（2）上述库存商品、原材料经批准作如下处理：库存商品盘亏中有2 200元为定额内损耗，列为管理费用；另1 000元为保管不善所致，责成有关责任人赔偿。原材料盘亏1 000元属于自然灾害造成的非常损失，列为营业外支出处理。

根据批准的处理意见，作如下会计分录：

借：管理费用	2 200
其他应收款	1 000
营业外支出	1 000
贷：待处理财产损溢——待处理流动资产损溢	4 200

3.固定资产清查结果的账务处理

按照有关会计制度的规定，结转应按下列要求进行。

第一，企业在财产清查中盘盈的固定资产，作为前期差错处理。企业在财产清查中盘盈的固定资产，在按管理权限报经批准处理前应先通过"以前年度损益调整"科目核算。

盘盈的固定资产，应按以下规定确定其入账价值：（1）如果同类或类似固定资产存在活跃市场的，按同类或类似固定资产的市场价格，减去按该固定资产的新旧程度估计的价值损耗后的余额，作为入账价值；（2）如果同类或类似固定资产不存在活跃市场的，按该固定资产的预计未来现金流量的现值，作为入账价值。企业应按上述规定的入账价值，借记"固定资产"科目，贷记"以前年度损益调整"科目。

第二，盘亏或毁损时，盘亏或毁损的固定资产应区别不同的情况分别结转。（1）如果有残料，将其按估计的价值，转入"原材料"账户的借方；（2）由于责任事故造成，将由过失责任人赔偿的部分，转入"其他应收款"账户的借方，剩余部分按有关部门批准，转入"营业外支出"账户的借方；（3）保险公司应该负责赔偿的，也转入"其他应收款"账户的借方；（4）自然灾害造成的非常损失，扣除保险公司赔偿和残料价值后的净损失，转入"营业外支出"账户的借方。

固定资产盘盈、盘亏及毁损案例如下。

例5 某公司在财产清查中，发现一台未入账的设备，按同类或类似商品市场价格，减去按该项资产的新旧程度估计的价值损耗后的余额为 40 000 元（假定与其计税基础不存在差异）。根据有关制度规定，该盘盈固定资产作为前期差错进行处理。假定公司适用的所得税税率为 25%，按净利润的 10% 计提法定盈余公积。公司应作如下会计处理。

（1）盘盈固定资产时，

借：固定资产		40 000
贷：待处理财产损溢		40 000

（2）有关部门批准后，

借：待处理财产损溢		40 000
贷：以前年度损益调整		40 000

（3）确定应交纳的所得税时，

借：以前年度损益调整		10 000
贷：应交税费——应交所得税		10 000

（4）结转为留存收益时，

借：以前年度损益调整		30 000
贷：盈余公积——法定盈余公积		3 000
利润分配——未分配利润		27 000

例6 某企业在财产清查中，盘亏机器一台，账面原值为 8 500 元，已提折旧 4 000 元。

（1）报经批准前根据"实存账存对比表"确定的盘亏数，作如下会计分录：

借：待处理财产损溢——待处理固定资产损溢		4 500
累计折旧		4 000
贷：固定资产		8 500

（2）上述盘亏机器经批准作营业外支出处理。

根据批准的处理意见，作如下会计分录：

借：营业外支出   4 500

  贷：待处理财产损溢——待处理固定资产损溢 4 500

4. 往来款项清查结果的账务处理

在财产清查中，对长期不结的往来款项，应及时进行清理。对于经确认确实无法收回的应收款项，作为坏账损失予以转销。在批准转销前不作账务处理，按规定的程序批准转销后再作账务处理。对于确实无法支付的应付款项，也应报经批准后作账务处理。

例 7 某公司在财产清查中，查明应收某单位货款 1 500 元，因该单位撤销，确实无法收回。经批准核销，作坏账处理。应作如下会计分录：

借：坏账准备   1 500

  贷：应收账款   1 500

例 8 某企业在财产清查中，查明应付某单位购货款 2 000 元，因该单位撤销，确实无法支付。经批准转作营业外收入处理。应作如下会计分录：

借：应付账款   2 000

  贷：营业外收入   2 000

思考题

1. 对本章内容进行小结。

2. 什么是财产清查？如何进行分类？

3. 什么是实地盘存制？什么是永续盘存制？两种盘存制在账簿记录上有何区别？各有哪些优缺点？各适用于哪些存货种类？

4. 什么是未达账项？未达账项有哪几种情况？

5. 企业银行存款日记账和企业开户银行的记录是否应该一致？不一致的原因是什么？应如何解决？

6. 盘盈的财产物资如何作账务处理？

7. 盘亏的财产物资如何作账务处理？

8. 往来款项清查结果的账务如何处理？

练习题

一、判断题

1. 银行存款的清查采用与银行核对账目方法进行，只要企业与银行双方记账准确无误，银行对账单与企业银行存款日记账的余额就一定相等。（ ）

2. 当企业遭受严重自然灾害时进行的清查是全面清查。（ ）

3. 永续盘存制是根据账面记录计算期末存货账面结存数的一种存货核算方法，又称账面盘存法。实地盘存制是指期末通过实物盘点来确定存货数量，并据以计算期末库存存货成本和销货成本的一种存货核算方法，又称实地盘存法。　　　　　　　　（　　）

4. 存货盘盈批准处理后冲减管理费用，而存货盘亏批准处理后增加管理费用。　　（　　）

5. 在财产清查过程中，填制的库存现金盘点报告表、盘存单、实存账存对比表和银行存款余额调节表是非常重要的原始凭证，可以根据这些凭证调整相关账面记录。　　（　　）

二、填空题

1. 库存现金的清查一般采用_____，为了明确责任，_____必须在场。

2. 适用于实地盘点法的财产有_____、_____、_____。

3. 财产清查的方法有_____、_____、_____、_____几种。

4. 发出存货的计价方法通常有_____、后进先出法、_____、_____和_____等。

5. 固定资产盘亏时，应将其净值记入_____的借方。

三、单项选择题

1. 在永续盘存制度下，平时（　　）。

A. 只在账簿中登记财产物资的增加数，不登记财产物资的减少数

B. 只在账簿中登记财产物资的减少数，不登记财产物资的增加数

C. 各项财产物资的增加数和减少数，都要根据会计凭证在账簿中登记

D. 对各项财产物资的增加数和减少数，都不在账簿中登记

2. 在实地盘存制下，平时（　　）。

A. 通过财产清查据以确定财产物资增减数，并编制记账凭证登记入账

B. 对各项财产物资的增减数，都要根据会计凭证登记入账

C. 只在账簿中登记财产物资的增加数，不登记财产物资的减少数

D. 只在账簿中登记财产物资的减少数，不登记财产物资的增加数

3. 一般来说，单位撤销、合并或改变隶属关系前，要进行（　　）。

A. 全面清查　　　　　　　　　　B. 局部清查

C. 实地盘点　　　　　　　　　　D. 技术推算盘点

4. 一般说来，年终决算前，要（　　）。

A. 对企业所有财产进行一次全面清查

B. 对企业所有财产进行一次实地盘点

C. 对企业部分财产进行局部清查清查

D. 对流动性较大的财产进行全面清查

5. 采用永续盘存制，财产清查的目的是（　　）。

A. 检查账账是否相符　　　　　　B. 检查账表是否相符

C. 检查账实是否相符　　　　　　D. 检查账证是否相符

6. 出纳人员清点核对库存现金的频率应是（　　）。

A. 每季一次　　　　　　　　　　B. 每日一次

C. 每月一次 D. 几日一次

7. 对于银行存款的清查，采用（　　）。

  A. 检查银行存款日记账的方法   B. 与银行核对账目的方法

  C. 银行存款日记账与总账核对的方法   D. 清查支票的方法

8. 库存现金清查时，在盘点结束后，应根据盘点结果编制（　　）。

  A. 实存账存对比表   B. 盘存单

  C. 现金盘点报告表   D. 对账单

9. 对各项财产物资的盘点结果应登记在（　　）。

  A. 盘存单   B. 实存账存对比表

  C. 银行对账单   D. 库存现金盘点报告表

10. 对大量成堆难以逐一清点的物资的清查，一般采用的方法是（　　）。

  A. 实地盘点   B. 查询核对

  C. 技术推算盘点   D. 抽查检验

11. 在企业和银行双方记账均无误的情况下，银行对账单与银行存款日记账余额不一致的原因是（　　）。

  A. 应付账款   B. 应收账款

  C. 未达账项   D. 外埠存款

12. 对于银行已经入账而本单位尚未入账的未达账项，企业应该（　　）。

  A. 立即入账   B. 任意处理

  C. 等结算凭证到达后入账   D. 记入银行存款日记账

13. 月末，企业实际可以运用的银行存款数额为（　　）。

  A. 银行对账单余额加上企业已收、银行未收款项，减去企业已付、银行未付款项

  B. 银行对账单余额

  C. 银行存款日记账余额

  D. 银行存款日记账余额加上银行已收、企业未收款项

14. 银行存款余额调节表是（　　）。

  A. 查明银行和本单位未达账项情况的表格

  B. 通知银行更正错误的依据

  C. 调整银行存款账簿记录的原始凭证

  D. 更正本单位银行日记账记录的依据

15. 存货发生定额内损耗，在批准处理前，应记入（　　）账户。

  A. 管理费用   B. 待处理财产损溢

  C. 营业外支出   D. 其他应收款

16. 盘盈的固定资产，批准前，应借记（　　）账户。

  A. 固定资产   B. 营业外收入

  C. 营业外支出   D. 累计折旧

17. 下列单据中，应由财会部门编制并可直接作为调整账簿记录的原始凭证是（   ）。

    A. 银行存款余额调节表   B. 存货盘存单

    C. 实存账存对比表   D. 银行对账单

18. 对于长期挂账的应付款项，在批准转销时，应记入（   ）账户。

    A. 营业外收入   B. 待处理财产损溢

    C. 营业外支出   D. 资本公积

19. 在财产清查中，经查明，确认为不能收回的应收账款，作（   ）处理。

    A. 营业外支出   B. 坏账损失

    C. 计入产品成本   D. 财务费用

20. 企业盘亏的固定资产，在报经有关部门审批之前，应将其（   ）记入"待处理财产损溢"账户。

    A. 原价   B. 净值

    C. 已提折旧   D. 预计净残值

四、多项选择题

1. 存货盘存制度有（   ）。

    A. 权责发生制   B. 收付实现制

    C. 实地盘存制   D. 永续盘存制

2. 采用实地盘存制，计算出的耗用成本可能包括（   ）。

    A. 正常耗用金额   B. 损失金额

    C. 差错金额   D. 结存金额

3. 造成财产物资的账面结存数额与实际结存数额不符的原因有（   ）。

    A. 在收发财产物资时，因计量、检验不准而发生的差错

    B. 财产保管过程中发生自然损耗、意外损失或责任事故损失

    C. 在凭证和账簿记录中漏记、错记或计算错误

    D. 在财产收发过程中没有填制凭证就登记入账

    E. 由于营私舞弊、贪污盗窃发生的财产损失

4. 财产清查，按清查的时间可分为（   ）。

    A. 全面清查   B. 局部清查

    C. 定期清查   D. 不定期清查

    E. 实地盘点

5. 按清查对象的范围，可将财产清查划分为（   ）。

    A. 技术推算盘点   B. 不定期清查

    C. 局部清查   D. 定期清查

    E. 全面清查

6. 全面清查的时间一般是（   ）。

    A. 清产核资时   B. 单位撤销、合并、改变隶属关系时

C.年度终了　　　　　　　　　　D.季度终了

E.月度终了

7.不定期清查适用于（　　）。

A.发生自然灾害或意外损失时

B.变更财产或现金保管人员时

C.财政、税务、审计、银行对企业进行检查时

D.企业季节性停产时

E.临时的清产核资

8.既属于不定期清查又属于全面清查的是（　　）。

A.年终决算前的清查

B.更换财产和库存现金保管员时的清查

C.开展清产核资的清查

D.发生自然灾害或意外损失时，对有关财产的清查

E.单位撤销、合并或改变隶属关系时的清查

9.局部清查一般在（　　）情况下进行。

A.对于债权、债务每年至少核对一至两次

B.对于库存现金，每日终了应由出纳员自行清点

C.对于各种贵重物资，每月都应盘点

D.对流动性较大的物资，要轮流盘点或抽盘

E.对银行存款应每月同银行核对一次

10.对各项财产物资的数量清查，可采用（　　）。

A.实地盘点法　　　　　　　B.技术推算盘点法

C.物理方法　　　　　　　　D.化学方法

E.核对账目法

11.库存现金盘点结束后，在"库存现金盘点报告表"上签名盖章的有关人员有（　　）。

A.库存现金记账员　　　　　B.盘点人员

C.出纳员　　　　　　　　　D.总账会计

12.导致企业的账面存款余额小于银行对账单的存款余额的未达账项是（　　）。

A.企业已收款入账，而银行尚未入账的账项

B.企业已付款入账，而银行尚未入账的账项

C.银行已收款入账，而企业尚未入账的账项

D.银行已付款入账，而企业尚未入账的账项

E.企业和银行双方都未入账的账项

13.实地盘点法一般适用于（　　）的清查。

A.各种有实物形态的财产物资　　B.应收账款

C.银行存款　　　　　　　　　　D.库存现金

14. "待处理财产损溢"科目，借方登记的内容有（　　）。

　　A. 待处理财产物资盘亏净值

　　B. 待处理财产物资盘亏原值

　　C. 结转批准处理的财产物资盘盈数

　　D. 结转批准处理的财产物资盘亏数

15. 核对账目的方法适用于（　　）。

　　A. 库存现金清查　　　　　　　　B. 银行存款清查

　　C. 固定资产清查　　　　　　　　D. 库存商品清查

　　E. 往来款项清查

16. 在财产清查中，可以采用各种询证核对方法进行清查的项目有（　　）。

　　A. 预收账款　　　　　　　　　　B. 预付账款

　　C. 应收账款　　　　　　　　　　D. 应付账款

　　E. 接受委托加工和保管的材料

17. 计算存货单价的方法通常有（　　）。

　　A. 先进先出法　　　　　　　　　B. 后进先出法

　　C. 移动加权平均法　　　　　　　D. 加权平均法

　　E. 个别确认法

五、简答题

1. 什么是实地盘存制？什么是永续盘存制？各自的特点和优缺点如何？适用范围如何？

2. 全面清查和局部清查各有什么特点？

3. 企业在什么情况下对其财产进行全面清查？其检查对象包括哪些内容？

4. 如何进行银行存款的清查？

5. 什么是未达账项？未达账项有哪几种？

6. 财产清查结果的账务处理分哪两步进行？

六、核算题

（一）练习实地盘存制和永续盘存制对库存商品和产品销售成本的计算。

1. 资料：某商店甲商品20××年9月初库存数量为1 000件，单价为10元。9月份发生下列经济业务。

（1）9月5日购入甲商品800件，单价为11元。

（2）9月10日发出（销售）甲商品600件。

（3）9月17日购入甲商品200件，单价为12元。

（4）9月23日发出（销售）甲商品500件。

（5）9月31日，经实地盘点，确定甲商品期末库存数量为890件。

2. 要求：分别按实地盘存制和永续盘存制，计算商店9月底库存商品成本和9月份发出（销售）商品成本。

（二）练习银行存款余额调节表的编制

1. 资料：某企业20××年3月31日银行存款日记账余额为144 100元，银行对账单余额为152 400元，经逐笔核对查明下列未达账项。

（1）企业于3月27日开出转账支票一张，金额为4 500元，银行尚未入账。

（2）3月29日，银行代企业收回销货款7 500元，企业尚未收到收款通知。

（3）3月31日，银行代扣企业借款利息600元，企业尚未接到付息通知。

（4）企业在3月31日收到转账支票一张，金额为3 300元，送存银行，银行尚未入账。

另外，该企业在3月25日收到光明厂还来所欠货款2 500元，所编记账凭证金额误写为2 300元，并已登记入银行存款日记账。

2. 要求：

（1）对错账进行更正，并计算更正后银行存款日记账金额。

（2）编制银行存款余额调节表。

（三）练习银行存款余额调节表的编制。

1. 资料：某企业20××年8月最后三天银行存款日记账与银行对账单的记录如下（假定以前两者记录是相符的）。

（1）银行存款日记账记录如下。

日期	摘要	金额
8/29	开出转账支票#318支付招待费	120元
8/29	收到委托银行代收江南厂货款	15 000元
8/30	开出转账支票#319支付机器修理费	890元
8/31	存入因销售商品而收到的转账支票	5 800元
8/31	开出转账支票#320支付钢材款	900元
8/31	月末余额	84 691元

（2）银行对账单记录如下。

日期	摘要	金额
8/29	代收江南厂货款	15 000元
8/30	代付水电费	3 100元
8/31	代收安庆厂货款	3 900元
8/31	支付#318转账支票	120元
8/31	支付#319转账支票	890元
8/31	月末余额	80 591元

2. 要求：根据上述资料，编制"银行存款余额调节表"。

（四）练习库存商品盘盈盘亏的账务处理。

1. 资料：某商店盘点库存商品及材料物资时，盘盈A商品8千克，每千克30元；盘亏B商品12千克，每千克50元；盘亏材料物资200元。上述盘盈、盘亏经查明原因，批准处理如下：A商品盘盈，属于自然损溢，作冲减管理费用处理；B商品盘亏中有240元为定额内自然损耗，列为管理费用，另360元属于保管不善所致，责成有关人员赔偿；材料物资盘亏200元属于意外事故造成的非常损失，列为营业外支出处理。

2.要求：根据上述资料，编制会计分录。

（五）练习财产清查结果的财务处理。

1.资料：某企业20××年12月份进行财产清查，发现下列情况。

（1）发现账外设备一台，其重置价为32 000元，估计折旧为8 000元。（假定所得税税率为33%，按净利润10%计提法定盈余公积。）

（2）确定一台机床盘亏，其账面原价为108 000元，已提折旧46 000元。

（3）上述盘亏报经领导批准后，按其净值转作营业外支出。

（4）查明大华厂的欠款800元长达4年之久未还，该厂已撤销，企业无法收回欠款800元，报经有关部门审批后，同意作为坏账损失处理。

（5）确定一项应付账款500元无法支付，经审核后作为资本公积处理。

（6）经审查，发现几种流动资产账实不符，编制"实存账存对比表"如下。

实存账存对比表

名称	计量单位	单价（元）	实存数		账存数		实存与账存对比				备注
							盘盈		盘亏		
			数量	金额	数量	金额	数量	金额	数量	金额	
甲材料	kg	50	4 790	239 500	4 800	240 000			10	500	定额内损耗
乙材料	kg	60	6 590	395 400	6 500	390 000	90	5 400			计量差错
丙材料	kg	45	0	0	398	17 910			398	17 910	水灾
A产品	件	20	493	9 860	500	10 000			7	140	保管员失职
合计				644 760		657 910		5 400		18 550	

上述流动资产盘盈、盘亏按规定程序报经批准后转销。

2.要求：依据上述资料编制会计分录。

第十章　会计核算形式

第一节　会计核算形式的意义及种类

一、会计核算形式及意义

　　任何会计主体的会计工作，都要根据自身的工作特点、规模、会计业务量的大小以及管理要求等因素，适当选择一种会计核算形式（也称账务处理程序）来完成。会计核算形式，是指按照一定的记账方法和程序，将填制会计凭证、登记账簿和编制会计报表有机结合起来的技术组织方式。记账方法就是指采用借贷记账法；记账程序是指登记明细分类账、日记账总分类账的先后顺序以及账与账之间的核对关系；填制会计凭证是指填制凭证的种类，是选择收款、付款和转账凭证系统，还是选择现金收款、现金付款、银行收款、银行付款和转账凭证系统或是选择收款、付款转账凭证通用的记账凭证。登记账簿包括账簿体系如何组织，总分类账和明细分类账的格式如何设计，是直接根据记账凭证登记，还是汇总后进行登记。编制会计报表是指根据什么编制会计报表。会计报表编制完毕，意味着会计核算工作完成一次循环。有机结合的技术组织方式是指凭证、账簿和报表三者不是一种无序的简单拼凑，而是有序的、相互联系的并且是有严密逻辑关系的技术组织系统。

二、会计核算形式的种类

　　为了有条不紊地进行会计核算工作每一个单位，都必须根据会计制度的规定，结合本单位的具体情况，正确选择会计核算形式。科学适用的会计核算形式，可以保证会计核算工作的质量，提高会计核算工作效率，完善内部控制制度，加强会计监督，为进行会计管理打好基础。

　　根据我国的具体情况，在会计实践中，常见的会计核算形式主要有以下几种。

　　（1）记账凭证会计核算形式。

（2）汇总记账凭证会计核算形式。

（3）科目汇总表会计核算形式。

（4）日记总账会计核算形式。

除此之外，会计核算形式还有多栏式日记账等会计核算形式，此处不作阐述，具体内容可参阅有关教材。

第二节　记账凭证会计核算形式

一、记账凭证会计核算形式的特点

在各种会计核算形式中，记账凭证核算形式是最基本的一种。其主要特点是直接根据记账凭证逐笔登记总分类账。在这种核算形式下，记账凭证一般采用收款、付款和转账凭证三种格式，账簿体系包括总分类账户、明细分类账户以及为进行货币资金序时核算而登记的现金和银行存款日记账。

二、记账凭证会计核算形式的核算程序

记账凭证会计核算的核算程序一般如下。

（1）根据原始凭证或原始凭证汇总编制记账凭证。

（2）根据收款、付款凭证，逐笔登记现金和银行存款日记账。

（3）根据记账凭证和原始凭证或原始凭证汇总表，逐笔登记各种明细分类账。

（4）根据记账凭证，逐笔登记总分类账。

（5）月末，将现金、银行存款日记账和各种明细账余额同总分类账余额核对相符。

（6）月末，根据总分类账和明细分类账及其他有关资料编制会计报表。

核算程序示例如图10-1所示。

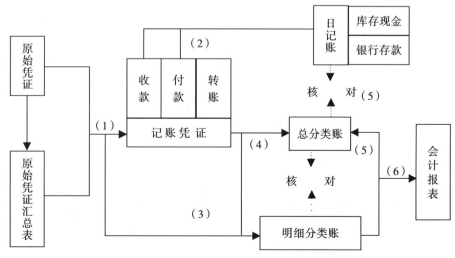

图10-1　记账凭证会计核算形式核算程序

记账凭证会计核算形式，账务处理程序比较简单，总分类账的记录可以比较详细地反映经济活动情况，总分类账与明细分类账易于核对，便于算账、用账和查账。其缺点是登记总分类账的工作量较大。因此，这种核算形式一般适用于规模较小、经济业务较少的企业或单位。

记账凭证会计核算形式举例如下。

资料1：步宇公司2009年12月份总账期初余额见表10-1。

表 10-1　步宇公司 2009 年 12 月份总账期初余额表

借方科目	金额	贷方科目	金额
库存现金	5 000	短期借款	200 000
银行存款	144 411	应付票据	100 000
应收票据	60 000	应付账款	300 000
应收账款	110 000	预收账款	100 000
预付账款	50 000	应付职工薪酬	210 000
其他应收款	3 000	应交税费	20 000
材料采购	60 000	应付股利	50 000
原材料	230 000	其他应付款	5 000
库存商品	176 589	预提费用	1 200
周转材料	110 000	长期借款	200 000
待摊费用	7 200	实收资本	500 000
固定资产	1 320 000	资本公积	100 000
累计折旧	−450 000	盈余公积	150 000
在建工程	200 000	未分配利润	190 000
无形资产	100 000		
合计	2 126 200	合计	2 126 200

资料2：步宇公司12月份的经济业务如下。

（1）12月1日，收到长天公司投入的资本500 000元并存入银行。

（2）12月2日，向银行申请到期限9个月的贷款300 000元并存入银行。

（3）12月2日，购入全新轿车一辆，发票价格为12万元，已由银行存款支付。

（4）12月5日，向北力公司购入不需要安装的设备一台，价款为100 000元，增值税进项税额为17 000元，全部款项已由银行存款支付。

（5）12月7日，购入需要安装的设备一台，价款为80 000元，增值税进项税额为13 600元，全部款项尚未支付。

（6）12月8日，设备运到立即安装，安装过程中领用本企业钢材4 000元。以银行存款支付安装费15 000元，于12月10日安装完毕并交付使用。

（7）12月8日，购入钢材一批，共30吨，单价为2 000元，增值税税率为17%，材料已运到，并验收入库。货款已开出转账支票付讫。

（8）12月9日，向天地公司购入甲、乙两种材料分别为2 000吨和3 000吨，单价分别为48.5元/吨和58.5元/吨，增值税税率为17%，款项尚未支付。

（9）12月12日，甲、乙材料同时运到，随同材料转来运输部门运费、保险费收据所列金额为7 500元，以银行存款支付，材料已验收入库。

（10）12月12日，开出支票金额58 500元欲购买甲材料，事先支付给供货方。

（11）12月12日，摊销本月应负担的财产保险费1 200元。

（12）12月12日为生产A、B两种产品。各部门领用材料如下表所示，基本生产车间本月共投产A产品2 000件，B产品1 000件。

领用部门	钢材	甲材料	乙材料	合计
生产产品 A产品 B产品	80 000	40 000 60 000	60 000 80 000	180 000 140 000
车间一般耗用	10 000			10 000
管理部门耗用	8 000		4 000	12 000
合计	98 000	100 000	144 000	342 000

（13）12月13日，上述第（10）项，预购材料已运到，并验收入库，增值税专用发票上注明的价款为50 000元，增值税税额为8 500元，与对方办理结算。

（14）12月15日开出现金支票1 000元购买办公用品，其中，管理部门700元，生产车间300元。

（15）12月18日，银行转来付款通知，前欠天地公司货款已到期，以银行存款偿还前欠天地公司货款318 825元。

（16）12月20日，银行转来付款通知，支付本月水电费8 500元，其中，生产车间5 000元，管理部门3 500元。

（17）12月25日，计算出本月应付给职工的工资为180 000元，其中生产A产品的基本生产工人工资80 000元，生产B产品的基本生产工人工资70 000元，车间管理人员工资10 000元，专设销售机构人员工资8 000元，厂部管理人员工资12 000元。

（18）12月25日，按应付职工薪金总额的14%计提职工福利。

（19）12月30日，按生产工时分配并结转制造费用，A产品工时8 000小时，B产品工时为12 000小时。

（20）12月30日，A、B两种产品全部完工已验收入库。

（21）12月30日，销售A产品1400件，单价为300元，增值税税率为17%，款项已收到并存入银行。

（22）12月30日，销售给华翔公司B产品800件，单价为400元，增值税税率为17%，代垫运费4 000元，货款尚未收到。

（23）12月30日，销售给宇力公司A产品700件，B产品500件，单价同上，已开出增值税专用发票，税率为17%，货款均未收到。

（24）12月30日，开出转账支票，金额80 000元，支付电视台广告费。

（25）12月30日，以现金支付经理招待客户就餐费350元。

（26）12月30日，收到银行结息通知，支付本季度短期借款利息1 800元，经查，其中前两个月已通过应付利息核算，应付利息贷方余额为1 200元。

（27）月末结转已销产品销售成本；同时计算出应交消费税税额为20 000元，教育费附加费为5 000元。

（28）12月30日，企业销售不需用材料一批，价款为3 000元，增值税率17%，款项已收到并存入银行。经查，该批材料购入时成本为2 500元。

（29）12月30日，企业没收逾期未退还的包装物押金5 000元。

（30）12月30日，企业开出支票作为赞助某歌星出场费，金额为80 000元。

（31）12月31日，将步宇公司12月份的收入、费用转入本年利润。

（32）12月31日，假定按25%计算并结转所得税。

（33）12月31日，按净利润的10%提取法定盈余公积金，分给投资者股利50 000元。

要求：（一）根据经济业务编制会计分录。

（二）根据（1）~（33）笔会计分录，逐笔登记明细账。

（三）根据（1）~（33）笔会计分录，逐笔登记总账。

（四）根据总账记录编制试算平衡。

解析：

（一）会计分录如下。

（1）借：银行存款		500 000
贷：实收资本		500 000
（2）借：银行存款		300 000
贷：短期借款		300 000
（3）借：固定资产		120 000
贷：银行存款		120 000
（4）借：固定资产		100 000
应交税费——应抵扣固定资产增值税		
（固定资产进项税额）		17 000
贷：银行存款		117 000
（5）借：在建工程 80 000		
应交税费——应抵扣固定资产增值税		
（固定资产进项税额）		13 600
贷：应付账款		93 600
（6）①安装时，		
借：在建工程		19 000

贷：银行存款　　　　　　　　　　　　　　　　　　　　15 000

　　　　　原材料　　　　　　　　　　　　　　　　　　　　　 4 000

②安装完毕交付使用时：

借：固定资产　　　　　　　　　　　　　　　　　　　　　　99 000

　　贷：在建工程　　　　　　　　　　　　　　　　　　　　　99 000

（7）①借：材料采购——钢材　　　　　　　　　　　　　　　60 000

　　　　　应交税费——应交增值税（进项税额）　　　　　　 10 200

　　　　　贷：银行存款　　　　　　　　　　　　　　　　　 70 200

②借：原材料——钢材　　　　　　　　　　　　　　　　　　60 000

　　　贷：材料采购——钢材　　　　　　　　　　　　　　　　60 000

（8）借：材料采购——甲　　　　　　　　　　　　　　　　　97 000

　　　　　　　　——乙　　　　　　　　　　　　　　　　 175 500

　　　　应交税费——应交增值税（进项税额）　　　　　　　 46 325

　　　　贷：应付账款——天地公司　　　　　　　　　　　　318 825

（9）按材料采购数量分配采购费用。

　　　运费分配率 = $\dfrac{7500}{2000+3000}$ =1.5 元 / 吨

　　　甲材料应分担 2000 × 1.5=3000 元

　　　乙材料应分担 3000 × 1.5=4500 元

①支付运费时：

借：材料采购——甲　　　　　　　　　　　　　　　　　　 3 000

　　　　　　——乙　　　　　　　　　　　　　　　　　　 4 500

　　贷：银行存款　　　　　　　　　　　　　　　　　　　 7 500

②材料入库时：

借：原材料——甲　　　　　　　　　　　　　　　　　　 100 000

　　　　　——乙　　　　　　　　　　　　　　　　　　 180 000

　　贷：材料采购——甲　　　　　　　　　　　　　　　　 100 000

　　　　　　　——乙　　　　　　　　　　　　　　　　 180 000

（10）借：预付账款　　　　　　　　　　　　　　　　　　 58 500

　　　　贷：银行存款　　　　　　　　　　　　　　　　　 58 500

（11）借：管理费用　　　　　　　　　　　　　　　　　　　1 200

　　　　贷：待摊费用　　　　　　　　　　　　　　　　　　1 200

（12）借：生产成本——A　　　　　　　　　　　　　　　 180 000

　　　　　　　　——B　　　　　　　　　　　　　　　　 140 000

　　　　制造费用　　　　　　　　　　　　　　　　　　　 10 000

　　　　管理费用　　　　　　　　　　　　　　　　　　　 12 000

贷：原材料——钢材		98 000
——甲材料		100 000
——乙材料		144 000

（13）借：原材料　　　　　　　　　　　　　　　　　　　50 000

　　　　　应交税费——应交增值税（进项税额）　　　　8 500

　　　　　　贷：预付账款　　　　　　　　　　　　　　　58 500

（14）借：制造费用　　　　　　　　　　　　　　　　　　300

　　　　　管理费用　　　　　　　　　　　　　　　　　　700

　　　　　　贷：银行存款　　　　　　　　　　　　　　　　1 000

（15）借：应付账款　　　　　　　　　　　　　　　　　318 825

　　　　　　贷：银行存款　　　　　　　　　　　　　　　318 825

（16）借：制造费用　　　　　　　　　　　　　　　　　5 000

　　　　　管理费用　　　　　　　　　　　　　　　　　3 500

　　　　　　贷：银行存款　　　　　　　　　　　　　　　8 500

（17）借：生产成本——A　　　　　　　　　　　　　　80 000

　　　　　　　　　　——B　　　　　　　　　　　　　70 000

　　　　　制造费用　　　　　　　　　　　　　　　　10 000

　　　　　销售费用　　　　　　　　　　　　　　　　8 000

　　　　　管理费用　　　　　　　　　　　　　　　　12 000

　　　　　　贷：应付职工薪酬——工资　　　　　　　180 000

（18）借：生产成本——A　　　　　　　　　　　　　　11 200

　　　　　　　　　　——B　　　　　　　　　　　　　9 800

　　　　　制造费用　　　　　　　　　　　　　　　　1 400

　　　　　销售费用　　　　　　　　　　　　　　　　1 120

　　　　　管理费用　　　　　　　　　　　　　　　　1 680

　　　　　　贷：应付职工薪酬——职工福利　　　　　　25 200

（19）

$$制造费用分配率 = \frac{26\,700}{8\,000+12\,000} = 1.335\ 元/小时$$

A 产品应分配制造费用 =8000×1.335=10 680

B 产品应分配制造费用 =12 000×1.335=16 020

这笔经济业务的会计分录为：

借：生产成本——A　　　　　　　　　　　　　　　10 680

　　　　　　——B　　　　　　　　　　　　　　　16 020

　　贷：制造费用　　　　　　　　　　　　　　　　26 700

（20）借：库存商品——A　　　　　　　　　　　　　281 880

	——B	235 820
贷:	生产成本——A	281 880
	——B	235 820

（21）借：银行存款 491 400

　　贷：主营业务收入 420 000

　　　应交税费——应交增值税

　　　　（销项税额） 71 400

（22）借：应收账款——华翔 378 400

　　贷：主营业务收入 320 000

　　　应交税费——应交增值税

　　　　（销项税额） 54 400

　　　银行存款 4000

（23）借：应收账款——宇力 479 700

　　贷：主营业务收入 410 000

　　　应交税费——应交增值税

　　　　（销项税额） 69 700

（24）借：销售费用 80 000

　　贷：银行存款 80 000

（25）借：管理费用 350

　　贷：库存现金 350

（26）借：财务费用 600

　　　预提费用 1 200

　　贷：银行存款 1 800

（27）本月共销售 A 产品 2100（1400 + 700）件，销售 B 产品 1300（800 + 500）件，单位制造成本为 A 产品为 141.98 元，B 产品为 238.94 元，计算过程见第四章第三节。其会计分录如下。

①借：主营业务成本 608 780

　　贷：库存商品——A 298 158

　　　　　——B 310 622

②借：营业税金及附加 25 000

　　贷：应交税费——应交消费税 20 000

　　　　　——教育费附加 5 000

（28）

①收到款项时

借：银行存款 3 510

　　贷：其他业务收入 3 000

| | 应交税费——应交增值税（销项税额） | 510 |

②结转已售材料成本时

借：其他业务成本 2 500

  贷：原材料 2 500

（29）借：其他应付款 5 000

       贷：营业外收入 5 000

（30）借：营业外支出 80 000

       贷：银行存款 80 000

（31）

①结转收入时

借：主营业务收入 1 150 000

  其他业务收入 3 000

  营业外收入 5 000

  贷：本年利润 1 158 000

②结转费用时

借：本年利润 837 430

  贷：主营业务成本 608 780

    营业税金及附加 25 000

    销售费用 89 120

    其他业务成本 2 500

    管理费用 31 430

    财务费用 600

    营业外支出 80 000

本年利润

（30）② 837 430	（30）① 1 158 000
（31）② 80 142.5 所得税费用	差额：320 570
	净利润：240 427.5

本年利润总额为 320 570 元。

（32）

①计算所得税费用时

所得税费用 $= 320\ 570 \times 25\% = 80\ 142.5$

借：所得税费用 80 142.5

  贷：应交税费——应交所得税 80 142.5

②结转所得税费用时

借：本年利润 80 142.5

贷：所得税费用　　　　　　　　　　　　　　　　　　　80 142.5

（33）

①结转净利润时

借：本年利润　　　　　　　　　　　　　　　　　　　240 427.5

　　　贷：利润分配——未分配利润　　　　　　　　　　　　240 427.5

②提取公益金、分配股利时

借：利润分配——提取盈余公积　　　　　　　　　　　24 042.75

　　　　　　——应付股利　　　　　　　　　　　　　50 000

　　　贷：盈余公积　　　　　　　　　　　　　　　　　　24 042.75

　　　　　应付股利　　　　　　　　　　　　　　　　　　50 000

（二）（略。）

（三）逐笔登记的总账如下。

步宇公司 2009 年 12 月份总账期初余额、本期发生额及余额如下。

借方	银行存款	贷方
期初余额　144 411		（3）120 000
（1）500 000		（4）117 000
（2）300 000		(6)(1)　15 000
（21）491 400		（7）(1)　70 200
（28）3 510		（9）(1) 7 500
		（10）58 500
		（14）1 000
		（15）318 825
		（16）8 500
		（22）4 000
		（24）80 000
		（26）1 800
		（30）80 000
发生额　1 294 910		发生额　882 325
期末余额　556 996		

借方	实收资本	贷方
		期初余额　500 000
		1　　500 000
		发生额　500 000
		期末余额　1 000 000

借方	固定资产	贷方
期初余额　1320 000		
(3)120 000		
(4)100 000		
(6)（2）99 000		
发生额　319 000		
期末余额　1 639 000		

借方	短期借款	贷方
		期初余额　200 000
		（2）　300 000
		发生额　300 000
		期末余额　500 000

借方	资本公积	贷方
		期初余额　100 000
		期末余额　100 000

借方	短期借款	贷方
		期初余额　200 000
		科汇12 1–10日：
		300 000
		发生额　300 000
		期末余额　500 000

借方	固定资产	贷方
期初余额　1320 000		
科汇12 1–10日：		
319 000		
发生额　319 000		
期末余额　1 639 000		

借方	在建工程	贷方
期初余额　200 000		
（5）　80 000	（6）①　99 000	
（6）①　19 000		
发生额　99 000		
期末余额　200 000	发生额　99 000	

借方	生产成本	贷方
（12）　320 000		
（17）　150 000	（20）　517 700	
（18）　21 000		
（19）　26 700		
发生额　517 700		
期末余额　　0	发生额　517 700	

借方	材料采购	贷方
期初余额　60 000	（7）②　60 000	
（7）①　60 000	（9）②　280 000	
（8）　272 500		
（9）　7 500		
发生额　340 000	发生额　340 000	
期末余额　60 000		

借方	应交税费	贷方
（3）　17 000	期初余额　20 000	
（5）　13 600	（21）　71 400	
（7）①　10 200	（22）　54 400	
（8）　46 325	（23）　69 700	
（13）　8 500	（27）②　25 000	
	（28）①　510	
	（32）①　80 142.5	
发生额　95 625	发生额　301 152.5	
	期末余额　225 527.5	

借方	销售费用	贷方
（17）　8 000	科汇12 21–31日：	
（18）　1 120	（31）②　89 120	
（24）　80 000		
发生额　89 120		
期末余额　　0	发生额　89 120	

借方	主营业务收入	贷方
（31）①　1 270 000	（3）　120 000	
	（21）　420 000	
	（22）　320 000	
	（23）　410 000	
发生额　1 150 000	发生额　1 270 000	
	期末余额　　0	

借方	待摊费用	贷方
期初余额 7 200		
	（11）	1 200
	发生额	1 200
期末余额 6 000		

借方	预付账款	贷方
期初余额 50 000	（13）	58 500
（10） 58 500		
发生额 58 500	发生额	58 500
期末余额 50 000		

借方	管理费用	贷方
（11） 1 200	（31）②	31 430
（12） 12 000		
（14） 700		
（16） 3 500		
（17） 12 000		
（18） 1 680		
（25） 350		
发生额 31 430	发生额	31 430
期末余额 0		

借方	制造费用	贷方
（12） 10 000	（19）	26 700
（14） 300		
（16） 5 000		
（17） 10 000		
（18） 1 400		
发生额 26 700	发生额	26 700
期末余额 0		

借方	财务费用	贷方
（26） 600	（31）②	600
发生额 600	发生额	600
期末余额 0		

借方	其他业务支出	贷方
（28）② 2 500	（31）②	2 500
发生额 2 500	发生额	2 500
期末余额 0		

借方	库存商品	贷方
期初余额 176 589	（27）①	608 780
（20） 517 700		
发生额 517 700	发生额	608 780
期末余额 85 509		

借方	应付职工薪酬	贷方
	期初余额	210 000
	（17）	180 000
	（18）	25 200
	发生额	205 200
	期末余额	415 200

借方	应收账款	贷方
期初余额 110 000		
（22） 378 400		
（23） 479 700		
发生额 858 100		
期末余额 968 100		

借方	主营业务成本	贷方		借方	营业外收入	贷方
（27）① 608 780		（31）② 608 780		（31）① 5 000		（29） 5 000
发生额 608 780		发生额 608 780		发生额 5 000		发生额 5 000
期末余额 0						期末余额 0

借方	其他应付款	贷方		借方	库存现金	贷方
（29） 5 000		期初余额 5 000		期初余额 5 000		（25） 350
发生额 5 000		期末余额 0		期末余额 4 650		发生额 350

借方	预提费用	贷方		借方	应付股利	贷方
（26） 1 200		期初余额 1 200				期初余额 50 000
						（33）② 50 000
发生额 1 200		期末余额 0				发生额 50 000
						期末余额 100 000

借方	营业外支出	贷方		借方	本年利润	贷方
（30） 80 000		（31）② 80 000		（31）② 837 430		31（1） 1 158 000
				（32）② 80 142.5		
				（33）① 240 427.5		
发生额 80 000		发生额 80 000		发生额 1 158 000		发生额 1 158 000
期末余额 0						期末余额 0

借方	所得税费用	贷方		借方	营业税金及附加	贷方
（32）① 80 142.5		（32）② 80 142.5		（27）② 25 000		（31）② 25 000
发生额 80 142.5		发生额 80 142.5		发生额 25 000		发生额 25 000
期末余额 0				期末余额 0		

借方	其他业务收入	贷方
（31）① 3000		（28）① 3000
发生额 300		发生额 3000 期末余额 0

借方	利润分配	贷方
（33）② 24 042.75 （33）② 50 000	期初余额 190 000 （33）① 240 427.5
发生额 74 042.75	发生额 240 427.5 期末余额 356 384.75

借方	盈余公积	贷方
	期初余额 150 000 （33）② 24 042.75
	发生额 24 042.75 期末余额 174 042.75

（四）总账记录编制试算平衡表（见表 10-2）。

表 10-2　试算平衡表

2009 年 12 月　　　　　　　　　　　　　　　　　　　　　　　　　　　　单位：元

账户	期初余额		本期发生额		期末余额	
	借方	贷方	借方	贷方	借方	贷方
库存现金	5 000			350	4 650	
银行存款	144 411		1 294 910	882 325	556 996	
应收账款	110 000		858 100		968 100	
应收票据	60 000				60 000	
预付账款	50 000		58 500	58 500	50 000	
其他应收款	3 000				3 000	
材料采购	60 000		340 000	340 000	60 000	
原材料	230 000		390 000	348 500	271 500	
库存商品	176 589		517 700	608 780	85 509	
生产成本			517 700	517 700		
固定资产	1 320 000		319 000		1 639 000	
累计折旧		450 000				450 000

在建工程	200 000		99 000	99 000	200 000	
周转材料	110 000				110 000	
无形资产	100 000				100 000	
待摊费用	7 200			1 200	6 000	
短期借款		200 000		300 000		500 000
应付账款		300 000	318 825	412 425		393 600
应付职工薪酬		210 000		205 200		415 200
应交税费		20 000	95 625	301 152.5		225 527.5
应付股利		50 000		50 000		100 000
其他应付款		5 000	5 000			0
预提费用		1 200	1 200			0
应付票据		100 000				100 000
预收账款		100 000				100 000
长期借款		200 000				200 000
实收资本		500 000		500 000		1 000 000
资本公积		100 000				100 000
盈余公积		150 000		24 042.75		174 042.75
本年利润			1 158 000	1 158 000		0
利润分配		190 000	74 042.75	240 427.5		356 384.75
制造费用			26 700	26 700	0	
管理费用			31 430	31 430	0	
销售费用			89 120	89 120	0	
财务费用			600	600	0	
主营业务收入			1 150 000	1 150 000		0
主营业务成本			608 780	608 780	0	
其他业务成本			2 500	2 500	0	
营业外支出			80 000	80 000	0	

所得税费用			80 142.5	80 142.5	0	
营业税金及附加			25 000	25 000	0	
其他业务收入			3 000	3 000		0
营业外收入			5 000	5 000		0
合计	2 576 200	2 576 200	8 151 435	8 151 435	4 114 755	4 114 755

第三节 汇总记账凭证会计核算形式

一、汇总记账凭证会计核算形式的特点

汇总记账凭证核算形式是在记账凭证核算形式的基础上，为了简化总分类账的登记工作发展起来的。其主要特点是：根据记账凭证定期按会计科目的对应关系编制汇总记账凭证，然后根据汇总记账凭证登记总分类账。在汇总记账凭证核算形式下编制的汇总计账凭证有汇总收款、汇总付款和汇总转账凭证三种。账簿体系与记账凭证核算形式相同，只是增设了汇总记账凭证。

二、汇总记账凭证的编制

汇总收款凭证是根据收款凭证，按现金、银行存款科目的借方设置，分别同各有关科目的贷方相对应，汇总编制，形成一借多贷的对应关系。

汇总付款凭证是根据付款凭证，按现金、银行存款或专项存款科目的贷方设置，分别同有关科目的借方相对应，汇总编制，形成一贷多借的对应关系。应当说明的是，当现金和银行存款之间发生对应关系时，应填制付款凭证，避免重复登账。例如，向银行提取现金，应填制银行存款付款凭证。

汇总转账凭证，根据转账凭证，按每一科目的贷方设置，分别同各有关科目的借方相对应，汇总编制形成一贷多借的对应关系。在汇总记账凭证核算形式下，一般应编制"一借一贷"和"多借一贷"的记账凭证，不应编制"一借多贷"和"多借多贷"的记账凭证。还应当说明的是，当同某一贷方科目发生对应关系的转账凭证为数不多时，可以不编制汇总转账凭证，而直接根据转账凭证逐笔登记总分类账，以简化核算手续。

汇总记账凭证工作，根据业务量的大小定期（五天或十天）进行汇总。按月（或定期）根据汇总记账凭证的合计数，分别登记各有关账户的借方或贷方。

以下列示汇总收款凭证（见表10-3）、汇总付款凭证（见表10-4）和汇总转账凭证（见表10-5）。

表 10-3　汇总收款凭证

借方科目：银行存款

贷方科目	金额				过账	
	1 日至 10 日银收凭证共 2 张	11 日至 20 日银收凭证共 张	21 日至 31 日银收凭证共 3 张	合计	借方	贷方
实收资本				500 000		√
短期借款	500 000			300 000		√
主营业务收入	300 000		420 000	420 000		√
应交税费			71 910	71 910		√
其他业务收入			3 000	3 000		√
合计	800 000		494 910	1 294 910	√	

表 10-4　汇总付款凭证

贷方科目：银行存款

借方科目	金额				过账	
	1 日至 10 日银付凭证共 4 张	11 至日 20 日银付凭证共 4 张	21 日至 31 日银收凭证共 5 张	合计	借方	贷方
固定资产	220 000			220 000	√	
在建工程	15 000			15 000	√	
材料采购	60 000	7 500		67 500	√	
应交税费	40 800			40 800	√	
预付账款		58 500		58 500	√	
制造费用		5 300		5 300	√	
管理费用		4 200		4 200	√	
应收账款			4 000	4 000	√	
销售费用			80 000	80 000	√	
财务费用			600	600	√	
预提费用			1 200	1 200	√	
营业外支出			80 000	80 000	√	
合计	335 800	75 500	165 800	577 100		√

现以主营业务收入为例说明汇总转账凭证的编制方法。

表 10-5　汇总转账凭证

贷方科目：主营业务收入

借方科目	金额				过账	
	1 日至 10 日转账凭证共　张	11 日至 20 日转账凭证共　张	21 日至 31 日转账凭证共 1 张	合计	借	贷
应收账款			730 000	730 000	√	
合计			730 000	730 000		√

三、汇总记账凭证会计核算形式的核算程序

汇总记账凭证会计核算形式的核算程序一般如下。

（1）根据原始凭证或原始凭证汇总表，编制记账凭证。

（2）根据收款、付款凭证，逐笔登记现金和银行存款日记账。

（3）根据记账凭证和原始凭证或原始凭证汇总表，逐笔登记各种明细分类账。

（4）根据记账凭证，定期编制汇总收款、汇总付款和汇总转账凭证。

（5）定期根据汇总记账凭证登记总分类账。

（6）月末，将现金、银行存款日记账和各种明细分类账余额分别同总分类账余额核对相符。

（7）月末，根据总分类账和明细分类账及其他有关资料编制会计报表。

核算程序如图 10-2 所示。

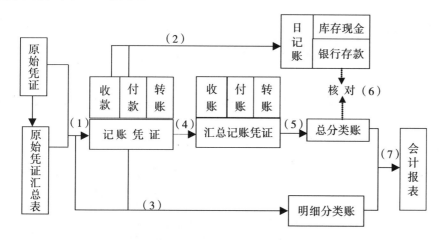

图 10-2　汇总记账凭证会计核算形式的核算程序

汇总记账凭证会计核算形式，通过汇总记账凭证，月末（或定期）登记总分类账，简化了总分类账的登记工作，并且汇总记账凭证中科目间的对应关系清楚，使据以登记的总

分类账能明确反映各类经济业务的内容。但是，由于增加了汇总记账凭证的工作，使核算手续进一步复杂，同时，在经济业务比较少、同一贷方科目有对应关系的转账凭证为数不多时，起不到简化记账工作的作用。因此，这种方法一般适用于规模较大、经济业务较多（汇总记账凭证的工作量大大小于逐笔直接登记总分类账的工作量）的企业或单位。

第四节　科目汇总表会计核算形式

一、科目汇总表会计核算形式的特点

科目汇总表核算形式，同汇总计账凭证核算形式一样，也是在记账凭证核算形式的基础上，为简化总分类账的登记工作发展而来的。其主要特点是：定期（5天或10天）对记账凭证进行汇总，编制科目汇总表，然后再根据科目汇总表登记总分类账。在科目汇总表核算形式下，记账凭证系统和账簿体系与记账凭证核算形式相同，只是还需要设置科目汇总表。

二、科目汇总表的编制

科目汇总表是将全部会计科目按照类别、顺序依次排列，其编制方法是：定期将汇总期的全部记账凭证，按每一会计科目分别加总借方发生额和贷方发生额，填入科目汇总表相关科目的"借方"栏和"贷方"栏内。全部会计科目借方发生额合计数同贷方发生额合计数应当相等。每月编制科目汇总表的次数，视业务量的大小而定。

三、科目汇总表会计核算形式的核算程序

核算程序一般如下。

（1）根据原始凭证或原始凭证汇总表编制记账凭证。

（2）根据收款、付款凭证，逐笔登记现金和银行存款日记账。

（3）根据记账凭证和原始凭证或原始凭证汇总表，逐笔登记各种明细分类账。

（4）根据记账凭证，定期编制科目汇总表。

（5）定期根据科目汇总表登记总分类账。

（6）月末，将现金、银行存款日记账和各种明细分类账余额同总分类余额核对相符。

（7）月末，根据总分类账和明细分类账及其他有关资料编制会计报表。

科目汇总会计核算程序见图10-3。

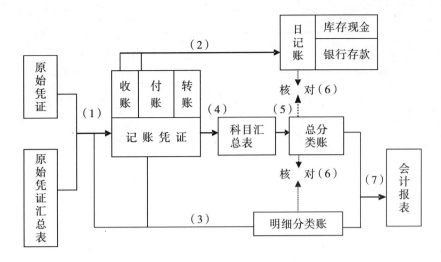

图 10-3　科目汇总表会计核算形式程序图

通过编制科目汇总表，既可以简化总分类账的登记工作，又可以对本期发生额进行试算平衡，并且对记账凭证的填制和总分类账登记的正确性起着一定的作用。但是，由于科目汇总表的结构和编制方法与汇总记账凭证不同，它只能反映各科目汇总后的借方和贷方本期发生额，不能反映各科目之间的对应关系，因而难以通过总分类账了解企业经济业务内容，不便于对经济业务进行分析和检查。它一般适用于经济业务繁多、管理上又不要求总分类账各科目之间反映相互对应关系的企业或单位。

针对科目汇总表会计核算形式，现举例如下。

依前例，采用科目汇总表会计核算形式时其步骤如下。

（1）在登记总账之前的核算工作同记账凭证会计核算形式完全一样。

（2）月末（或定期）根据记账凭证编制科目汇总表，见表10-6。

表 10-6　科目汇总表

2009 年 12 月份　　　　　　编号：12　　　　　　　　　单位：元

会计科目	1 日至 10 日 发生额		11 日至 20 日 发生额		21 日至 30 日 发生额		发生额合计		总账页数
	借方	贷方	借方	贷方	借方	贷方	借方	贷方	
库存现金						350		350	
银行存款	800 000	322 200		394 325	494 910	165 800	1 294 910	882 325	
应收账款					858 100		858 100		
预付账款			58 500	58 500			58 500	58 500	
材料采购	332 500	60 000	7 500	280 000			340 000	340 000	
原材料	60 000	4 000	330 000	342 000		2500	390 000	348 500	
库存商品					517 700	608 780	517 700	608 780	

待摊费用				1 200			1 200	
固定资产	319 000					319 000		
在建工程	99 000	99 000				99 000	99 000	
短期借款		300 000					300 000	
应付账款		412 425	318 825			318 825	412 425	
应付职工薪酬					205 200		205 200	
应交税费	87 125		8 500		301 152.5	95 625	301 152.5	
应付股利					50 000		50 000	
其他应付款				5 000		5 000		
预提费用				1 200		1 200		
实收资本		500 000					500 000	
资本公积								
盈余公积					24 042.75		24 042.75	
利润分配				74 042.75	240 427.5	74 042.75	240 427.5	
本年利润				1 158 000	1 158 000	1 158 000	1 158 000	
管理费用			17 400	14 030	31 430	31 430	31 430	
生产成本			320 000	197 700	517 700	517 700	517 700	
制造费用			15 300	11 400	26 700	26 700	26 700	
销售费用				89 120	89 120	89 120	89 120	
主营业务收入				1 150 000	1 150 000	1 150 000	1 150 000	
主营业务成本				608 780	608 780	608 780	608 780	
其他业务成本				2 500	2 500	2 500	2 500	
营业外收入				5 000	5 000	5 000	5 000	
营业外支出				80 000	80 000	80 000	80 000	
所得税费用				80 142.5	80 142.5	80 142.5	80 142.5	
财务费用				600	600	600	600	
营业税金及附加				25 000	25 000	25 000	25 000	

会计学基础

其他业务收入					3 000	3 000	3 000	3 000	
合计	1 697 625	1 697 625	1 076 025	1 076 025	5 376 225	5 376 225	8 151 435	8 151 435	

（3）根据科目汇总表登记总分类账（以"丁"字账代替，无发生额者不再列示所示）。

借方 银行存款 贷方	
期初余额　144 411 科汇12 1–10日： 　　　800 000 科汇12 21–31日： 　　　494 910	科汇12 1–10日： 　　　322 200 科汇12 11–20日： 　　　394 325 科汇12 21–31日： 　　　165 800
发生额　1 294 910 期末余额　556 996	发生额　882 325

借方 实收资本 贷方	
	期初余额　500 000 科汇12 1–10日： 　　　500 000
	发生额　500 000 期末余额　1 000 000

借方 短期借款 贷方	
	期初余额　200 000 科汇12 1–10日： 　　　300 000
	发生额　300 000 期末余额　500 000

借方 固定资产 贷方	
期初余额　1 320 000 科汇12 1–10日： 　　　319 000	
发生额　319 000 期末余额　1 639 000	

借方 原材料 贷方	
期初余额　230 000 科汇12 1–10日： 　　　60 000 科汇12 11–20日： 　　　330 000	科汇12 1–10日： 　　　40 000 科汇12 11–20日： 　　　342 000 科汇12 21–31日： 　　　2 500
发生额　390 000 期末余额　271 500	发生额　348 500

借方 资本公积 贷方	
	期初余额　100 000 科汇12 1–10日： 　　　120 000
	发生额　120 000 期末余额　220 000

借方 应付账款 贷方	
科汇12 11–20日： 　　　318 825	期初余额　300 000 科汇12 1–10日： 　　　412 425
发生额　318 825	发生额　412 425 期末余额　393 600

借方	在建工程	贷方
期初余额 200 000	科汇12 1-10日：	
科汇12 1-10日：	99 000	
99 000		
发生额 99 000	发生额 99 000	
期末余额 200 000		

借方	生产成本	贷方
科汇12 11-20日：	科汇12 21-31日：	
320 000	517 700	
科汇12 21-31日：		
197 700		
发生额 517 700	发生额 517 700	
期末余额 0		

借方	材料采购	贷方
期初余额 60 000	科汇12 1-10日：	
科汇12 1-10日：	60 000	
332 500	科汇12 11-20日：	
科汇12 11-20日：	280 000	
7 500		
发生额 340 000	发生额 340 000	
期末余额 60 000		

借方	应交税费	贷方
科汇12 1-10日：	期初余额 20 000	
87 125	科汇12 21-31日：	
科汇12 11-20日：	301 152.5	
8 500		
发生额 95 625	发生额 301 152.5	
	期末余额 225 527.5	

借方	销售费用	贷方
科汇12 21-31日：	科汇12 21-31日：	
89 120	89 120	
发生额 89 120	发生额 89 120	
期末余额 0		

借方	主营业务收入	贷方
科汇12 21-31日：	科汇12 21-31日：	
1 150 000	1 150 000	
发生额 1 150 000	发生额 1 150 000	
	期末余额 0	

借方	待摊费用	贷方
期初余额 7200	科汇12 11-20日：	
	1 200	
期末余额 6000	发生额 1 200	

借方	预付账款	贷方
期初余额 50 000	科汇12 11-31日：	
科汇12 11-20日：	58 500	
58 500		
发生额 58 500	发生额 58 500	
期末余额 50 000		

借方	管理费用	贷方
科汇12 11-20日: 17 400 科汇12 21-31日: 14 030	科汇12 21-31日: 31 430	
发生额 31 430 期末余额 0	发生额 31 430	

借方	制造费用	贷方
科汇12 11-20日: 15 300 科汇12 21-31日: 11 400	科汇12 21-31日: 26 700	
发生额 26 700 期末余额 0	发生额 26 700	

借方	财务费用	贷方
科汇12 21-31日: 600	科汇12 21-31日: 600	
发生额 600 期末余额 0	发生额 600	

借方	其他业务成本	贷方
科汇12 21-31日: 2 500	科汇12 21-31日: 2 500	
发生额 2 500 期末余额 0	发生额 2 500	

借方	库存商品	贷方
期初余额 176 589 科汇12 21-31日: 517 700	科汇12 21-31日: 608 780	
发生额 517 700 期末余额 85 509	发生额 608 780	

借方	应付职工薪职	贷方
	期初余额 210 000 科汇12 21-31日: 205 200	
	发生额 205 200 期末余额 415 200	

借方	应收账款	贷方
期初余额 11 000 科汇12 21-31日: 858 100		
发生额 858 100 期末余额 968 100		

借方	主营业务成本	贷方
科汇12 21-31日：608 780	科汇12 21-31日：608 780	
发生额 608 780 期末余额 0	发生额 608 780	

借方	营业外收入	贷方
科汇12 21-31日：：5 000	科汇12 21-31日：5 000	
发生额 5 000	发生额 5 000 期末余额 0	

借方	其他应付款	贷方
科汇12 21-31日：5 000	期初余额 5 000	
发生额 5 000	期末余额 0	

借方	库存现金	贷方
期初余额 5 000	科汇12 21-31日：350	
期末余额 4 650	发生额 350	

借方	预提费用	贷方
科汇12 21-31日：1 200	期初余额 1 200	
发生额 1 200	期末余额 0	

借方	应付股利	贷方
	期初余额 50 000 科汇12 21-31日：50 000	
	发生额 50 000 期末余额 100 000	

借方	营业外支出	贷方
科汇12 21-31日：80 000	科汇12 21-31日：80 000	
发生额 80 000 期末余额 0	发生额 80 000	

借方	本年利润	贷方
科汇12 21-31日：1 158 000	科汇12 21-31日：1 158 000	
发生额 1 158 000	发生额 1 158 000 期末余额 0	

借方	所得税费用	贷方
科汇12 21-31日：80 142.5	科汇12 21-31日：80 142.5	
发生额 80 142.5 期末余额 0	发生额 80 142.5	

借方	营业税金及附加	贷方
科汇12 21-31日：25 000	科汇12 21-31日：25 000	
发生额 25 000 期末余额 0	发生额 25 000	

借方	其他业务收入	贷方
科汇12 21-31日： 3 000		科汇12 21-31日： 3 000
发生额　3 000		发生额　　3 000 期末余额　　0

借方	利润分配	贷方
科汇12 21-31日： 74 042.75		期初余额　190 000 科汇12 21-31日： 240 427.5
发生额 74 042.75		发生额　240 427.5 期末余额　356 384.75

借方	盈余公积	贷方
		期初余额　150 000 科汇12 21-31日： 24 042.75
		发生额　　24 042.75 期末余额　174 042.75

（4）根据总账编制试算平衡表，见表10-2。

第五节　日记总账会计核算形式

一、日记总账会计核算形式的特点

日记总账会计核算形式是根据记账凭证直接登记日记总账的一种会计核算形式。其主要特点体现在日记总账上，并把总账和日记账结合起来。在这种核算形式下，记账凭证系统和账簿体系同记账凭证核算形式相同，只是需要设置多栏式日记总账。

二、日记总账的设置、登记和核对

1. 日记总账的设置

日记总账账页格式采用多栏式，从左向右栏目依次为：日期、凭证字号、摘要、发生额及企业所有总账科目（每一科目下，分设借方和贷方金额）（见表10-7），这种账页格式能将全部总账科目集中地反映在一张账页中，所以直观、全面。

2. 日记总账的登记

登记程序如下。

（1）根据记账凭证逐笔登记，登记时，每笔经济业务中的对应科目借、贷双方登记在同一行有关栏内，并同时记入"发生额"栏内。

（2）如采用多栏式现金和银行存款日记账，月末根据多栏式现金和银行存款日记账汇总登记日记总账。

（3）对于日记总账的核对，一般做法为：

①月末，计算各科目借方和贷方发生额合计数，并结出余额；

②将各科目借方余额合计数同贷方余额合计数核对相符，并同"发生额"合计数核对相符。

三、日记总账会计核算形式的核算程序

核算程序如下。

（1）根据原始凭证或原始凭证汇总表填制记账凭证。

（2）根据收款、付款凭证逐笔登记现金和银行存款日记账。

（3）根据记账凭证和原始凭证或原始凭证汇总表逐笔登记各种明细分类账。

（4）根据记账凭证逐笔登记日记总账。

（5）月末，核对日记账、日记总账和各明细分类账，并根据日记总账和各种明细分类账及其他有关资料编制会计报表。

日记总账会计核算形式的核算程序见图10-4。

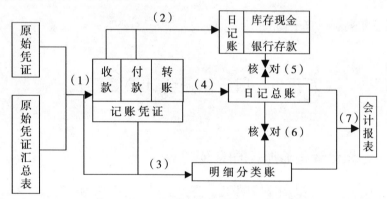

图10-4 日记总账会计核算形式的核算程序图

日记总账核算形式程序简单，操作方便，可以全面、直观地反映各科目之间的对应关系，便于了解经济业务的来龙去脉。但是，所有会计科目集中在一张账页上，账页过大，不便登记和保管，也不便会计人员分工。因此，这种核算形式，更适合于业务简单、会计科目设置不多的小型企业或单位。

针对日记总账会计核算形式，现举例如下。

依前例。采用日记总账会计核算形式时，其步骤如下。

（1）根据步宇公司12月份发生的经济业务编制记账凭证。

（2）根据收款、付款凭证逐笔登记现金和银行存款日记账。

（3）根据记账凭证和原始凭证登记各种明细分类账。

以上核算工作同记账凭证会计核算形式完全一样，见表10-1至表10-3。

（4）根据记账凭证登记日记总账，见表10-7（列示一部分）。

（5）月末，根据日记总账和明细分类账及其他有关资料编制会计报表。

在会计实践中，对于某一特定单位来说，以上几种会计核算形式可以结合运用。如前

表 10-7 日记总账

2009年		凭证	摘要	发生额	固定资产		银行存款		原材料		实收资本		短期借款		在建工程	
月	日	字号			借方	贷方	借方	贷方	借方	贷方	借方	贷方	借方	贷方	借方	贷方
12	1	1	期初余额		1 320 000		144 411		230 000			500 000		200 000	200 000	
	1	收1	长天公司	500 000			500 000					500 000				
	2	收2	短期贷款	300 000			300 000							300 000		
	2	转1	接受捐赠	120 000	120 000											
	5	银付1	购入设备	120 000	120 000			120 000								
	7	转2	购入设备	96 000											96 000	
	10	银付2	工程安装	15 000				15 000							15 000	
		转3	工程安装	4 000						4 000					4 000	
		转4	工程交付	115 000	115 000											115 000
	30		发生额合计		355 000		1 294 910	765 325	390 000	348 500		500 000		300 000	115 000	115 000
			月末合计		1 675 000		673 996		271 500			1 000 000		500 000	200 000	

所述，在采用汇总记账凭证会计核算形式的情况下，如遇某一贷方科目的转账凭证为数不多时，可以不编制汇总记账凭证，而直接根据转账凭证逐笔登记总分类账，以简化核算工作。这实际上是以一种会计核算形式为主，适当结合其他有关核算形式，灵活运用，从而使会计工作既能适应单位特点，满足管理要求，又能提高工作效率。

思考题

1. 对本章的主要内容进行小结。
2. 什么是会计核算形式？有何意义？
3. 各种会计核算形式的特点、适用性和优缺点是什么？

练习题

一、判断题

1. 记账凭证会计核算形式是最基本的一种会计核算形式，其他核算形式都是在它的基础上发展起来的。 （ ）
2. 各种会计核算形式的主要区别是登记总分类账的依据和方法不同。 （ ）
3. 会计核算形式不同，所采用的记账凭证的种类、明细分类账和总分类账的格式不同。
（ ）
4. 汇总转账凭证应以借方科目汇总。 （ ）
5. 科目汇总表核算形式和汇总记账凭证核算形式，都是汇总后登记总账，所以两种方式完全相同。 （ ）

二、填空题

1. 我国企业单位所采用的会计核算形式主要有以下四种：_____、_____、_____和_____。这四种核算形式的不同点主要表现为_____不同。
2. _____核算形式是最基本的一种会计核算形式，它的主要特点是直接根据各种记账凭证逐笔登记总分类账。
3. _____核算形式和_____核算形式一般适用于经营规模较大、经济业务较多、记账凭证数量较大的企业。
4. _____核算形式一般适用于货币资金收支较多、涉及会计科目较少、业务比较简单的企业。

三、单项选择

1. 在手工记账的情况下，各种会计核算形式的主要区别在于（ ）。

A.各种账簿之间的关系   B.账簿的种类和格式

C. 编制会计报表的程序 　　　　　　D. 登记总账的依据

2. 直接根据记账凭证逐笔登记总分类账，这种会计核算形式是（　　）。

　　A. 日记总账核算形式 　　　　　　B. 科目汇总表核算形式

　　C. 记账凭证核算形式 　　　　　　D. 汇总记账凭证核算形式

3. 经济规模不大，经济业务不多的企业，一般采用（　　）。

　　A. 日记总账核算形式 　　　　　　B. 汇总记账凭证核算形式

　　C. 记账凭证核算形式 　　　　　　D. 科目汇总表核算形式

4. 科目汇总表核算形式（　　）。

　　A. 能清楚的反映各科目之间的对应关系

　　B. 便于分析经济业务

　　C. 可以看清楚经济业务的来龙去脉

　　D. 不能反映各种科目之间的对应关系

5. 汇总记账凭证核算形式的主要特点是（　　）。

　　A. 根据原始凭证编制原始凭证汇总表

　　B. 根据原始凭证或原始凭证汇总表编制记账凭证

　　C. 根据各种汇总记账凭证登记总分类账

　　D. 根据各种汇总凭证的记录编制报表

6. 汇总记账凭证核算形式与科目汇总表核算形式的主要区别是（　　）。

　　A. 登记分类账的依据不同 　　　　B. 登记总分类账的依据和方法不同

　　C. 登记明细账的依据不同 　　　　D. 登记总账和明细账的依据不同

7. 在记账凭证核算形式下，现金日记账和银行存款日记账一般采用（　　）的日记账簿。

　　A. 三栏式 　　　　　　　　　　　B. 多栏式

　　C. 数量金额式 　　　　　　　　　D. 以上三种

8. 汇总收款凭证和汇总付款凭证是根据（　　）汇总编制的。

　　A. 原始凭证和原始凭证汇总表 　　B. 记账凭证和汇总记账凭证

　　C. 原始凭证和记账凭证 　　　　　D. 收款凭证和付款凭证

9. 在汇总记账凭证核算形式下，转账凭证按（　　）科目相对应制定。

　　A. 一借一贷或一借多贷 　　　　　B. 一借一贷或多借多贷

　　C. 一借一贷或多借一贷 　　　　　D. 一借多贷或一贷多借

10. 记账凭证核算形式的缺点是（　　）。

　　A. 不反映经济业务的对应关系 　　B. 不易于理解

　　C. 登记总账的工作量大 　　　　　D. 不反映科目的对应关系

11. 科目汇总表核算形式的优点是（　　）。

　　A. 减少记账的工作量 　　　　　　B. 反映科目的对应关系

　　C. 便于查对账目 　　　　　　　　D. 便于分析经济业务

四、多项选择题

1. 各种常用会计核算形式的基本相同点是（　　）。

    A. 填制记账凭证的依据相同

    B. 登记明细分类账的依据和方法相同

    C. 登记总分类账的依据、方法相同

    D. 编制会计报表的依据、方法相同

2. 各种会计核算形式，登记各种明细账的依据是（　　）。

    A. 原始凭证   B. 原始凭证汇总表

    C. 收款凭证   D. 付款凭证

    E. 转账凭证

3. 可以简化登记总账工作量的会计核算形式有（　　）。

    A. 记账凭证核算形式   B. 记账凭证汇总表核算形式

    C. 日记总账核算形式   D. 汇总记账凭证核算形式

4. 会计核算形式是由（　　）相互结合在一起而构成的。

    A. 账簿组织   B. 记账程序

    C. 财产清查方法   D. 记账方法

5. 业务量较多，规模较大的单位一般使用（　　）。

    A. 记账凭证核算形式   B. 科目汇总表核算形式

    C. 汇总记账凭证核算形式   D. 多栏式日记账核算形式

6. 总分类账登记的依据有（　　）

    A. 记账凭证   B. 科目汇总表

    C. 汇总记账凭证   D. 多栏式日记账

    E. 汇总原始凭证

7. 编制会计报表的依据是（　　）。

    A. 总分类账   B. 明细分类账

    C. 科目汇总表   D. 汇总记账凭证

    E. 记账凭证

8. 科目汇总表核算形式的优点是（　　）。

    A. 简化了登记总账的工作   B. 具有试算平衡的作用

    C. 可以降低登账错误   D. 可以反映账户间的对应关系

9. 在编制会计报表之前应进行的核对工作主要有（　　）。

    A. 原始凭证和原始凭证汇总表核对

    B. 记账凭证和汇总记账凭证核对

    C. 日记账和总账核对

    D. 明细账和总账核对

五、简答题

1. 简述会计核算形式及意义。

2. 简述记账凭证会计核算形式、科目汇总表会计核算形式和汇总记账凭证核算形式的特点、适用性和优缺点。

六、核算题

（一）目的：练习科目汇总表会计核算形式

（二）资料：

1. 步宇公司 2009 年 12 月份总账期初余额如下。

步宇公司 2008 年 12 月份总账期初余额表

借方科目	金额	贷方科目	金额
库存现金	5 000	短期借款	200 000
银行存款	144 411	应付票据	100 000
应收票据	60 000	应付账款	300 000
应收账款	110 000	预收账款	100 000
预付账款	50 000	应付职工薪金	210 000
其他应收款	3 000	应交税费	20 000
材料采购	60 000	应付股利	50 000
原材料	230 000	其他应付款	5 000
库存商品	176 589	预提费用	1 200
周转材料	110 000	长期借款	200 000
待摊费用	7 200	实收资本	700 000
固定资产	1 220 000	资本公积	50 000
累计折旧	−450 000	盈余公积	40 000
在建工程	200 000	未分配利润	50 000
无形资产	100 000		
合计	2 026 200	合计	2 026 200

2. 步宇公司 2005 年 12 月份发生下列经济业务。

（1）12 月 2 日，向银行申请到期限 9 个月的贷款 300 000 元存入银行。

（2）12 月 5 日，向北力公司购入不需要安装设备一台，价款 100 000 元，增值税进项税额 17 000 元，全部款项已经由银行存款支付。

（3）12 月 8 日，购入钢材一批，共 30 吨，单价 2 000 元，增值税税率为 17%，材料已运到，并验收入库。全部款项以开出转账支票付讫。

（4）12 月 9 日，向天地公司购入甲、乙两种材料分别为 2 000 吨和 3 000 吨，单价分别为 48.5 元 / 吨和 58.5 元 / 吨，增值税率为 17%，款项尚未支付。

（5）12 月 12 日，甲、乙材料同时运到，随同材料转来运输部门运费、保险费收据所列金额 7 500 元，以银行存款支付，材料已验收入库。

（6）12 月 12 日，摊销本月应负担的财产保险费 1 200 元。

（7）12月12日为生产A、B两种产品。各部门领用材料如下表所示，基本生产车间本月共投产A产品2 000件，B产品1 000件。

材料发出汇总表

单位：元

领用部门	钢材	甲材料	乙材料	合计
生产产品 A产品 B产品	80 000	40 000 60 000	60 000 80 000	180 000 140 000
车间一般耗用	10 000			10 000
管理部门耗用	8 000		4 000	12 000
合计	98 000	100 000	144 000	342 000

（8）12月15日开出现金支票1 000元购买办公用品，其中，管理部门700元，生产车间300元。

（9）12月20日，银行转来付款通知，支付本月水电费7 000元，其中，生产车间4 000元，管理部门3 000元。

（10）12月25日，计算出本月应付给职工的工资为180 000元，其中生产A产品的基本生产工人工资80 000元，生产B产品的基本生产工人工资70 000元，车间管理人员工资10 000元，专设销售机构人员工资8 000元，厂部管理人员工资12 000元。

（11）12月25日，按应付职工薪金总额的14%计提职工福利。

（12）12月25日，以银行存款180 000元支付工资。

（13）12月26日，计提当月固定资产折旧1 500元，其中车间1 000元，厂部500元。

（14）12月30日，按生产工时分配并结转制造费用，A产品工时为8 000小时，B产品工时为12 000小时。

（15）12月30日，A、B两种产品全部完工已验收入库。

（16）12月30日，销售给宏运公司A产品1 400件，单价为300元，增值税税率为17%，款项已收到存入银行。

（17）12月30日，销售给华翔公司B产品800件，单价为400元，增值税税率为17%，代垫运费4 000元，货款尚未收到。

（18）12月30日，销售给宇力公司A产品700件，B产品500件，单价同上，已开出增值税专用发票，税率为17%，全部款项均未收到。

（19）12月30日，开出转账支票，金额为80 000元，支付电视台广告费。

（20）12月30日，以现金支付经理招待客户就餐费350元。

（21）12月30日，企业销售不需用材料一批，价款为3 000元，增值税税率为17%，款项已收到存入银行。

（22）12月30日，企业没收逾期未退还的包装物押金5 000元。

（23）月末结转已销产品销售成本；同时计算出应交消费税税额为20 000元，教育费附加费为5 000元。

（24）12月31日，将步宇公司12月份的收入、费用转入本年利润。

（25）12月31日，假定按25%计算并结转所得税费用。

（26）12月31日，按净利润的10%提取法定盈余公积金，分给投资者股利50 000元。

（三）要求：

1. 根据资料2编制会计分录。

2. 根据会计分录编制科目汇总表。

3. 根据资料1开设总账，并根据科目汇总表登记总账。

第十一章　会计报表

学习目标与要求

通过对本章的学习，明确会计报表的种类及编制基本要求，掌握会计报表的结构、内容及编制方法，并能够根据所学知识熟练编制会计报表中的资产负债表和利润表。

第一节　会计报表概述

一、会计报表的作用及种类

会计报表是财务报告的核心内容，也称财务报表。所谓会计报表，是指综合反映企业某一特定日期资产、负债和所有者权益及其结构情况，某一特定时期经营成果的实现及分配情况和某一特定时期现金流入、现金流出及净增加情况的书面文件。

会计报表主要包括主表、附表及会计报表附注。其中主表包括资产负债表、利润表、现金流量表及所有者权益变动表，附表包括资产减值准备明细表等。

（一）会计报表的作用

会计报表是外界各信息使用者了解企业信息的最主要途径，其主要作用表现在以下几个方面。

（1）为加强和改善企业经营管理提供信息，对企业的经营管理有着重要的作用。企业的经营管理者通过会计报表提供的信息，可以全面、系统地了解企业在一定时期内的生产经营情况、财务状况和经营成果，及时发现经营活动中存在的问题，采取有效措施，及时改善经营管理，取得更大经济效益。

（2）为政府经济管理部门进行宏观调控提供依据。政府部门根据会计报表提供的信息，及时掌握各企业贯彻执行国家法律、法规和财经纪律的情况，及时找出差距，保护企业间的有序竞争。对信息进行汇总分析，还可以为政府部门对国民经济进行宏观调控和管理提供依据。

（3）为各方关系人的投资信贷决策提供依据。投资者、债权人等信息使用者可以通过会计报表提供的信息了解和掌握企业的生产经营情况和财务状况，以此作出决策。

（4）为国家制定未来的经营管理方针提供依据。国家可以利用会计报表信息了解宏观政策对企业的影响，促使国家的经营管理方针更为科学、合理。

（二）会计报表的种类

会计报表按照不同的标准划分为不同的种类。

1. 按会计报表反映资金运动的角度划分为动态会计报表和静态会计报表

动态会计报表是反映企业在一定时期内经营成果和现金流量的会计报表，即资金处于运动状态下的会计报表；静态会计报表是总括反映企业某一时点的财务状况即资产、负债及所有者权益情况的会计报表，是反映资金处于相对静止状态下的会计报表。

属于动态会计报表的有利润表、现金流量表，属于静态会计报表的有资产负债表。

2. 按会计报表所反映的经济内容划分为资产负债表、利润表、现金流量表及所有者权益（或股东权益）变动表

资产负债表是反映企业某一特定日期财务状况的会计报表；利润表是反映企业在一定会计期间经营成果的会计报表；现金流量表是反映企业一定会计期间现金及现金等价物流入和流出情况的会计报表；所有者权益变动表是反映所有者权益项目变动情况的会计报表。

3. 按编制的时间划分为月度会计报表、季度会计报表、半年度及年度会计报表

月度会计报表简称月报，是在月份终了时编制的，反映企业某一月份内经营活动情况的会计报表；季度会计报表是在季度终了时编制的，反映企业某一季度内经营活动情况的会计报表；年度会计报表简称年报，是在年度终了时编制的，反映企业在某一年度内经营活动情况的报表。我国企业会计准则将半年度、季度和月度财务报表统称为中期财务报表。

属于月度报表的有资产负债表、利润表；属于年度报表的有现金流量表和所有者权益变动表。

4. 按所报送的对象划分为对外会计报表和对内会计报表

对外会计报表是指企业为满足国家宏观经济管理部门、投资者、债权人及其他有关信息者对会计信息的需求而编制的对外提供服务的会计报表，它要求有统一的报表格式、指标体系和编制时间等，如资产负债表、利润表及现金流量表。

对内会计报表是指为企业内部经营管理服务而编制的不对外公布的会计报表，它不要求统一格式，没有统一的指标体系，如企业成本报表。

二、会计报表的编制要求

会计报表是为各信息使用者进行决策服务的，因此必须规范会计报表的编制，这是发挥会计报表信息载体作用的关键。

（一）合法可靠

会计报表必须符合国家的方针政策、法律、法规及相关会计准则、制度的规定。

会计报表所提供的信息资料必须真实、客观，能够如实反映企业经营活动的客观情况，绝不能以估计的数据代替实际数据。会计报表达不到应有的可靠程度，会误导信息使用者作出错误的判断。如果有弄虚作假、篡改资料信息的行为，则将受到社会的谴责和法律的制裁。

（二）真实完整

会计报表只有提供真实、完整的信息，才能全面反映企业的财务状况、经营成果及现

金流量，满足不同信息使用者的信息需求。必须准确计算会计报表各项目的数值，按照会计制度规定的格式和内容提供信息，不得漏填项目或漏编报表。报表内容如果不完整，就不可能在年度之间和各个企业之间进行比较，也不利于进行汇总分析。

（三）可比相关

可比相关是指会计报表提供的信息资料要满足报表使用者的决策需要并具有可比性。为保证会计报表具有可比性，各期编制会计报表时必须贯彻一致性原则，某项会计政策一经采用，不能随意改变。例如，折旧计提方法、存货计价方法、费用分配方法等在一个会计年度内必须保持一致。当有特殊原因需要变动时，应在财务情况说明书中加以说明，使信息使用者能够有所了解，以便作出正确的决策。

（四）准确及时

会计报表必须按照会计制度规定的期限和程序及时报送。例如，工业企业会计制度规定，年报应在年度终了后4个月内报出。在市场经济条件下，供求关系随时变化，会计报表编报不及时，起不到指导生产经营的作用，也满足不了信息使用者的信息需求。但企业绝不能为了赶时间而忽视了报表质量，也不能借口保证质量而拖延时间。随着我国市场经济体制的不断完善，对财务报告及时性的要求将会更高。

第二节　资产负债表

一、资产负债表的内容与格式

资产负债表是反映企业某一特定日期财务状况的会计报表，它表明某一特定时日（如月末、季末、半年末、年末）企业所拥有或控制的经济资源和所承担的现有债务及所有者对净资产的要求权。

资产负债表的设置理论依据是"资产＝负债＋所有者权益"这一会计恒等式。

资产负债表的内容分为资产、负债及所有者权益三类，各类项目按照一定的顺序排列。资产类项目是按流动性强弱顺序来排列，分为流动资产与非流动资产；其中流动资产项目也是按流动性强弱顺序排列的，如货币资金、交易性金融资产、应收票据、应收账款、预付款项、应收股利、应收利息、存货等。

负债类项目是按照偿还期长短排列的，分为流动负债与非流动负债。

所有者权益类项目按其永久性程度排列，一般分为实收资本、资本公积、库存股、盈余公积、未分配利润等项目。

以上这种排列方式比较清楚地反映出了企业资产的流动性和负债的变现性，能够用以分析企业的财务状况和偿债能力。

资产负债表的格式有报告式和账户式两种结构。按照我国《企业会计准则》的规定，资产负债表一般采用账户式结构。账户式资产负债表，其结构分为左右两方：左方列示资产项目，右方列示负债及所有者权益项目。完整的资产负债表，包括表首及表体两部分。表首列示企业名称、报表名称、编制日期及货币计量单位；表体部分也就是资产负债表的内容部分，列示企业财务状况的全部数据。

资产负债表的内容及格式参见表11-1。

二、资产负债表的编制方法

资产负债表中的数据主要来自会计账簿记录，各项目的"年初余额"栏应根据上年末资产负债表"期末余额"栏所列数字填列；本年度的"期末余额"栏应根据编报日（月末、季末、半年末、年末）有关总分类账户和明细分类账户的期末余额直接填列或分析、计算填列。概括起来，资产负债表各项目期末余额的填制方法有下列几种。

（1）根据总账科目余额直接填列。

（2）根据同类总账科目期末余额合并计算填列。

（3）根据总账科目余额减去其备抵项目后的净额填列。

（4）根据结算科目有关明细账户期末余额调整填列。

（一）资产项目"期末余额"的填制方法

（1）根据总账科目余额直接填列的项目有应收票据、应收股利、应收利息、长期应收款、工程物资、在建工程、固定资产清理、开发支出、商誉、长期待摊费用等项目。

（2）根据同类总账科目期末余额合并计算填列的项目分为两种情况。其中，"货币资金"项目应根据"库存现金"、"银行存款"、"存放中央银行款项"、"存放同业"、"存出保证金"、"其他货币资金"各科目的期末余额合并计算填列；"存货"项目应根据"材料采购"、"原材料"、"周转材料"、"库存商品"、"在途物资"、"发出商品"等科目的期末余额合计数，减去"代销商品款"、"存货跌价准备"等科目期末余额后的金额填列。材料采用计划成本核算和库存商品采用售价核算的企业，还应该减去"材料成本差异"、"商品进销差价"后的金额填列。

（3）根据总账科目余额减去其备抵项目后的净额填列的项目有"交易性金融资产"、"无形资产"、"其他应收款"、"长期股权投资"、"持有至到期投资"、"固定资产"等项目。

（4）根据结算科目有关明细账户期末余额调整填列的项目分为好几种情况。其中，"应收账款"所属明细账户期末如为贷方余额，应计入"预收款项"项目；"预收账款"所属明细账户期末如为借方余额，应计入"应收账款"项目；"预付账款"所属明细账户期末如为贷方余额，应计入"应付账款"项目；"应付账款"所属明细账户期末如为借方余额，应计入"预付款项"项目。

（二）负债类各项目"期末余额"的填制方法

短期借款、交易性金融负债、应付票据、应付职工薪酬、应付股利、应付利息、应交税费、其他应付款、长期借款、应付债券等各项目根据总账科目期末余额直接填列。

需要注意的是，如果"预提费用"账户期末为借方余额，应该与"待摊费用"合并在"预付款项"项目中；"待摊费用"账户如为贷方余额，应该与"预提费用"合并在"预收款项"项目中。

（三）所有者权益各项目的"期末余额"填制方法

"实收资本"、"资本公积"、"库存股"项目应该根据该账户的期末贷方余额直接填列；"盈余公积"项目按照该账户的期末贷方余额填列；"未分配利润"项目，应根据"利润分配——未分配利润"明细科目余额填列，如为借方余额，则是尚未弥补的亏损，应该在"未分配利润"项目中以"－"表示。

三、资产负债表编制举例

以步宇公司 12 月份期初余额资料为基础，参见第十章的经济业务及试算平衡表（见表 10-2 ），编制资产负债表，具体如表 11-1 所示。

表 11-1　资产负债表

编制单位：步宇公司　　　　　　　　　　2009 年 12 月 31 日　　　　　　　　　　单位：元

资产	期末余额	年初余额	负债及所有者权益	期末余额	年初余额
流动资产：			流动负债：		
货币资金	561 646	149 411	短期借款	500 000	200 000
交易性金融资产			应付票据	100 000	100 000
应收票据	60 000	60 000	应付账款	393 600	300 000
应收股利			预收款项	100 000	101 200
应收利息			应付职工薪酬	415 200	210 000
应收账款	968 100	110 000	应付股利	100 000	50 000
其他应收款	3 000	3 000	应交税费	225 527.50	20 000
预付款项	56 000	57 200	其他应付款		5 000
存货	527 009	576 589			
流动资产合计	2 175 755	956 200	流动负债合计	1 834 327.50	986 200
非流动资产：			非流动负债：		
可供出售金融资产			长期借款	200 000	200 000
持有至到期投资			应付债券		
长期应收款			长期应付款		

长期股权投资			专项应付款		
固定资产	1 189 000	870 000	预计负债		
工程物资			非流动负债合计	200 000	200 000
在建工程	200 000	200 000	负债合计	2 034 327.50	1 186 200
固定资产清理			所有者权益		
无形资产	100 000	100 000	实收资本	1 000 000	500 000
开发支出			资本公积	100 000	100 000
商誉			减：库存股		
长期待摊费用			盈余公积	174 042.75	150 000
递延所得税资产			未分配利润	356 384.75	190 000
非流动资产合计	1 489 000	1 170 000	所有者权益合计	1 630 427.50	940 000
资产合计	3 664 755.7	2 126 200	负债及所有者权益合计	3 664 755	2 126 200

第三节 利润表

一、利润表的内容及格式

利润表是将一定时期的营业收入和营业成本费用进行配比，计算出企业一定时期的税后净利润，是反映企业一定会计期间生产经营成果的财务报表，属于动态报表。

利润表是根据"利润＝收入－费用"会计等式设计的，通过一定格式来反映企业的经营成果，一般由表首、正表两部分组成。表首有报表名称、编制单位、编报时间、报表编号和计量单位。正表部分根据所提供指标的详细程度不同，可分为单步式和多步式两种格式。

单步式利润表是把本期所有的收入加在一起，所有的费用加在一起，两者相抵，一次性计算出当期损益。

多步式利润表是将收入和费用各项分别加以归类，分步反映损益的形成过程。我国会计准则规定利润表采用多步式格式，其具体格式见表11-2。

多步式利润表包括营业利润、利润总额、净利润三个层次，它们的计算公式分别如下。

营业利润＝营业收入－营业成本－营业税金及附加－销售费用－管理费用－财务费用－资

产减值损失＋公允价值变动收益＋投资收益

利润总额＝营业利润＋营业外收入－营业外支出

净利润＝利润总额－所得税费用

二、利润表的编制方法及举例

利润表主要是根据各损益类账户的发生额分析计算填列。

"本期金额"栏反映各项目的本期实际发生数，"上期金额"栏反映各项目上期实际发生数。

利润表各项目的具体填列方法如下。

（一）根据发生额分析填列的项目

"营业收入"项目根据"主营业务收入"、"利息收入"、"手续费及佣金收入"、"保费收入"、"租赁收入"、"其他业务收入"等科目的发生额合计填列。

"公允价值变动收益"项目根据"公允价值变动损益"科目发生额填列，损失以"－"表示。

"营业成本"项目根据"主营业务成本"和"其他业务成本"科目的本期发生额合计填列。

"营业税金及附加"、"资产减值损失"项目根据其科目发生额直接填列。

"销售费用"、"管理费用"、"财务费用"、"投资收益"（如果为投资损失，以"－"填列）、"营业外收入"、"营业外支出"、"所得税费用"等各项目，根据其科目的发生额直接填列。

（二）利润总额反映企业实现的利润，如为亏损，以"－"填列。

（三）"净利润"项目反映企业交纳所得税费用后的净利润，如为净亏损，以"－"填列。

根据第十章步宇公司的有关经济业务，编制利润表，如表 11-2 所示。

表 11-2　利润表

编制单位：步宇公司　　　　　　　　　　2009 年 12 月　　　　　　　　　　单位：元

项目	本期金额	上期金额
一、营业收入	1 153 000	
减：营业成本	611 280	
营业税金及附加	25 000	
销售费用	89 120	
管理费用	31 430	

财务费用	600	
资产减值损失		
加：公允价值变动收益		
投资收益		
其中：对联营企业和合营企业的投资收益		
二、营业利润（亏损以"－"号填列）	395 570	
加：营业外收入	5 000	
减：营业外支出	80 000	
其中：非流动资产处置损失		
三、利润总额（亏损以"－"号填列）	320 570	
减：所得税费用	80 142.50	
四、净利润（亏损总额以"－"号填列）	240 427.50	
五、每股收益		
（一）基本每股收益		
（二）稀释每股收益		

思考题

1. 对本章主要内容进行小结。

2. 会计报表的含义是什么？

3. 会计报表是如何进行分类的？

4. 编制会计报表的基本要求是什么？

5. 资产负债表的含义是什么？其内容及基本结构如何？填制方法分为哪几种？

6. 利润表的含义是什么？利润表的基本结构如何？

7. 利润表中的净利润是如何计算出来的？

练习题

一、判断题

1. 资产负债表是反映企业一定时期内经营成果的会计报表。（　　）

2. 资产类各项目在资产负债表中是按时间长短顺序来进行排列的。（　　）

3. "预付款项"项目是根据总账科目余额直接填列的。（　　）

4. 资产负债表、利润表及成本报表均属于对外报表。（　　）

5. "应收账款"项目应根据"应收账款"账户与"其他应收款"账户所属明细账户的借方余额分析填列。（　　）

二、填空题

1. 会计报表主要包括_____、_____和_____三个部分。

2. 现行制度规定企业应向外提供的会计报表有主表和若干张附表。主表有_____、_____、_____、_____等；附表有_____、_____等。

3. _____属于静态会计报表；_____、_____属于动态会计报表。

4. 资产负债表是总括反映企业_____的报表。

5. 利润表是总括反映企业_____的报表。

6. 现金流量表是反映企业_____的报表。

三、单项选择题

1. 会计报表是反映企业财务状况和经营状况的书面报告文件，由（　　）组成。

   A. 资产负债、利润表、现金流量表、所有者权益变动表

   B. 资产负债表、利润表、现金流量表及有关附表、附注

   C. 资产负债表、利润表、现金流量表、财务情况说明书

   D. 资产负债表、利润表、利润分配表

2. 资产负债表是反映企业（　　）财务状况的会计报表。

   A. 某一会计期间　　　　　　　B. 一年内

   C. 一定期间　　　　　　　　　D. 一定日期

3. 资产负债表中，"应收账款"项目应根据（　　）填列。

   A. "应收账款"和"预收账款"总分类账所属各明细分类账的期末借方余额合计

   B. "应收账款"和"应付账款"总分类账所属各明细分类账的期末借方余额合计

   C. "应收账款"总分类账户期末余额

   D. "应收账款"各明细分类账户的期末借方余额合计

4. 资产负债表中，"应付账款"项目应根据（　　）填列。

   A. "应收账款"账户所属各明细分类账户的期末贷方余额合计

   B. "应付账款"总分类账户期末余额

   C. "应付账款"账户所属各明细分类账户的期末贷方余额合计

   D. "预付账款"、"应付账款"账户所属各明细分类账户的期末贷方余额合计

5. 我国资产负债表中，资产各项目排列顺序的依据是（　　）。

   A. 金额大小　　　　　　　　　B. 流动性大小

   C. 会计科目先后顺序　　　　　D. 会计账簿排列顺序

6. 下列选项中，反映了资产负债表内有关资产项目排列顺序的是（　　）。

A. 流动资产、非流动资产

B. 流动资产、固定资产、长期投资、无形资产、递延资产

C. 流动资产、长期投资、固定资产、递延资产、无形资产

D. 其他长期资产、固定资产、无形资产、流动资产

7. 下列反映资产负债表中所有者权益项目排列顺序的是（ 　 ）。

A. 实收资本、未分配利润、盈余公积、资本公积

B. 实收资本、资本公积、库存股、盈余公积、未分配利润

C. 实收资本、资本公积、未分配利润、盈余公积

D. 未分配利润、资本公积、盈余公积、实收资本

8. 依照我国会计准则的规定，利润表的编制格式为（ 　 ）。

A. 单步式 　　　　　　　　　　 B. 多步式

C. 混合步式 　　　　　　　　　 D. 独步式

9. 多步式利润表是通过多步计算求出当期损益，常将利润的计算分解为（ 　 ）几部分。

A. 营业利润、利润总额和净利润

B. 主营业务利润、营业利润和营业收支净额

C. 主营业务利润、营业利润和应纳税额

D. 营业收入、营业利润、可分配利润

10. 属于静态会计报表的是（ 　 ）。

A. 利润表 　　　　　　　　　　 B. 资产负债表

C. 现金流量表 　　　　　　　　 D. 财务情况说明书

四、多项选择题

1. 会计报表的编制必须做到（ 　 ）。

A. 手续完备 　　　　　　　　　 B. 编报及时

C. 内容完整 　　　　　　　　　 D. 数字真实

E. 说明清楚

2. 会计报表按其反映的对象划分，一般分为（ 　 ）。

A. 财务状况报表 　　　　　　　 B. 财务成果报表

C. 经营状况报表 　　　　　　　 D. 对内报表

E. 对外报表

3. 企业必须定期编制和对外报送的会计报表有（ 　 ）。

A. 资产负债表 　　　　　　　　 B. 利润表

C. 现金流量表 　　　　　　　　 D. 所有者权益变动表

E. 成本报表

4. 下列报表中属于动态会计报表的是（ 　 ）。

A. 利润表 　　　　　　　　　　 B. 资产负债表

C. 所有者权益变动表 　　　　　 D. 现金流量表

5. 资产负债表可提供的信息有（　　）。

A. 流动资产的实有情况 　　　　　B. 非流动资产的实有情况

C. 长期负债的情况 　　　　　　　D. 流动负债的情况

E. 所有者权益情况

6. 下列项目中，列在资产负债表右方的有（　　）。

A. 固定资产 　　　　　　　　　　B. 累计折旧

C. 预收款项 　　　　　　　　　　D. 长期借款

E. 坏账准备

7. 在编制资产负债表时，根据总账科目余额直接填列的项目有（　　）。

A. 应收账款 　　　　　　　　　　B. 货币资金

C. 应收票据 　　　　　　　　　　D. 实收资本

E. 固定资产

8. 资产负债表中，根据各个总分类账户期末余额之和填列的有（　　）。

A. 存货 　　　　　　　　　　　　B. 货币资金

C. 应付账款 　　　　　　　　　　D. 未分配利润

E. 实收资本

9. 资产负债表中，需要根据若干明细账户期末余额分析填列的有（　　）。

A. 存货 　　　　　　　　　　　　B. 应收票据

C. 应收账款 　　　　　　　　　　D. 应付账款

E. 预付款项

10. 根据总账科目余额减去其备抵项目后的净额填列的项目有（　　）。

A. 应收票据 　　　　　　　　　　B. 无形资产

C. 应收账款 　　　　　　　　　　D. 长期股权投资

E. 应付账款

11. 多步式利润表包括（　　）几个层次。

A. 主营业务利润 　　　　　　　　B. 营业利润

C. 其他业务利润 　　　　　　　　D. 利润总额

E. 净利润

五、简答题

1. 简述会计报表的概念及内容。

2. 通过资产负债表和利润表分别可以了解企业的哪些情况？

六、核算题

（一）

1. 目的：练习资产负债表中主要项目的填制。

2. 资料：红华公司 2005 年 12 月有关账户余额如下。

账户	余额	
	借方	贷方
库存现金	400	
银行存款	55 000	
待摊费用	1 500	
预提费用	1 000	
固定资产	500 000	
累计折旧		100 000
本年利润		42 000
利润分配——提取盈余公积	11 550	
——应付利润	9 000	
原材料	53 365	
生产成本	63 750	
库存商品	37 260	
应收账款——甲厂		30 000
——乙厂	45 000	
应付账款——A 厂		80 000
——B 厂	20 000	
预收账款——丙厂	600	
——丁厂		2 600
预付账款——光明厂	6 000	
——光明厂		1 500

资产负债表

编制单位：红华公司   2009 年 12 月 31 日   单位：万元

资产	期末余额	年初余额	负债及所有者权益	期末余额	年初余额
流动资产：			负债：		
货币资金			流动负债		
应收账款			短期借款	8 325	
存货			应付账款		
预付款项			预收款项		
流动资产合计			流动负债合计		
非流动资产：			非流动负债		
固定资产			负债合计		
无形资产			所有者权益：		

（续表）

		实收资本	500 000	
非流动资产合计		资本公积	20 000	
		盈余公积	20 000	
		未分配利润		
		所有者权益合计		
资产总计		权益总计		

3.要求：根据所提供的资料将资产负债有关项目填制在上表中。

（二）

1.目的：练习利润表的编制。

2.资料：红华公司 2009 年发生的经济业务如下。

（1）销售甲产品 1 000 件，每件售价为 100 元，增值税销项税额为 17 000 元，款已通过银行收到。

（2）企业销售给红星厂乙产品 900 件，每件售价为 100 元，增值税税率为 17％，货、税款尚未收到。

（3）结转已售甲、乙产品的生产成本。其中甲产品 60 000 元，乙产品 40 000 元。

（4）以银行存款支付销售甲、乙产品的销售费用 2 200 元。

（5）根据规定计算应交纳城市维护建设税 6 000 元。

（6）李民外出归来报销差旅费 500 元（原预支 400 元）。

（7）以现金 1 000 元支付厂部办公费。

（8）企业收到红星厂前欠货、税款并存入银行。

（9）摊销应由本期负担的材料仓库租赁费 300 元。

（10）无法支付的应付账款 3 000 元转作营业外收入。

（11）收到本期出租包装物租金收入 5 000 元，已存入银行。

（12）根据上述业务结转损益类账户。

（13）根据实现的利润总额，按 25％税率计算并结转所得税。

3.要求如下。

（1）根据上述经济业务编制会计分录。

（2）编制利润表。

利润表

编制单位：红华公司 　　　　2009 年 12 月 　　　　单位：元

项目	本期金额	上期金额
一、营业收入		略
减：营业成本		
营业税金及附加		
销售费用		
管理费用		
财务费用		
资产减值损失		
加：公允价值变动收益		
投资收益		
其中：对联营企业和合营企业的投资收益		
二、营业利润（亏损以"－"号填列）		
加：营业外收入		
减：营业外支出		
其中：非流动资产处置损失		
三、利润总额（亏损以"－"号填列）		
减：所得税费用		
四、净利润（亏损总额以"－"号填列）		
五、每股收益		
（一）基本每股收益		
（二）稀释每股收益		

七、综合练习题

（一）健康食品厂 12 月 1 日总分类账户余额如下。

总账账户	借方余额	总账账户	贷方余额
库存现金	600	短期借款	21 000
银行存款	85 000	应付账款	10 500
应收账款	7 000	长期借款	6 000
预付账款	1 000	应付职工薪酬	22 000

原材料	24 500	预收账款	2 000
库存商品	12 000	实收资本	100 000
固定资产	132 400	盈余公积	8 500
		本年利润	62 500
		利润分配	10 000
		累计折旧	20 000
合计	262 500	合计	262 500

健康食品厂 12 月 1 日明细分类账户余额如下。

总账账户	明细账户	数量	单价	金额	
				借方	贷方
应收账款	北京燕西商厦			3 000	
	大众副食商场			4 000	
应付账款	大同市面粉厂				8 500
	华星糖酒公司				2 000
原材料	白砂糖	800（千克）	5	4 000	
	面粉	6 000（千克）	3	18 000	
	辅助材料	500（千克）	3	2 500	
库存商品	饼干	60（箱）	200	12 000	
预付账款	保险费		1 000		
预收账款	大修理费				2 000

（二）健康食品厂 12 月份发生的各项经济业务如下。

（1）12 月 1 日，从银行借入 30 000 元，期限为 5 个月。

（2）12 月 2 日，收到大众副食商场欠款 4 000 元。

（3）12 月 4 日，从华星糖酒公司购入白砂糖 500 千克，金额为 2 500 元，税额 425 元，款已付并验收入库。

（4）12 月 6 日，从大同市面粉厂购入面粉 1 000 千克，金额为 3 000 元，税额为 390 元，货款未付，料验收入库（大同市面粉厂按 13％交增值税）。

（5）12 月 8 日，采购员张明借支差旅费 200 元。

（6）12 月 10 日，收到华星糖酒公司投资 50 000 元。

（7）12 月 13 日，购买 2 200 元办公用品，其中，车间用 1 000 元，厂部用 1 200 元。

（8）12月15日，从银行提取现金22 000元发放工资。

（9）12月18日，采购员张明报销差旅费330元，不足部分以现金补付。

（10）12月19日，向大众副食商场销售饼干40箱，金额为12 000元，税额为2 040元，向北京燕西商厦销售面包50箱，金额为30 000元，税额为5 100元，款均未收到。

（11）12月20日，以现金支付卫生罚款200元。

（12）12月20日，以银行存款支付广告费2 000元。

（13）12月25日，以银行存款支付水电费，金额为2 270元，税额为275.9元，其中车间耗用1 500元，厂部耗用辅助材料770元。

（14）12月25日，预付下年度保险费12 000元。

（15）12月26日，收到北京燕西商厦前欠的货款。

（16）12月26日，签发转账支票偿还短期借款20 000元。

（17）12月30日，汇总当月发出材料，进行材料费用的分配。其中生产饼干领用面粉6 000元，白砂糖5 000元，生产面包领用面粉9 000元，白砂糖10 000元，车间一般耗用辅助材料600元，厂部耗用辅助材料400元。

（18）12月30日，分配工资费用并计提职工福利费。其中生产饼干工人的工资6 000元，生产面包工人的工资14 000元，车间主任600元，厂长1 400元。

（19）12月30日，计提固定资产折旧，其中车间2 000元，厂部1 000元。

（20）12月30日，分摊本月负担的财产保险费1 000元。

（21）12月30日，预提本月负担的固定资产大修理费1 000元。

（22）12月30日，分配结转制造费用，按工资标准分配。

（23）12月30日，本月生产的产品全部完工，其中饼干完工100箱，面包完工80箱，结转完工产品的生产成本（列出两个产品的成本计算单并计算出完工产品的总成本和单位成本）。

（24）12月30日，结转已销产品的生产成本，其中饼干40箱，面包50箱。

（25）12月30日计算出本月应交的城建税和教育费附加（税率分别为7%、3%）。

（26）12月30日，结转各个损益类账户，计算出利润总额。

（27）12月30日，计算应缴的所得税费用，计算出净利润（税率25%）。

（28）12月30日，按10%提取法定的盈余公积金，按20%给投资者分配利润，计算出尚未分配的利润数。

（三）要求如下。

（1）以"T"型账户登记月初余额。

（2）编制会计分录，在"T"型账户中登记本期发生额。

（3）结账，计算月末余额。

（4）编制资产负责表、利润表。

第十二章　会计工作组织与会计电算化

> **学习目标与要求**
>
> 　　通过对本章的学习，明确会计工作组织是会计工作的组织保证，明确会计人员的职责和权限、会计专业技术资格的评聘条件及各自的基本职责；了解会计法、会计准则和会计制度三个层次的会计规范在会计实务中的指导作用；初步掌握会计档案的保存方法；对我国会计工作的组织管理形式有清晰的认识；了解会计电算化的概念、发展状况、作用；掌握会计电算化的特点、基本内容及运行环境。

第一节　会计工作组织

一、会计工作组织的意义

　　会计工作组织是指会计机构的设置、会计人员的配备、会计法规的制定与执行和会计档案的保管等一系列工作。科学地组织会计工作对于完成会计职能、实现会计目标、发挥会计在经济管理中的作用，具有十分重要的意义。其作用具体表现在以下三个方面。

　　（1）有利于提高会计工作的质量和效率。

　　（2）有利于协调与其他经济管理工作的关系。

　　（3）有利于加强经济责任制。

二、会计工作组织的原则

　　会计工作组织的原则如下。

　　（1）必须按照国家对会计工作的统一要求来组织会计工作。

　　会计工作组织受到各种法规、制度的制约，比如《会计法》、《总会计师条例》、《会计基础工作规范》、《会计专业职务试行条例》、《会计档案管理办法》、《会计电算化管理办法》等。

　　（2）根据各单位生产经营管理特点来组织会计工作。

　　各单位应根据自身的特点，确定本企业的会计制度，对会计机构的设置和会计人员的配备作出切合实际的安排。

　　（3）在保证会计工作质量的前提下讲求工作效率，节约工作时间和费用。

三、企业单位设置的会计机构

我国企业单位通常把处理财务与会计工作的部门合并，称为财务部或财务处、财务科等。企业会计机构的设置应达到如下要求。

（1）有效地进行会计核算。

（2）进行合理的会计监督。

（3）制定本单位的会计制度。

（4）参与本单位各项计划的制订，并考核计划的执行情况。

（5）进行长期投资的预测、决策等。

要想使所设置的会计机构有效地进行工作，应该在会计机构内部进行适当的分工，按照会计核算的流程设置责任岗位，配备会计人员。同时，在会计机构内部的岗位分工上，应符合内部控制制度的要求。

四、会计人员的配备

（一）会计人员的资格

为了加强对会计工作和会计人员的管理，促进各单位配备合格的会计人员，提高会计队伍素质和会计工作水平，充分发挥会计工作在社会主义市场经济建设中的作用，根据《中华人民共和国会计法》关于财政部门管理会计工作的规定，我国制定了《会计证管理办法》。其中重要的一条就是，"会计证是具备一定会计专业知识和技能的人员从事会计工作的资格证书。未取得会计证的人员，各单位不得任用其担任会计岗位工作。"

会计证实行验证制度。各级财政、税务等部门具有共同负责检查和监督会计人员持证上岗情况的权利。会计证及预备会计证由各省、自治区、直辖市、计划单列市财政厅（局）和国务院机关事务管理局统一印制、颁发和管理。会计证应记载持证会计人员的职称、学历、单位、身份证号、会计证号、发证时间以及年检、奖励、处分、工作业绩、培训、岗位变动等情况。

同时，会计证管理办法还规定，"会计证实行注册登记和年检考核制度"。这是指取得会计证的人员，在被单位聘（任）用从事会计工作时，应由所在单位提出申请，并在30日内到发证机关进行注册登记，注册后的持证人员作为正式会计人员管理。未经注册登记的会计证不予办理年检，不得参加会计专业技术资格考试和财政、财务部门组织的在职会计人员培训。在岗会计人员应按规定向发证机关办理会计证年检。年检工作每两年进行一次。由各基层单位将持证会计人员的情况按会计证所列内容逐项填写，并经本单位人事部门核签后送发证机关进行年检。发证机关审核无误后，在会计证相应年份备注栏加盖验讫印章和日期，退回持证人。对未经发证机关注册登记、有违法乱纪行为、未按规定参加继续教育培训和脱离会计岗位的，以及弄虚作假骗取会计证的，发证机关不予办理年检。

（二）会计人员的职责

《中华人民共和国会计法》规定，会计人员的职责主要如下。

（1）进行会计核算。

（2）实行会计监督。

（3）拟订本单位办理会计事务的具体办法。

（4）参与拟订经济计划、业务计划，考核、分析预算和财务计划的执行情况。

（5）办理其他会计事务。

（三）会计人员的专业职称

会计专业职称是表示会计人员专业知识和能力、业务经验及水平的标志，我国的会计职称分为会计员、助理会计师、会计师和高级会计师四个等级。其中前三个等级实行全国统一考试制度，每年举行一次，考试合格者发给相应的会计专业技术资格证书，证书在全国范围内有效。

会计专业技术资格实行注册登记制度。资格有效期一般为五年，有效期满，持证者要按规定到发证机关办理注册登记。凡脱离会计工作岗位连续三年以上（含三年）者，所取得的资格自行失效，必须重新参加相应的资格考试。

第二节　会计法规制度

一、会计的法规和制度及其作用

会计法规和制度是组织和从事会计工作必须遵循的规范。它是经济法规、制度的重要组成部分。制定和实行会计法规和制度，可以保证会计工作贯彻执行国家有关的财经政策，保证会计工作沿着社会主义市场经济的方向前进，保证提供真实、及时、可靠的会计资料和会计信息等。

二、我国的会计核算法规和制度

我国的会计核算法规和制度由三个层次的内容构成。

（一）第一层次为基本法

基本法即指《中华人民共和国会计法》（以下简称《会计法》），它是会计核算工作最高层次的规范，是制定其他会计法规制度的基本依据，其他会计法规都必须遵循和符合《会计法》的要求。《会计法》由全国人民代表大会常务委员会制定，以国家主席命令的形式发布。

（二）第二层次为会计准则

会计准则又分基本准则和具体准则两个层次。基本准则是进行会计核算工作必须共同遵守的基本要求，体现了会计核算的基本规律。基本准则一般由会计核算的前提条件、一般原则、会计要素准则和会计报表准则组成，是对会计核算要求所作的原则性规定，具有覆盖面广、概括性强等特点。具体准则是根据基本准则的要求，对经济业务的会计处理做出具体规定的准则。具体准则包括各行业共同经济业务的准则，关于特殊经济业务的准则，有关会计报表的准则等。

（三）第三层次为各种会计制度

这主要是指国家制定的各行业会计制度和行政、事业单位会计制度，以及一些大中型企业根据会计准则和行业会计制度自行制定或委托社会会计服务机构制定的会计制度。当然，这样的会计制度仅在行业内和具体使用单位起作用。

第三节　会计档案简介

一、会计档案的概念与特点

（一）会计档案的概念

会计档案是企事业单位和机关团体在经济管理和各项会计核算活动中直接形成的作为历史记录保存下来的会计凭证、会计账簿和会计报表等材料。它是记录和反映经济业务、财务收支状况及其结果的重要史料和证据，是国家全部档案的重要组成部分。

（二）会计档案的特点

1. 会计档案的专业性强

会计核算是会计特有的专门手段，从凭证、账簿到报表，有一整套科学的、完整的核算方法和核算程序，这种与一般档案不同的内容特殊性、手段专门性，使会计档案具有较强的专业性。

2. 会计档案面广量多

凡有经济、财务活动的地方，都有数量不等的会计档案。

3. 会计档案的共性突出

会计工作遍布社会的各个角落，但各个门类会计的基本核算方法是相同的，都会形成会计凭证、会计账簿、会计报表。

4. 会计档案相互制约，密切联系

会计核算中，首先有会计凭证，然后依据会计凭证登记会计账簿，最后根据账簿编制会计报表，每个环节环环相扣、密切联系。

5. 会计档案形式特殊

会计凭证、账簿和报表都有特定的统一格式和项目，与一般文件不同，因此会计档案的装订、保管也有一定的特殊性。

二、会计档案管理的要求

（一）各单位每年形成的会计档案，应当由会计机构按照归档要求负责整理立卷，装订成册，编制会计档案保管清册

当年形成的会计档案，在会计年度终了后，可暂由会计机构保管一年，期满之后，应

当由会计机构编制移交清册，移交本单位档案机构统一保管；未设立档案机构的，应当在会计机构内部指定专人保管（但出纳入员不得兼管会计档案）。移交本单位档案机构保管的会计档案，原则上应当保持原卷册的封装。个别需要拆封重新整理的，档案机构应当会同会计机构和经办人员共同拆封整理，以分清责任。

（二）各单位保存的会计档案不得外借

如有特殊需要，经本单位负责人批准，可以提供查阅或者复制，并办理登记手续。查阅或者复制会计档案的人员，严禁在会计档案上涂画、拆封和抽换。各单位应当建立健全会计档案查阅、复制登记制度。

（三）会计档案的保管期限分为永久、定期两类

定期保管期限分为 3 年、5 年、10 年、15 年、25 年五类。会计档案的保管期限，从会计年度终了后的第一天算起。

保管期满的会计档案，可以按照以下程序销毁。

（1）由本单位档案机构会同会计机构提出销毁意见，编制会计档案销毁清册，列明销毁会计档案的名称、卷号、册数、起止年度和档案编号、应保管期限、已保管期限、销毁时间等内容。

（2）单位负责人在会计档案销毁清册上签署意见。

（3）销毁会计档案时，应当由档案机构和会计机构共同派员监销。国家机关销毁会计档案时，应当由同级财政部门、审计部门派员参加监销。财政部门销毁会计档案时，应当由同级审计部门派员参加监销。

（4）监销人在销毁会计档案前，应当按照会计档案销毁清册所列内容清点核对所要销毁的会计档案；销毁后，应当在会计档案销毁清册上签名盖章，并将监销情况报告本单位负责人。

但是，如下情形除外，不得销毁。

（1）保管期满但未结清债权债务的原始凭证和涉及其他未了事项的原始凭证，不得销毁，应当单独抽出立卷，保管到未了事项完结时为止。单独抽出立卷的会计档案，应当在会计档案销毁清册和会计档案保管清册中列明。

（2）目前还在建设期间的建设单位，其保管期满的会计档案不得销毁。

（四）采用电子计算机进行会计核算的单位，应当保存打印出的纸质会计档案

具备采用磁带、磁盘、光盘、微缩胶片等磁性介质保存会计档案条件的单位，由国务院业务主管部门统一规定，并报财政部、国家档案局备案。

（五）单位终止时

单位因撤销、解散、破产或者其他原因而终止的，在终止和办理注销登记手续之前形成的会计档案，应当由终止单位的业务主管部门或财产所有者代管或移交有关档案馆代管，法律、行政法规另有规定的，从其规定。

（六）单位分立后原单位存续时

单位分立后原单位存续的，其会计档案应当由分立后的存续方统一保管，其他方可查

阅、复制与其业务相关的会计档案；单位分立后原单位解散的，共有会计档案应当经各方协商后由其中一方代管或移交档案馆代管，各方可查阅、复制与其业务相关的会计档案。单位分立中未结清的会计事项所涉及的原始凭证，应当单独抽出由业务相关方保存，并按规定办理交接手续。

会计档案保管期限规定见表 12-1。

表 12-1　企业和其他组织会计档案保管期限表

序号	档案名称	保管期限	备注
一	会计凭证类		
1	原始凭证	15 年	
2	记账凭证	15 年	
3	汇总凭证	15 年	
二	会计账簿类		
4	总账（包括日记账）	15 年	
5	明细账	15 年	
6	现金日记账和银行存款日记账	15 年 25 年	
7	固定资产卡片	固定资产报废清理后保管 5 年	
8	辅助账簿	15 年	
三	财务报告类（包括各级主管部门汇总财务报告）		
9	月季度财务报告（包括文字分析）	3 年	
10	年度财务报告（决算）	永久（包括文字分析）	
四	其他类		
11	会计移交清册	15 年	
12	会计档案保管清册	永久	
13	会计档案销毁清册	永久	
14	银行余额调节表	5 年	
15	银行对账单	5 年	

第四节 会计电算化

一、会计电算化的含义

会计电算化是指在会计工作中应用电子计算机技术，以计算机为基本工具，由会计人员通过操作会计应用软件来完成会计工作。

二、我国会计电算化的发展历程与作用

（一）我国会计电算化的发展历程

根据会计信息系统的结构以及开发平台与技术的变化过程，大体上可以将我国会计电算化发展划分为以下四个阶段。

第一阶段：会计电算化理论研究与定点开发阶段（20世纪80年代初）。

在这一时期的定点开发工作进行得非常艰难，应用单位并不完全了解计算机技术，也不能全面描述自己的业务需求，由计算机技术人员和企业财务人员组成的开发组只能在摸索中前进。

第二阶段：第一批商品化会计软件开发阶段（20世纪80年代中期至20世纪90年代初期）。

在这期间开发出的商品化会计电算化软件主要是以计算机替代手工会计核算和减轻会计人员的记账工作量为目标，一般人们称之为"核算型"会计电算化软件，其主要功能包括账务处理、报表生成、工资核算、固定资产核算、材料核算、销售核算和库存核算。各模块可以独立运行，模块之间的结构关系是松散的，不能称之为一个系统整体，它未能解决数据重复录入和数据一致性控制机制等问题。

第三阶段：商品化会计电算化软件不断成熟阶段（20世纪90年代中期至今）。

由于在第一批商品化会计电算化软件的开发与应用过程中积累了丰富的经验，这一阶段从一开始就进行规范化总体设计，并在功能上做了较大调整，调整的主要功能包括系统管理、账务处理、资金管理、报表、工资、固定资产、采购与应付账款、销售与应收账款、库存管理等。

第四阶段：会计电算化软件向企业管理信息系统发展阶段（20世纪90年代末至今）。

这一时期推出的大型企业管理信息系统不局限于解决企业财务管理问题，而且要对企业的资金流、物流和信息流进行一体化、集成化管理。

（二）会计电算化的作用

会计电算化的开展，减轻了财会人员的工作强度，提高了会计工作的效率；促进了会计工作的规范化，提高了会计工作的质量；促进了会计工作职能的转变，提高了财会人员

的素质；为整个管理工作现代化奠定了基础，同时也促进了会计工作自身的不断发展。

三、会计电算化对手工会计的影响

会计作为一门古老的学科，其理论的产生与发展都是以手工操作环境为基础的，伴随着计算机这种先进技术手段的引进及广泛使用，必然会在许多方面与传统的手工会计产生差别，会计电算化与传统的手工会计既有相同点又有不同点。

（一）会计电算化与手工会计的相同点

（1）记账原理相同，都运用复式记账原理。

（2）目标一致，都是为了加强经济管理，提供会计信息，进行经济预测，提高经济效益。

（3）都是在会计原则的指导下，结合本单位的经营活动特点进行会计处理。

（4）都必须妥善保管会计档案。

（5）都遵循基本的会计理论和方法。

（二）会计电算化与手工会计的不同点

（1）使用的计算工具不同。在手工会计下使用的工具是计算器和算盘；在会计电算化系统中使用的工具是计算机。

（2）存储信息的介质不同。手工会计系统中存储信息的介质是纸张；而电算化系统中使用磁介质。

（3）数据处理形式不同。手工会计系统中数据的处理要经过分类、汇总、计算、过账和登记，逐项手工录入；而在电算化会计中除原始数据外都是自动完成的。

（4）对会计人员的素质要求不同。在手工会计中的人员都是会计专业人员，而电算化下还要求会计人员具备计算机方面的知识。

四、会计电算化的内容

会计电算化包括会计核算电算化、会计管理电算化与会计决策电算化。

（一）会计核算电算化

会计核算电算化是会计电算化的第一个层次。会计核算的主要内容包括设置会计科目、填制会计凭证、登记会计账簿、进行成本核算、编制会计报表等。会计电算化主要是在这几个方面运用会计核算软件，实现会计数据处理电算化。

（二）会计管理电算化

会计管理电算化是在会计核算电算化的基础上，利用会计核算提供的数据和其他有关数据，借助计算机会计管理软件提供的功能和信息，帮助财会人员合理地筹措和运用资金，节约生产成本和经费开支，提高经济效益。会计管理电算化主要有以下几项任务：进行会计预测、编制财务计划、进行会计控制、开展会计分析。

（三）会计决策电算化

会计决策电算化是会计电算化的最高阶段。在这个阶段，由会计辅助决策支持软件来完成决策工作。该软件根据会计预测结果，对产品销售和定价、生产、成本、资金和企业经营方向等内容进行决策，并输出决策结果。

思考题

1. 对本章主要内容进行小结。
2. 会计工作组织的意义何在？
3. 组织会计工作应遵循的要求有哪些？
4. 会计人员的配备、会计人员的职责与会计人员专业职称有哪些规定？
5. 会计法规和制度有哪些具体内容？
6. 什么是会计档案？
7. 常用会计档案的保管期限为多长？
8. 什么是会计电算化？会计电算化有哪些作用？
9. 我国会计电算化的发展经历了哪几个阶段？

练习题

一、判断题

1. 任何单位都应当设计专职会计机构和会计人员进行会计核算。　　　　　　（　　）
2. 不具备会计机构设置条件的单位，可以委托会计师代理记账。　　　　　　（　　）
3. 银行存款余额调节表也属会计档案。　　　　　　　　　　　　　　　　　（　　）
4. 会计档案保管期限届满后，会计人员可销毁会计档案。　　　　　　　　　（　　）
5. 会计报表的保管期限是25年。　　　　　　　　　　　　　　　　　　　　（　　）
6. 担任会计主管或会计部门负责人必须有三年以上从事会计工作的经验。　　（　　）
7. 随着会计的发展，会计电算化将由核算型向管理型转换。　　　　　　　　（　　）
8. 当出纳出差不在时，为了不影响工作，由会计暂时代替出纳工作。　　　　（　　）
9. 会计档案必须由会计部门的人员保管。　　　　　　　　　　　　　　　　（　　）

二、单项选择题

1. 直接从事和组织领导企业会计工作的职能部门是（　　）。

　　A. 综合组　　　　　　　　　　　　　　B. 财务组

　　C. 会计机构　　　　　　　　　　　　　D. 资金组

2. 在财务会计机构内部按照会计工作的内容和会计人员的配备情况进行合理的分工，就是（　　）。

　　　　A. 会计机构的设置　　　　　　　　　　B. 会计工作岗位的设置

C. 会计工作的组织方式 D. 内部会计管理制度

3. 做好会计工作的决定因素是（ ）。

A. 合理配备会计人员 B. 制定内部会计管理制度

C. 设置会计机构 D. 制定内部牵制制度

4. 我国会计核算工作最高层次的规范是（ ）。

A.《企业会计准则》 B.《中华人民共和国会计法》

C.《中华人民共和国注册会计师法》 D.《会计基础工作规范》

5. 下列不属于会计人员专业技术职称的是（ ）。

A. 会计师 B. 总会计师

C. 高级会计师 D. 会计员

6. 根据现行《会计档案管理办法》，现金日记账和银行存款日记账应该保管（ ）年。

A. 3 B. 5

C. 15 D. 25

7. 会计档案销毁清册应该（ ）。

A. 保管 5 年 B. 保管 10 年

C. 保管 15 年 D. 永久保管

8. 从事会计工作的人员必须（ ）

A. 有三年工作经验 B. 有三年会计工作经验

C. 取得会计师证书 D. 取得会计证

9. 银行存款日记账的保管期限（ ）

A. 5 年 B. 15 年

C. 25 年 D. 永久

三、多项选择题

1. 会计电算化的内容主要有（ ）。

A. 会计核算电算化 B. 会计管理电算化

C. 会计决策电算化 D. 会计制度电算化

2. 下列属于会计档案的是（ ）。

A. 会计凭证 B. 会计账簿

C. 会计报表 D. 银行对账单

E. 经济合同

3. 下列会计档案应保管 15 年（ ）。

A. 总账 B. 会计移交清册

C. 原始凭证 D. 银行余额调节表

4. 会计工作岗位，可以（ ）。

A. 一人一岗 B. 一人多岗

C. 一岗多人 D. 出纳兼会计档案保管工作

5. 无论是采用集中核算还是非集中核算的组织形式，都应由企业的会计机构集中办理的业务有（ ）。

    A. 对外的现金往来　　　　　　　　　B. 明细核算

    C. 物资购销　　　　　　　　　　　　D. 债权、债务结算

6. 企业会计核算的组织形式有（ ）。

    A. 专业核算　　　　　　　　　　　　B. 群众核算

    C. 集中核算　　　　　　　　　　　　D. 非集中核算

7. 会计电算化与手工会计的相同点（ ）。

    A. 记账原理相同　　　　　　　　　　B. 目标一致

    C. 使用的计算工具相同　　　　　　　D. 存储信息的介质相同

8. 以下说法正确的是（ ）。

    A. 出纳员不得兼任会计档案保管工作

    B. 担任会计主管的人员必须具备会计师资格

    C. 担任会计主管的人员可以没有会计证

    D. 会计证实行年检制度

9. 根据《会计法》的规定，会计人员可以从事的工作有（ ）。

    A. 进行会计核算　　　　　　　　　　B. 办理其他会计事项

    C. 实行会计监督　　　　　　　　　　D. 拟定本单位办理会计事项的具体办法

10. 按照规定，保管期限为 15 年的有（ ）

    A. 记账凭证　　　　　　　　　　　　B. 会计移交清册

    C. 现金日记账　　　　　　　　　　　D. 明细账

四、简答题

1. 组织会计工作应遵循的要求有哪些？

2. 企业会计机构的设置应达到哪些要求？

3. 会计人员的职责是什么？

4. 会计档案有哪些特点？

5. 会计电算化的内容有哪些？

6. 会计电算化与手工记账方法有何异同？

财政部《会计基础工作规范》

财会字（1996）19 号

第一章　总则

第一条　为了加强会计基础工作，建立规范的会计工作秩序，提高会计工作水平，根据《中华人民共和国会计法》的有关规定，制定本规范。

第二条　国家机关、社会团体、企业、事业单位、个体工商户和其他组织的会计基础工作，应当符合本规范的规定。

第三条　各单位应当依据有关法律、法规和本规范的规定，加强会计基础工作，严格执行会计法规制度，保证会计工作依法有序地进行。

第四条　单位领导人对本单位的会计基础工作负有领导责任。

第五条　各省、自治区、直辖市财政厅（局）要加强对会计基础工作的管理和指导，通过政策引导、经验交流、监督检查等措施，促进基层单位加强会计基础工作，不断提高会计工作水平。

国务院各业务主管部门根据职责权限管理本部门的会计基础工作。

第二章　会计机构和会计人员

第一节　会计机构设置和会计人员配备

第六条　各单位应当根据会计业务的需要设置会计机构；不具备单独设置会计机构条件的，应当在有关机构中配备专职会计人员。

事业行政单位会计机构的设置和会计人员的配备，应当符合国家统一事业行政单位会计制度的规定。

设置会计机构，应当配备会计机构负责人；在有关机构中配备专职会计人员，应当在专职会计人员中指定会计主管人员。

会计机构负责人、会计主管人员的任免，应当符合《中华人民共和国会计法》和有关法律的规定。

第七条　会计机构负责人、会计主管人员应当具备下列基本条件：

（一）坚持原则，廉洁奉公；

（二）具有会计专业技术资格；

（三）主管一个单位或者单位内一个重要方面的财务会计工作时间不少于两年；

（四）熟悉国家财经法律、法规、规章和方针、政策，掌握本行业业务管理的有关知识；

（五）有较强的组织能力；

（六）身体状况能够适应本职工作的要求。

第八条 没有设置会计机构和配备会计人员的单位，应当根据《代理记账管理暂行办法》委托会计师事务所或者持有代理记账许可证书的其他代理记账机构进行代理记账。

第九条 大、中型企业、事业单位、业务主管部门应当根据法律和国家有关规定设置总会计师。总会计师由具有会计师以上专业技术资格的人员担任。

总会计师行使《总会计师条例》规定的职责、权限。

总会计师的任命（聘任）、免职（解聘）依照《总会计师条例》和有关法律的规定办理。

第十条 各单位应当根据会计业务需要配备持有会计证的会计人员。未取得会计证的人员，不得从事会计工作。

第十一条 各单位应当根据会计业务需要设置会计工作岗位。

会计工作岗位一般可分为：会计机构负责人或者会计主管人员，出纳，财产物资核算，工资核算，成本费用核算；财务成果核算，资金核算，往来结算，总账报表，稽核，档案管理等。开展会计电算化和管理会计的单位，可以根据需要设置相应工作岗位，也可以与其他工作岗位相结合。

第十二条 会计工作岗位，可以一人一岗、一人多岗或者一岗多人。但出纳人员不得兼管稽核、会计档案保管和收入、费用、债权债务账目的登记工作。

第十三条 会计人员的工作岗位应当有计划地进行轮换。

第十四条 会计人员应当具备必要的专业知识和专业技能，熟悉国家有关法律、法规、规章和国家统一会计制度，遵守职业道德。

会计人员应当按照国家有关规定参加会计业务的培训。各单位应当合理安排会计人员的培训，保证会计人员每年有一定时间用于学习和参加培训。

第十五条 各单位领导人应当支持会计机构、会计人员依法行使职权；对忠于职守，坚持原则，做出显著成绩的会计机构、会计人员，应当给予精神的和物质的奖励。

第十六条 国家机关、国有企业、事业单位任用会计人员应当实行回避制度。

单位领导人的直系亲属不得担任本单位的会计机构负责人、会计主管人员。会计机构负责人，会计主管人员的直系亲属不得在本单位会计机构中担任出纳工作。

需要回避的直系亲属为：夫妻关系、直系血亲关系、三代以内旁系血亲以及配偶亲关系。

第二节 会计人员职业道德

第十七条 会计人员在会计工作中应当遵守职业道德，树立良好的职业品质、严谨的工作作风，严守工作纪律，努力提高工作效率和工作质量。

第十八条 会计人员应当热爱本职工作，努力钻研业务，使自己的知识和技能适应所从事工作的要求。

第十九条 会计人员应当熟悉财经法律、法规、规章和国家统一会计制度，并结合会计工作进行广泛宣传。

第二十条 会计人员应当按照会计法律、法规和国家统一会计制度规定的程序和要求进行会计工作，保证所提供的会计信息合法、真实、准确、及时、完整。

第二十一条 会计人员办理会计事务应当实事求是、客观公正。

第二十二条 会计人员应当熟悉本单位的生产经营和业务管理情况，运用掌握的会计信息和会计方法，为改善单位内部管理、提高经济效益服务。

第二十三条 会计人员应当保守本单位的商业秘密。除法律规定和单位领导人同意外，不能私自向外界提供或者泄露单位的会计信息。

第二十四条 财政部门、业务主管部门和各单位应当定期检查会计人员遵守职业道德的情况，并作为会计人员晋升、晋级、聘任专业职务、表彰奖励的重要考核依据。

会计人员违反职业道德的，由所在单位进行处罚；情节严重的，由会计证发证机关吊销其会计证。

第三节 会计工作交接

第二十五条 会计人员工作调动或者因故离职，必须将本人所经管的会计工作全部移交给接替人员。没有办清交接手续的，不得调动或者离职。

第二十六条 接替人员应当认真接管移交工作，并继续办理移交的未了事项。

第二十七条 会计人员办理移交手续前，必须及时做好以下工作。

（一）已经受理的经济业务尚未填制会计凭证的，应当填制完毕。

（二）尚未登记的账目，应当登记完毕，并在最后一笔余额后加盖经办人员印章。

（三）整理应该移交的各项资料，对未了事项写出书面材料。

（四）编制移交清册，列明应当移交的会计凭证、会计账簿、会计报表、印章、现金、有价证券、支票簿、发票、文件、其他会计资料和物品等内容；实行会计电算化的单位，从事该项工作的移交人员还应当在移交清册中列明会计软件及密码、会计软件数据磁盘（磁带等）及有关资料、实物等内容。

第二十八条 会计人员办理交接手续，必须有监交人负责监交。一般会计人员交接，由单位会计机构负责人、会计主管人员负责监交；会计机构负责人、会计主管人员交接，由单位领导人负责监交，必要时可由上级主管部门派人会同监交。

第二十九条 移交人员在办理移交时，要按移交清册逐项移交；接替人员要逐项核对点收。

（一）现金、有价证券要根据会计账簿有关记录进行点交。库存现金、有价证券必须与会计账簿记录保持一致。不一致时，移交人员必须限期查清。

（二）会计凭证、会计账簿、会计报表和其他会计资料必须完整无缺。如有短缺，必须查清原因，并在移交清册中注明，由移交人员负责。

（三）银行存款账户余额要与银行对账单核对，如不一致，应当编制银行存款余额调节表调节相符，各种财产物资和债权债务的明细账户余额要与总账有关账户余额核对相符；必要时，要抽查个别账户的余额，与实物核对相符，或者与往来单位、个人核对清楚。

（四）移交人员经管的票据、印章和其他实物等，必须交接清楚；移交人员从事会计电算化工作的，要对有关电子数据在实际操作状态下进行交接。

第三十条 会计机构负责人、会计主管人员移交时，还必须将全部财务会计工作、重大财务收支和会计人员的情况等，向接替人员详细介绍。对需要移交的遗留问题，应当写出书面材料。

第三十一条 交接完毕后，交接双方和监交人员要在移交注册上签名或者盖章，并应在移交注册上注明：单位名称，交接日期，交接双方和监交人员的职务、姓名，移交清册页数以及需要说明的问题和意见等。

移交清册一般应当填制一式三份，交接双方各执一份，存档一份。

第三十二条 接替人员应当继续使用移交的会计账簿，不得自行另立新账，以保持会计记录的连续性。

第三十三条 会计人员临时离职或者因病不能工作且需要接替或者代理的，会计机构负责人、会计主管人员或者单位领导人必须指定有关人员接替或者代理，并办理交接手续。

临时离职或者因病不能工作的会计人员恢复工作的，应当与接替或者代理人员办理交接手续。

移交人员因病或者其他特殊原因不能亲自办理移交的，经单位领导人批准，可由移交人员委托他人代办移交，但委托人应当承担本规范第三十五条规定的责任。

第三十四条 单位撤销时，必须留有必要的会计人员，会同有关人员办理清理工作，编制决算。未移交前，不得离职。接收单位和移交日期由主管部门确定。

单位合并、分立的，其会计工作交接手续比照上述有关规定办理。

第三十五条 移交人员对所移交的会计凭证、会计账簿、会计报表和其他有关资料的合法性、真实性承担法律责任。

第三章 会计核算

第一节 会计核算一般要求

第三十六条 各单位应当按照《中华人民共和国会计法》和国家统一会计制度的规定

建立会计账册，进行会计核算，及时提供合法、真实、准确、完整的会计信息。

第三十七条 各单位发生的下列事项，应当及时办理会计手续、进行会计核算：

（一）款项和有价证券的收付；

（二）财物的收发、增减和使用；

（三）债权债务的发生和结算；

（四）资本、基金的增减；

（五）收入、支出、费用、成本的计算；

（六）财务成果的计算和处理；

（七）其他需要办理会计手续、进行会计核算的事项。

第三十八条 各单位的会计核算应当以实际发生的经济业务为依据，按照规定的会计处理方法进行，保证会计指标的口径一致、相互可比和会计处理方法的前后各期相一致。

第三十九条 会计年度自公历1月1日起至12月31日止。

第四十条 会计核算以人民币为记账本位币。

收支业务以外国货币为主的单位，也可以选定某种外国货币作为记账本位币，但是编制的会计报表应当折算为人民币反映。

境外单位向国内有关部门编报的会计报表，应当折算为人民币反映。

第四十一条 各单位根据国家统一会计制度的要求，在不影响会计核算要求、会计报表指标汇总和对外统一会计报表的前提下，可以根据实际情况自行设置和使用会计科目。

事业行政单位会计科目的设置和使用，应当符合国家统一事业行政单位会计制度的规定。

第四十二条 会计凭证、会计账簿、会计报表和其他会计资料的内容和要求必须符合国家统一会计制度的规定，不得伪造、变造会计凭证和会计账簿，不得设置账外账，不得报送虚假会计报表。

第四十三条 各单位对外报送的会计报表格式由财政部统一规定。

第四十四条 实行会计电算化的单位，对使用的会计软件及其生成的会计凭证、会计账簿、会计报表和其他会计资料的要求，应当符合财政部关于会计电算化的有关规定。

第四十五条 各单位的会计凭证、会计账簿、会计报表和其他会计资料，应当建立档案，妥善保管。会计档案建档要求、保管期限、销毁办法等依据《会计档案管理办法》的规定进行。

实行会计电算化的单位，有关电子数据、会计软件资料等应当作为会计档案进行管理。

第四十六条 会计记录的文字应当使用中文，少数民族自治地区可以同时使用少数民族文字。中国境内的外商投资企业、外国企业和其他外国经济组织也可以同时使用某种外国文字。

第二节 填制会计凭证

第四十七条 各单位办理本规范第三十七条规定的事项，必须取得或者填制原始凭证，并及时送交会计机构。

第四十八条 原始凭证的基本要求如下。

（一）原始凭证的内容必须具备：凭证的名称；填制凭证的日期；填制凭证单位名称或者填制人姓名；经办人员的签名或者盖章；接受凭证单位名称；经济业务内容；数量、单价和金额。

（二）从外单位取得的原始凭证，必须盖有填制单位的公章；从个人取得的原始凭证，必须有填制人员的签名或者盖章。自制原始凭证必须有经办单位领导人或者其指定的人员签名或者盖章。对外开出的原始凭证，必须加盖本单位公章。

（三）凡填有大写和小写金额的原始凭证，大写与小写金额必须相符。购买实物的原始凭证，必须有验收证明。支付款项的原始凭证，必须有收款单位和收款人的收款证明。

（四）一式几联的原始凭证，应当注明各联的用途，只能以一联作为报销凭证。

一式几联的发票和收据，必须用双面复写纸（发票和收据本身具备复写纸功能的除外）套写，并连续编号。作废时应当加盖"作废"戳记，连同存根一起保存，不得撕毁。

（五）发生销货退回的，除填制退货发票外，还必须有退货验收证明；退款时，必须取得对方的收款收据或者汇款银行的凭证，不得以退货发票代替收据。

（六）职工公出借款凭据，必须附在记账凭证之后。收回借款时，应当另开收据或者退还借据副本，不得退还原借款收据。

（七）经上级有关部门批准的经济业务，应当将批准文件作为原始凭证附件。如果批准文件需要单独归档的，应当在凭证上注明批准机关名称、日期和文件字号。

第四十九条 原始凭证不得涂改、挖补。发现原始凭证有错误的，应当由开出单位重开或者更正，更正处应当加盖开出单位的公章。

第五十条 会计机构、会计人员要根据审核无误的原始凭证填制记账凭证。

记账凭证可以分为收款凭证、付款凭证和转账凭证，也可以使用通用记账凭证。

第五十一条 记账凭证的基本要求如下。

（一）记账凭证的内容必须具备：填制凭证的日期；凭证编号；经济业务摘要；会计科目；金额；所附原始凭证张数；填制凭证人员、稽核人员、记账人员、会计机构负责人、会计主管人员签名或者盖章。收款和付款记账凭证还应当由出纳人员签名或者盖章。

以自制的原始凭证或者原始凭证汇总表代替记账凭证的，也必须具备记账凭证应有的项目。

（二）填制记账凭证时，应当对记账凭证进行连续编号。一笔经济业务需要填制两张以上记账凭证的，可以采用分数编号法编号。

（三）记账凭证可以根据每一张原始凭证填制，或者根据若干张同类原始凭证汇总填制，也可以根据原始凭证汇总表填制，但不得将不同内容和类别的原始凭证汇总填制在一张记账凭证上。

（四）除结账和更正错误的记账凭证可以不附原始凭证外，其他记账凭证必须附有原始凭证。如果一张原始凭证涉及几张记账凭证，可以把原始凭证附在一张主要的记账凭证后面，并在其他记账凭证上注明附有该原始凭证的记账凭证的编号或者附原始凭证复印件。一张原始凭证所列支出需要几个单位共同负担的，应当将其他单位负担的部分，开给对方原始凭证分割单，进行结算。原始凭证分割单必须具备原始凭证的基本内容：凭证名称、填制凭证日期、填制凭证单位名称或者填制人姓名、经办人的签名或者盖章、接受凭证单位名称、经济业务内容、数量、单价、金额和费用分摊情况等。

（五）如果在填制记账凭证时发生错误，应当重新填制。

已经登记入账的记账凭证，在当年内发现填写错误时，可以用红字填写一张与原内容相同的记账凭证，在摘要栏注明"注销某月某日某号凭证"字样，同时再用蓝字重新填制一张正确的记账凭证，注明"订正某月某日某号凭证"字样。如果会计科目没有错误，只是金额错误，也可以将正确数字与错误数字之间的差额，另编一张调整的记账凭证，调增金额用蓝字，调减金额用红字。发现以前年度记账凭证有错误的，应当用蓝字填制一张更正的记账凭证。

（六）记账凭证填制完经济业务事项后，如有空行，应当自金额栏最后一笔金额数字下的空行处至合计数上的空行处划线注销。

第五十二条 填制会计凭证，字迹必须清晰、工整，并符合下列要求。

（一）阿拉伯数字应当一个一个地写，不得连笔写。阿拉伯金额数字前面应当书写货币币种符号或者货币名称简写和币种符号。币种符号与阿拉伯金额数字之间不得留有空白。凡阿拉伯数字前写有币种符号的，数字后面不再写货币单位。

（二）所有以元为单位（其他货币种类为货币基本单位，下同）的阿拉伯数字，除表示单价等情况外，一律填写到角分；元角分的，角位和分位可写"00"，或者符号"—"；有角无分的，分位应当写"0"，不得用符号"—"代替。

（三）汉字大写数字金额如零、壹、贰、叁、肆、伍、陆、柒、捌、玖、拾、佰、仟、万、亿等，一律用正楷或者行书体书写，不得用0、一、二、三、四、五、六、七、八、九、十等简化字代替，不得任意自造简化字。大写金额数字到元或者角为止的，在"元"或者"角"字之后应当写"整"字或者"正"字；大写金额数字有分的，分字后面不写"整"或者"正"字。

（四）大写金额数字前未印有货币名称的，应当加填货币名称，货币名称与金额数字之间不得留有空白。

（五）阿拉伯金额数字中间有"0"时，汉字大写金额要写"零"字；阿拉伯数字金额中间连续有几个"0"时，汉字大写金额中可以只写一个"零"字；阿拉伯金额数字元位是"0"，或者数字中间连续有几个"0"、元位也是"0"但角位不是"0"时，汉字大写金额可以只写一个"零"字，也可以不写"零"字。

第五十三条 实行会计电算化的单位，对于机制记账凭证，要认真审核，做到会计科目使用正确，数字准确无误。打印出的机制记账凭证要加盖制单人员、审核人员、记账人员及会计机构负责人、会计主管人员印章或者签字。

第五十四条 各单位会计凭证的传递程序应当科学、合理，具体办法由各单位根据会计业务需要自行规定。

第五十五条 会计机构、会计人员要妥善保管会计凭证。

（一）会计凭证应当及时传递，不得积压。

（二）会计凭证登记完毕后，应当按照分类和编号顺序保管，不得散乱丢失。

（三）记账凭证应当连同所附的原始凭证或者原始凭证汇总表，按照编号顺序，折叠整齐，按期装订成册，并加具封面，注明单位名称、年度、月份和起讫日期、凭证种类、起讫号码，由装订人在装订线封签外签名或者盖章。

对于数量过多的原始凭证，可以单独装订保管，在封面上注明记账凭证日期、编号、种类，同时在记账凭证上注明"附件另订"和原始凭证名称及编号。

各种经济合同、存出保证金收据以及涉外文件等重要原始凭证，应当另编目录，单独登记保管，并在有关的记账凭证和原始凭证上相互注明日期和编号。

（四）原始凭证不得外借，其他单位如因特殊原因需要使用原始凭证时，经本单位会计机构负责人、会计主管人员批准，可以复制。向外单位提供的原始凭证复制件，应当在专设的登记簿上登记，并由提供人员和收取人员共同签名或者盖章。

（五）从外单位取得的原始凭证如有遗失，应当取得原开出单位盖有公章的证明，并注明原来凭证的号码、金额和内容等，由经办单位会计机构负责人、会计主管人员和单位领导人批准后，才能代作原始凭证。如果确实无法取得证明的，如火车、轮船、飞机票等凭证，由当事人写出详细情况，由经办单位会计机构负责人、会计主管人员和单位领导人批准后，代作原始凭证。

第三节　登记会计账簿

第五十六条 各单位应当按照国家统一会计制度的规定和会计业务的需要设置会计账簿。会计账簿包括总账、明细账、日记账和其他辅助性账簿。

第五十七条 现金日记账和银行存款日记账必须采用订本式账簿。不得用银行对账单或者其他方法代替日记账。

第五十八条 实行会计电算化的单位，用计算机打印的会计账簿必须连续编号，经审核无误后装订成册，并由记账人员和会计机构负责人、会计主管人员签字或者盖章。

第五十九条 启用会计账簿时，应当在账簿封面上写明单位名称和账簿名称。在账簿扉页上应当附启用表，内容包括：启用日期、账簿页数、记账人员和会计机构负责人、会计主管人员姓名，并加盖名章和单位公章。记账人员或者会计机构负责人、会计主管人员调动工作时，应当注明交接日期、接办人员或者监交人员姓名，并由交接双方人员签名或者盖章。

启用订本式账簿，应当从第一页到最后一页顺序编定页数，不得跳页、缺号。使用活页式账页，应当按账户顺序编号，并须定期装订成册。装订后再按实际使用的账页顺序编定页码。另加目录，记明每个账户的名称和页次。

第六十条　会计人员应当根据审核无误的会计凭证登记会计账簿。登记账簿的基本要求如下。

（一）登记会计账簿时，应当将会计凭证日期、编号、业务内容摘要、金额和其他有关资料逐项记入账内；做到数字准确、摘要清楚、登记及时、字迹工整。

（二）登记完毕后，要在记账凭证上签名或者盖章，并注明已经登账的符号，表示已经记账。

（三）账簿中书写的文字和数字上面要留有适当空格，不要写满格；一般应占格距的二分之一。

（四）登记账簿要用蓝黑墨水或者碳素墨水书写，不得使用圆珠笔（银行的复写账簿除外）或者铅笔书写。

（五）下列情况，可以用红色墨水记账：

1. 按照红字冲账的记账凭证，冲销错误记录；

2. 在不设借贷等栏的多栏式账页中，登记减少数；

3. 在三栏式账户的余额栏前，如未印明余额方面的，在余额栏内登记负数余额；

4. 根据国家统一会计制度的规定可以用红字登记的其他会计记录。

（六）各种账簿按页次顺序连续登记，不得跳行、隔页。如果发生跳行、隔页，应当将空行、空页划线注销，或者注明"此行空白"、"此页空白"字样，并由记账人员签名或者盖章。

（七）凡需要结出余额的账户，结出余额后，应当在"借或贷"等栏内写明"借"或者"贷"等字样。没有余额的账户，应当在"借或贷"等栏内写"平"字，并在余额栏内用"0"表示。

现金日记账和银行存款日记账必须逐日结出余额。

（八）每一账页登记完毕结转下页时，应当结出本页合计数及余额，写在本页最后一行和下页第一行有关栏内，并在摘要栏内注明"过次页"和"承前页"字样；也可以将本页合计数及金额只写在下页第一行有关栏内，并在摘要栏内注明"承前页"字样。

对需要结计本月发生额的账户，结计"过次页"的本页合计数应当为自本月初起至本页末止的发生额合计数；对需要结计本年累计发生额的账户，结计"过次页"的本页合计数应当为自年初起至本页末止的累计数；对既不需要结计本月发生额也不需要结计本年累计发生额的账户，可以只将每页末的余额结转次页。

第六十一条　实行会计电算化的单位，总账和明细账应当定期打印。

发生收款和付款业务的，在输入收款凭证和付款凭证的当天必须打印出现金日记账和银行存款日记账，并与库存现金核对无误。

第六十二条　账簿记录发生错误，不准涂改、挖补、刮擦或者用药水消除字迹，不准重新抄写，必须按照下列方法进行更正。

（一）登记账簿时发生错误，应当将错误的文字或者数字划红线注销，但必须使原有字迹仍可辨认；然后在划线上方填写正确的文字或者数字，并由记账人员在更正处盖章。对于错误的数字，应当全部划红线更正，不得只更正其中的错误数字。对于文字错误，可只划去错误的部分。

（二）由于记账凭证错误而使账簿记录发生错误，应当按更正的记账凭证登记账簿。

第六十三条　各单位应当定期对会计账簿记录的有关数字与库存实物、货币资金、有价证券、往来单位或者个人等进行相互核对，保证账证相符、账账相符、账实相符。对账工作每年至少进行一次。

（一）账证核对。核对会计账簿记录与原始凭证、记账凭证的时间、凭证字号、内容、金额是否一致，记账方向是否相符。

（二）账账核对。核对不同会计账簿之间的账簿记录是否相符，包括：总账有关账户的余额核对，总账与明细账核对，总账与日记账核对，会计部门的财产物资明细账与财产物资保管和使用部门的有关明细账核对等。

（三）账实核对。核对会计账簿记录与财产等实有数额是否相符。包括：现金日记账账面余额与现金实际库存数相核对；银行存款日记账账面余额定期与银行对账单相核对；各种财物明细账账面余额与财物实存数额相核对；各种应收、应付款明细账账面余额与有关债务、债权单位或者个人核对等。

第六十四条　各单位应当按照规定定期结账。

（一）结账前，必须将本期内所发生的各项经济业务全部登记入账。

（二）结账时，应当结出每个账户的期末余额。需要结出当月发生额的，应当在摘要栏内注明"本月合计"字样，并在下面通栏划单红线。需要结出本年累计发生额的，应当在摘要栏内注明"本年累计"字样，并在下面通栏划单红线；12月末的"本年累计"就是全年累计发生额。全年累计发生额下面应当通栏划双红线。年度终了结账时，所有总账账户都应当结出全年发生额和年末余额。

（三）年度终了，要把各账户的余额结转到下一会计年度，并在摘要栏注明"结转下年"字样；在下一会计年度新建有关会计账簿的第一行余额栏内填写上年结转的余额，并在摘要栏注明"上年结转"字样。

第四节　编制财务报告

第六十五条　各单位必须按照国家统一会计制度的规定，定期编制财务报告。财务报告包括会计报表及其说明。会计报表包括会计报表主表、会计报表附表、会计报表附注。

第六十六条　各单位对外报送的财务报告应当根据国家统一会计制度规定的格式和要求编制。

单位内部使用的财务报告，其格式和要求由各单位自行规定。

第六十七条　会计报表应当根据登记完整、核对无误的会计账簿记录和其他有关资料编制，做到数字真实、计算准确、内容完整、说明清楚。

任何人不得篡改或者授意、指使、强令他人篡改会计报表的有关数字。

第六十八条 会计报表之间、会计报表各项目之间，凡有对应关系的数字，应当相互一致。本期会计报表与上期会计报表之间有关的数字应当相互衔接。如果不同会计年度会计报表中各项目的内容和核算方法有变更的，应当在年度会计报表中加以说明。

第六十九条 各单位应当按照国家统一会计制度的规定认真编写会计报表附注及其说明，做到项目齐全，内容完整。

第七十条 各单位应当按照国家规定的期限对外报送财务报告。

对外报送的财务报告，应当依次编定页码，加具封面，装订成册，加盖公章。封面上应当注明：单位名称，单位地址，财务报告所属年度、季度、月度，送出日期，并由单位领导人、总会计师、会计机构负责人、会计主管人员签名或者盖章。

单位领导人对财务报告的合法性、真实性负法律责任。

第七十一条 根据法律和国家有关规定应当对财务报告进行审计的，财务报告编制单位应当先行委托注册会计师进行审计，并将注册会计师出具的审计报告随同财务报告按照规定的期限报送有关部门。

第七十二条 如果发现对外报送的财务报告有错误，应当及时办理更正手续。除更正本单位留存的财务报告外，并应同时通知接受财务报告的单位更正。错误较多的，应当重新编报。

第四章 会计监督

第七十三条 各单位的会计机构、会计人员对本单位的经济活动进行会计监督。

第七十四条 会计机构、会计人员进行会计监督的依据是：

（一）财经法律、法规、规章；

（二）会计法律、法规和国家统一会计制度；

（三）各省、自治区、直辖市财政厅（局）和国务院业务主管部门根据《中华人民共和国会计法》和国家统一会计制度制定的具体实施办法或者补充规定；

（四）各单位根据《中华人民共和国会计法》和国家统一会计制度制定的单位内部会计管理制度；

（五）各单位内部的预算、财务计划、经济计划、业务计划等。

第七十五条 会计机构、会计人员应当对原始凭证进行审核和监督。

对不真实、不合法的原始凭证，不予受理。对弄虚作假、严重违法的原始凭证，在不予受理的同时，应当予以扣留，并及时向单位领导人报告，请求查明原因，追究当事人的责任。

对记载不明确、不完整的原始凭证，予以退回，要求经办人员更正、补充。

第七十六条 会计机构、会计人员对伪造、变造、故意毁灭会计账簿或者账外设账行为，应当制止和纠正；制止和纠正无效的，应当向上级主管单位报告，请求作出处理。

第七十七条 会计机构、会计人员应当对实物、款项进行监督，督促建立并严格执行财产清查制度。发现账簿记录与实物、款项不符时，应当按照国家有关规定进行处理。超出会计机构、会计人员职权范围的，应当立即向本单位领导报告，请求查明原因，作出处理。

第七十八条 会计机构、会计人员对指使、强令编造、篡改财务报告行为，应当制止和纠正；制止和纠正无效的，应当向上级主管单位报告，请求处理。

第七十九条 会计机构、会计人员应当对财务收支进行监督。

（一）对审批手续不全的财务收支，应当退回，要求补充、更正。

（二）对违反规定不纳入单位统一会计核算的财务收支，应当制止和纠正。

（三）对违反国家统一的财政、财务、会计制度规定的财务收支，不予办理。

（四）对认为是违反国家统一的财政、财务、会计制度规定的财务收支，应当制止和纠正；制止和纠正无效的，应当向单位领导人提出书面意见请求处理。

单位领导人应当在接到书面意见起十日内作出书面决定，并对决定承担责任。

（五）对违反国家统一的财政、财务、会计制度规定的财务收支，不予制止和纠正，又不向单位领导人提出书面意见的，也应当承担责任。

（六）对严重违反国家利益和社会公众利益的财务收支，应当向主管单位或者财政、审计、税务机关报告。

第八十条 会计机构、会计人员对违反单位内部会计管理制度的经济活动，应当制止和纠正；制止和纠正无效的，向单位领导人报告，请求处理。

第八十一条 会计机构、会计人员应当对单位制定的预算、财务计划、经济计划、业务计划的执行情况进行监督。

第八十二条 各单位必须依照法律和国家有关规定接受财政、审计、税务等机关的监督，如实提供会计凭证、会计账簿、会计报表和其他会计资料以及有关情况，不得拒绝、隐匿、谎报。

第八十三条 按照法律规定应当委托注册会计师进行审计的单位，应当委托注册会计师进行审计，并配合注册会计师的工作，如实提供会计凭证、会计账簿、会计报表和其他会计资料以及有关情况，不得拒绝、隐匿、谎报，不得示意注册会计师出具不当的审计报告。

第五章　内部会计管理制度

第八十四条 各单位应当根据《中华人民共和国会计法》和国家统一会计制度的规定，结合单位类型和内容管理的需要，建立健全相应的内部会计管理制度。

第八十五条 各单位制定内部会计管理制度应当遵循下列原则。

（一）应当执行法律、法规和国家统一的财务会计制度。

（二）应当体现本单位的生产经营、业务管理的特点和要求。

（三）应当全面规范本单位的各项会计工作，建立健全会计基础，保证会计工作的有序进行。

（四）应当科学、合理，便于操作和执行。

（五）应当定期检查执行情况。

（六）应当根据管理需要和执行中的问题不断完善。

第八十六条　各单位应当建立内部会计管理体系。主要内容包括：单位领导人、总会计师对会计工作的领导职责；会计部门及其会计机构负责人、会计主管人员的职责、权限；会计部门与其他职能部门的关系；会计核算的组织形式等。

第八十七条　各单位应当建立会计人员岗位责任制度。主要内容包括：会计人员的工作岗位设置；各会计工作岗位的职责和标准；各会计工作岗位的人员和具体分工；会计工作岗位轮换办法；对各会计工作岗位的考核办法。

第八十八条　各单位应当建立账务处理程序制度。主要内容包括：会计科目及其明细科目的设置和使用；会计凭证的格式、审核要求和传递程序；会计核算方法；会计账簿的设置；编制会计报表的种类和要求；单位会计指标体系。

第八十九条　各单位应当建立内部牵制制度。主要内容包括：内部牵制制度的原则；组织分工；出纳岗位的职责和限制条件；有关岗位的职责和权限。

第九十条　各单位应当建立稽核制度。主要内容包括：稽核工作的组织形式和具体分工；稽核工作的职责、权限；审核会计凭证和复核会计账簿、会计报表的方法。

第九十一条　各单位应当建立原始记录管理制度。主要内容包括：原始记录的内容和填制方法；原始记录的格式；原始记录的审核；原始记录填制人的责任；原始记录签署、传递、汇集要求。

第九十二条　各单位应当建立定额管理制度。主要内容包括：定额管理的范围；制定和修订定额的依据、程序和方法；定额的执行；定额考核和奖惩办法等。

第九十三条　各单位应当建立计量验收制度。主要内容包括：计量检测手段和方法；计量验收管理的要求；计量验收人员的责任和奖惩办法。

第九十四条　各单位应当建立财产清查制度。主要内容包括：财产清查的范围；财产清查的组织；财产清查的期限和方法；对财产清查中发现问题的处理办法；对财产管理人员的奖惩办法。

第九十五条　各单位应当建立财务收支审批制度。主要内容包括：财务收支审批人员和审批权限；财务收支审批程序；财务收支审批人员的责任。

第九十六条　实行成本核算的单位应当建立成本核算制度。主要内容包括：成本核算的对象；成本核算的方法和程序；成本分析等。

第九十七条　各单位应当建立财务会计分析制度。主要内容包括：财务会计分析的主要内容；财务会计分析的基本要求和组织程序；财务会计分析的具体方法；财务会计分析报告的编写要求等。

第六章　附则

第九十八条　本规范所称国家统一会计制度，是指由财政部制定、或者财政部与国务院有关部门联合制定、或者经财政部审核批准的在全国范围内统一执行的会计规章、准则、办法等规范性文件。

本规范所称会计主管人员，是指不设置会计机构、只在其他机构中设置专职会计人员的单位行使会计机构负责人职权的人员。

本规范第三章第二节和第三节关于填制会计凭证、登记会计账簿的规定，除特别指出外，一般适用于手工记账。实行会计电算化的单位，填制会计凭证和登记会计账簿的有关要求，应当符合财政部关于会计电算化的有关规定。

第九十九条　各省、自治区、直辖市财政厅（局）、国务院各业务主管部门可以根据本规范的原则，结合本地区、本部门的具体情况，制定具体实施办法，报财政部备案。

第一百条　本规范由财政部负责解释、修改。

第一百零一条　本规范自公布之日起实施。1984 年 4 月 24 日财政部发布的《会计人员工作规则》同时废止。

1996 年 6 月 17 日

参考文献

1. 陈解生 . 会计学基础教程 . 北京：北京教育出版社，2001.

2. 王俊生 . 会计学基础 . 北京：中国财政经济出版社，2004.

3. 金中泉 . 会计学基础 . 北京：中国财政经济出版社，2004.

4. 魏振雄 . 基础会计 . 北京：中国财政经济出版社，1993.

5. 财政部会计司 . 企业会计准则讲解 . 北京：人民日报出版社，2006.

6. 企业财务通则——企业会计准则应用指南 . 财会月刊，2007（1）.

教辅产品及教师会员申请表

申请教师姓名				
所在学校		所在院系		
联系电话		电子邮件地址		
通信地址				
教授课程名称		学生人数		
您的授课对象	本科□　研究生□　MBA □　EMBA □　高职高专□　其他□			
教材名称		作者		
书号		订购册数		
您对该教材的评价				
您教授的其他课程名称			学生人数	
准备选用或正在使用的教材 （教材名称出版社）				
您的研究方向		是否对教材翻译或改编有兴趣？		是□　否□
您是否对编写教材感兴趣？ 是□　否□ 您推荐的教材是： 推荐理由：				

为确保教辅资料仅为教师获得，请将此申请表加盖院系公章后传真或寄回给我们，谢谢！

教师签名：

院／系办公室公章

地　　址：北京市崇文区龙潭路甲 3 号翔龙大厦 B06 室

北京普华文化发展有限公司

邮　　编：100061

传　　真：（010）67120121

服务热线：（010）67129879　　67133495 转 818/200

网　　址：http://www.ptpress.com.cn

邮购电话：（010）67129872 转 818

编辑信箱：puhuabook837@126.com